养老服务体系建设研究

YANGLAO FUWU TIXI
JIANSHE YANJIU

王晓霞 等◎著

天津出版传媒集团

天津人民出版社

图书在版编目（CIP）数据

养老服务体系建设研究 / 王晓霞等著. -- 天津 ：
天津人民出版社，2021.11
ISBN 978-7-201-17813-4

Ⅰ．①养… Ⅱ．①王… Ⅲ．①养老－社会服务－研究
－中国 Ⅳ．①D669.6

中国版本图书馆 CIP 数据核字(2021)第 229992 号

养老服务体系建设研究
YANGLAO FUWU TIXI JIANSHE YANJIU

出　　版　　天津人民出版社
出 版 人　　刘　庆
地　　址　　天津市和平区西康路 35 号康岳大厦
邮政编码　　300051
邮购电话　　（022）23332469
电子信箱　　reader@tjrmcbs.com

策划编辑　　王　康
责任编辑　　郑　玥
特约编辑　　佐　拉
装帧设计　　汤　磊

印　　刷　　天津新华印务有限公司
经　　销　　新华书店
开　　本　　710 毫米×1000 毫米　1/16
印　　张　　16.5
插　　页　　2
字　　数　　300 千字
版次印次　　2021 年 11 月第 1 版　2021 年 11 月第 1 次印刷
定　　价　　89.00 元

前　言

　　老龄化是整个人类社会的共同现象。[①] 养老问题是重要的民生问题,也是社会治理需要研究的重大问题。中国人定义幸福的标准之一就是"老有所养、老有所依"。为此,党的十八届三中全会报告明确提出,要"积极应对人口老龄化,加快建立社会养老服务体系和发展老年服务产业"[②]。党的十九大报告提出,要"积极应对人口老龄化,构建养老、孝老、敬老政策体系和社会环境,推进医养结合,加快老龄事业和产业发展"[③]。习近平总书记高度重视养老服务问题。2016 年 2 月,习近平总书记专门对加强老龄工作作出了重要指示,强调"有效应对我国人口老龄化,事关国家发展全局,事关亿万百姓福祉。要立足当前、着眼长远,加强顶层设计,完善生育、就业、养老等重大政策和制度,做到及时应对、科学应对、综合应对。此事要提上重要议事日程,'十三五'期间要抓好部署、落实"[④]。十八届中央政治局第三十二次集体学习,专门围绕"我国人口老龄化的形势和对策"进行。习近平总书记

---

　　① Harris, P. B., Long, S. O., & Fujii, M, Men and elder care in Japan: A ripple of change? *Journal of Cross – Cultural Gerontology*, 1998, 13(2), pp. 177 – 198.

　　② 《中共中央关于全面深化改革若干重大问题的决定》,人民出版社,2013 年,第 48 页。

　　③ 习近平:《决胜全面建成小康社会 夺取新时代中国特色社会主义伟大胜利——在中国共产党第十九次全国代表大会上的报告》,人民出版社,2017 年,第 48 页。

　　④ 《习近平对加强老龄工作作出重要指示强调,加强顶层设计完善重大政策制度 及时科学综合应对人口老龄化》,http://www.xinhuanet.com/politics/2016 – 02/23/c_1118132709.htm。

在讲话中指出,"人口老龄化是世界性问题,对人类社会产生的影响是深刻持久的。我国是世界上人口老龄化程度比较高的国家之一,老年人口数量最多,老龄化速度最快,应对人口老龄化任务最重。满足数量庞大的老年群众多方面需求、妥善解决人口老龄化带来的社会问题,事关国家发展全局,事关百姓福祉,需要我们下大气力来应对"①。

党中央、国务院高度重视养老服务体系建设。国务院办公厅于2016年11月印发了《关于进一步扩大旅游文化体育健康养老教育培训等领域消费的意见》,提出三个方面10大领域的35项扩大消费的政策措施,其相关内容涉及文化、体育、养老消费等。② 2017年,国务院印发的《"十三五"国家老龄事业发展和养老体系建设规划》设专章对养老服务体系做出规定。③ 在2019年的团拜会上,习近平总书记又一次强调,"我国已经进入老龄化社会。让老年人老有所养、老有所依、老有所乐、老有所安,关系社会和谐稳定。我们要在全社会大力提倡尊敬老人、关爱老人、赡养老人,大力发展老龄事业,让所有老年人都能有一个幸福美满的晚年"④。在2019年的政府工作报告中,李克强总理提及养老16次,并且方向更加明确、重点更为突出。⑤ 2019年11月,中共中央、国务院印发《国家积极应对人口老龄化中长期规划》,将应对老龄化上升为国家战略,明确了应对人口老龄化的重要意义及目标任务,提出了近期至2022年、中期至2035年、远期展望至2050年的目标,而且从5个方面部署了具体工作任务,给出了具体应对措施。⑥

党的十九届五中全会对"十四五"期间养老问题做出了长远规划,其中在"改善人民生活品质,提高社会建设水平"部分中的第45条提出,"实现

---

① 《习近平强调推动老龄事业全面协调可持续发展》,《人民日报》,2016年5月29日。

② 《国务院办公厅关于进一步扩大旅游文化体育健康养老教育培训等领域消费的意见》,http://www.gov.cn/xinwen/2016 - 11/28/content_5138955.htm。

③ 《国务院关于印发"十三五"国家老龄事业发展和养老体系建设规划的通知》(国发〔2017〕13号),http://www.gov.cn/zhengce/content/2017 - 03/06/content_5173930.htm。

④ 《习近平在2019年春节团拜会上的讲话》,http://www.gov.cn/xinwen/2019 - 02/03/content_5363743.htm。

⑤ 《2019年政府工作报告全文》,http://www.gov.cn/zhuanti/2019qglh/2019lhzfgzbg/。

⑥ 《中共中央、国务院印发〈国家积极应对人口老龄化中长期规划〉》,http://www.gov.cn/zhengce/2019 - 11/21/content_5454347.htm。

基本养老保险全国统筹,实施渐进式延迟法定退休年龄。发展多层次、多支柱养老保险体系……健全老年人、残疾人关爱服务体系和设施";第47条提出,"实施积极应对人口老龄化国家战略。制定人口长期发展战略,优化生育政策,增强生育政策包容性,提高优生优育服务水平,发展普惠托育服务体系,降低生育、养育、教育成本,促进人口长期均衡发展,提高人口素质。积极开发老龄人力资源,发展银发经济。推动养老事业和养老产业协同发展,健全基本养老服务体系,发展普惠型养老服务和互助性养老,支持家庭承担养老功能,培育养老新业态,构建居家社区机构相协调、医养康养相结合的养老服务体系,健全养老服务综合监管制度"①。这在党的文件中首次使用这样的表述,因此在两个一百年的交汇之际,突出强调养老的重要性,意义重大。积极应对人口老龄化成为我国的国家战略,是积极、可喜的信号。

人口老龄化通常认为是老年人口数量占总人口数量的比重。国际上通常把60岁以上人口占总人口的比例达10%,或65岁以上人口占总人口的比例达7%,作为一个国家或地区进入老龄化社会的标准。按照1956年联合国《人口老龄化及其社会经济后果》以及1982年的维也纳老龄问题世界大会标准,1999年,中国60岁以上老年人达到1.31亿,占总人口的比重达10%,中国进入了老龄社会。2000年第五次全国人口普查表明,0—14岁人口28979万人,占总人口的22.89%;15—64岁人口为88793万人,占总人口的70.15%;65岁及以上人口为8811万人,占总人口的6.96%。同1990年第四次全国人口普查相比,0—14岁人口比重下降4.8个百分点,65岁及以上人口上升了1.39个百分点。② 2010年第六次全国人口普查表明,我国60岁及以上人口占13.26%,其中65岁及以上人口占8.87%。2020年第七次人口普查结果显示,"全国人口中,0—14岁人口为253383938人,占17.95%;15—59岁人口为894376020人,占63.35%;60岁及以上人口为

---

① 《中共中央关于制定国民经济和社会发展第十四个五年规划和二〇三五年远景目标的建议》,http://www.gov.cn/zhengce/2020-11/03/content_5556991.htm.
② 《2000年第五次全国人口普查主要数据公报》(第一号),http://www.huaxia.com/zt/2001-06/509405.html.

264018766 人, 占 18.70%, 其中 65 岁及以上人口为 190635280 人, 占 13.50%。与 2010 年第六次全国人口普查相比, 0—14 岁人口的比重上升 1.35 个百分点, 15—59 岁人口的比重下降 6.79 个百分点, 60 岁及以上人口 的比重上升 5.44 个百分点, 65 岁及以上人口的比重上升 4.63 个百分点"①。

在所有年龄段中, 10 年来增幅最大的群体是 60 岁及以上人口, 增长了 5.44 个百分点, 其中 65 岁及以上人口增长了 4.63 个百分点。我国 60 岁以 上人口已达 18.7%, 这一数字高出国际标准规定的 60 岁以上人口占总人口 比例 10% 或 65 岁以上人口占总人口比例 7% 的标准, 而且分别高出 8.7 个 百分点、6.5 个百分点。从中国老龄化变化可以看出, 自 1990 年第四次人口 普查以来, 我国 65 岁及以上人口占比分别为: 5.57%、6.96%、8.87%、 13.50%; 60 岁以上人口占比 (因第四次、第五次人口普查未划分 60 岁以上 年龄) 分别为 13.26%、18.70%。可见, 中国老龄化程度日益加深。在 2013 年就有预测, 21 世纪中叶, 中国老年人口将达到 4.4 亿, 相当于 3 个人中就 有一个老年人, 人口老龄化比例从 20% 提到 30% 只需 20 多年的时间。② 中 国从 2019 年至 2024 年将进入急速老龄化阶段。③

---

① 国家统计局、国务院第七次全国人口普查领导小组办公室:《第七次全国人口普查公报 (第 五号) ——人口年龄构成情况》, http://www.stats.gov.cn/tjsj/zxfb/202105/t20210510_1817181.html。
② 《2050 年我国老年人口将达到 4.4 亿》,《光明日报》, 2013 年 9 月 4 日。
③ 《2020 年中国养老行业发展现状、市场规模及中外养老模式对比分析》, https://www.iime-dia.cn/c460/76544.html。

目录 contents

第一章 养老服务体系概念、内涵与构成要素

习近平总书记指出,"我们党历来高度重视老龄工作。党的十八大和十八届三中、四中、五中全会以及'十三五'规划纲要都对应对人口老龄化、加快建设社会养老服务体系、发展养老服务产业等提出明确要求"①。目前理论界与实践中使用最多的关于养老服务体系的界定是在政府文件中的表述。

第一节 实践层面养老服务体系概念的提出

为应对老龄化挑战,各地不断加大对养老事业的投入,不断改建养老服务设施,创新服务方式,完善服务体系,积极探索养老服务模式。探讨我国养老服务体系的内涵是伴随我国养老服务的发展而展开的。1999 年,中国 60 岁以上老年人达到 1. 31 亿,占总人口比重的 10% ,按国际通行标准,标志着中国正式成为人口老龄化的国家。与此同时,国家协调 27 个部委机构成立了全国老龄委。2000 年 2 月,国务院办公厅在《关于加快实现社会福利社会化意见》中提出了"在供养方式上坚持以居家为基础、以社区为依托、以社会福利机构养老为补充的发展方向,探索出一条国家倡导资助、社会各方面

---

① 《习近平在中共中央政治局第三十二次集体学习时强调 党委领导政府主导社会参与全民行动 推动老龄事业全面协调可持续发展》,http://news. 12371. cn/2016/05/28/ARTI1464426800294593. shtml。

力量积极兴办社会福利事业的新路子"①,这可以说是养老服务体系的雏形,此后,这一概括逐步演变为养老服务体系。

关于"社会福利社会化"(Socialization)的概念也开始引起学界关注。社会福利社会化可以说是一个中国特色的概念。在西方文献中,并没有社会福利社会化的概念,与之接近的为社会福利民营化(Privatization)概念。所谓"社会福利民营化"是指政府将社会福利的供给,完全或部分转移至民营部门,并引入市场运营规则,通过价格机制调节供需,尤其重视成本回收,而且强调通过服务者的购买力、受益者付费等措施,以分配并有效利用服务的资源。② 中国的"社会福利社会化"概念包括提供主体的多元化、服务对象的公众化、服务方式的多样化和服务队伍的专业化,而"社会福利社会化"最主要的特征是提供福利服务主体的多元化。

养老服务体系的提出,将机构养老、居家养老服务联在一起,充分体现了养老服务的"综合性",为整体推进养老服务奠定了基础。2006 年 2 月,10个部委出台《关于加快发展养老服务业的意见》,正式确定了我国的养老服务体系为:"按照政策引导、政府扶持、社会兴办、市场推动的原则,逐步建立和完善以居家养老为基础、社区服务为依托、机构养老为补充的服务体系。"③2009 年,民政部、国家发改委、全国老龄委决定联合编制基本养老服务体系建设规划,同步启动了基本养老服务体系建设试点工作,确定了一批试点省份,同时还提议将基本养老服务体系建设列入国家重点专项规划。

2010 年,时任国务院总理温家宝在《政府工作报告》中提出要"加快建立健全养老社会服务体系"④。为科学定位基本养老服务体系的内涵和功

---

① 《国务院办公厅转发民政部等部门关于加快实现社会福利社会化意见的通知》(国办发〔2000〕19 号),http://www.gov.cn/gongbao/content/2000/content_60033.htm。

② 陈武雄:《我国推动社会福利民营化的具体作法与政策发展》,《社区发展季刊》,1998 年第18 期。

③ 《国务院办公厅转发全国老龄委办公室和发展改革委等部门关于加快发展养老服务业意见的通知》(国办发〔2006〕6 号),http://www.gov.cn/zhuanti/2015 – 06/13/content_2879022.htm。

④ 温家宝:《政府工作报告(全文)——2010 年 3 月 5 日在第十一届全国人民代表大会第三次会议上》,http://www.gov.cn/2010lh/content_1555767.htm。

能,进一步厘清政府和社会在基本养老服务中所承担的责任,2010 年 5 月,民政部、国家发改委组织召开了基本养老服务体系专家论证会。专家学者、基层代表就基本养老服务体系的内涵、服务范围、设施功能定位、政府责任等问题进行了探讨,基本达成如下共识:基本养老服务体系的建设应遵循以居家养老为基础、社区服务为依托、机构养老为支撑的发展思路。并提出基本养老服务体系应面向所有老年群体,提供基本生活照料、情感关怀、护理康复、社会参与、紧急救援等设施、组织、人才和技术要素形成的网络,以及与之相适应的服务标准、运行机制和监管制度。由于提供基本生活照料、护理康复、情感关怀、紧急救援和社会参与等养老服务项目反映了社会老年人的普遍诉求,属于基本公共服务的范畴,因此政府在基本养老服务体系的建设上要发挥主导作用。

在服务资源有限的条件下,政府应重点保障失能、半失能老年人的基本服务,并确保孤老孤残优抚对象、城市"三无"老年人、农村五保老年人能够得到必要的服务。[①] 此后,在 2010 年 11 月召开的全国社会养老服务体系推进会上,民政部立足基本国情,提出了"与经济社会发展水平相符合、与人口老龄化进程相适应,以居家养老为基础、社区服务为依托、机构养老为补充,资金保障与服务提供相匹配,无偿、低偿、有偿服务相结合,政府主导、部门协同、社会参与、公众互助相结合的社会养老服务体系"[②]。2011 年,国务院颁布实施的《社会养老服务体系建设规划(2011—2015 年)》又进一步修正为:以居家养老为基础、社区服务为依托、机构养老为支撑,资金保障与服务保障相匹配,基本服务与选择性服务相结合,形成"政府主导、社会参与、全民关怀"的服务体系。着眼于老年人的实际需求,优先保障孤老优抚对象及低收入的高龄、独居、失能等困难老年人的服务需求,兼顾全体老年人改善

---

① 孙玉琴:《民政部、发改委组织召开基本养老服务体系专家论证会》,《中国民政》,2010 年第 6 期。

② 李立国:《积极贯彻优先方针加快构建适应老龄化的社会养老服务体系》,《中国社会报》,2010 年 11 月 12 日。

和提高养老服务条件的要求。到 2015 年,基本形成制度完善、组织健全、规模适度、运营良好、服务优良、监管到位、可持续发展的社会养老服务体系。① 这里,将机构养老由"补充"作用提升到"支撑"作用,突出强调了养老服务方式既包括基本服务也包括选择性服务。特别是将服务分为基本服务和选择性服务,与此前"无偿、低偿、有偿服务相结合"相区分,使政府的职责更加清楚,也是对政府提供的服务和市场提供的服务的明确区分,确定了政府提供的养老服务应该是老年人基本性的、必需的服务。②

习近平总书记在十八届中央政治局第三十二次集体学习时提出了养老服务体系建设的原则:"坚持党委领导、政府主导、社会参与、全民行动相结合,坚持应对人口老龄化和促进经济社会发展相结合,坚持满足老年人需求和解决人口老龄化问题相结合。"③2016 年出台的《民政事业发展第十三个五年规划》又进一步提出养老服务体系建设的多层次性:积极开展应对人口老龄化行动,加快发展养老服务业,全面建成以居家为基础、社区为依托、机构为补充、医养相结合的多层次养老服务体系。同时还提出,创新投融资机制,探索建立长期照护保障体系,全面放开养老服务市场,增加养老服务和产品供给。④ 这是第一次明确将医养结合纳入养老服务体系的构建中,而且将"机构养老为支撑"的作用重新调回到"机构养老为补充"作用。

党的十九届四中全会提出,"积极应对人口老龄化,加快建设居家社区机构相协调、医养康养相结合的养老服务体系"⑤。2019 年 11 月,中共中央、国务院印发的《国家积极应对人口老龄化中长期规划》则从不同方面提出了

---

① 《社会养老服务体系建设规划(2011—2015 年)》,http://www.gov.cn/zwgk/2011 - 12/27/content_2030503.htm。

② 《中国老龄事业发展"十二五"规划》,http://www.gov.cn/zwgk/2011 - 09/23/content_1954782.htm。

③ 《习近平强调推动老龄事业全面协调可持续发》,《人民日报》,2016 年 5 月 29 日。

④ 《民政部、国家发展改革委印发民政事业发展第十三个五年规划》,http://www.sdpc.gov.cn/gzdt/201607/t20160706_810528.html。

⑤ 《中共中央关于坚持和完善中国特色社会主义制度 推进国家治理体系和治理能力现代化若干重大问题的决定》,人民出版社,2019 年。

养老体系构建的问题:"通过提高出生人口素质、提升新增劳动力质量、构建老有所学的终身学习体系,提高我国人力资源整体素质";"打造高质量的为老服务和产品供给体系。积极推进健康中国建设,建立和完善包括健康教育、预防保健、疾病诊治、康复护理、长期照护、安宁疗护的综合、连续的老年健康服务体系。健全以居家为基础、社区为依托、机构充分发展、医养有机结合的多层次养老服务体系,多渠道、多领域扩大适老产品和服务供给,提升产品和服务质量";"构建家庭支持体系,建设老年友好型社会,形成老年人、家庭、社会、政府共同参与的良好氛围"。① 其中,养老机构的定位又有新的表述"机构充分发展"。

党的十九届五中全会对"十四五"期间的养老进行了长远规划,提出"推动养老事业和养老产业协同发展,健全基本养老服务体系,发展普惠型养老服务和互助性养老,支持家庭承担养老功能,培育养老新业态,构建居家社区机构相协调、医养康养相结合的养老服务体系"②。

第二节 学者对养老服务体系概念的探讨

如前所述,理论界与实践中使用最多的关于养老服务体系的界定是在政府文件中的表述。学界探讨养老服务体系时主要有以下几种观点:多数观点是认同对养老服务体系的讨论中的政府的提法,或与政府提法相近,如刘益梅的"社会化养老服务体系"包括了以居家养老为基础、机构养老为补充,多主体、多元化、多层次提供服务的观点。③ 此外,有学者对政府养老服务体系的提法提出了质疑,指出我国"以居家养老为基础、社区服务为依托、

---

① 《中共中央、国务院印发〈国家积极应对人口老龄化中长期规划〉》,http://www.gov.cn/zhengce/2019 - 11/21/content_5454347.htm。

② 《中共中央关于制定国民经济和社会发展第十四个五年规划和二〇三五年远景目标的建议》,http://www.gov.cn/zhengce/2020 - 11/03/content_5556991.htm。

③ 刘益梅:《人口老龄化背景下社会化养老服务体的探讨》,《广西社会科学》,2011 年第7 期。

机构养老为支撑"的社会养老服务体系表述,没有揭示养老服务的本质特点,存在着核心功能不够明确、目标人群较为模糊、内部诸要素呼应性较差、运行机制开放性不足等问题,因此提出要对养老服务体系进行重构:通过需要理论阐释养老服务的特质,从系统论出发,将社会养老服务体系重构为"为老人提供有效照护,以居家为基础,机构为支撑,社区为平台,社会服务为依托"。并认为这一体系揭示了照护是养老服务的核心,前置了养老机构的支撑作用,明确社区是综合性照护服务展开的平台,引入社会服务以发挥市场机制配置资源优势,强调服务传递的载体是资金和设施。①

著名学者景天魁提出"社区综合养老服务体系",以代替养老服务体系概念,并认为是"借鉴发达国家的养老服务经验,根据我国现有的经济发展水平、人口年龄结构、人口老龄化程度、养老服务文化及养老服务基础提出来的一种养老服务模式"。"社区综合养老服务体系"是指:"在社区综合养老服务体系中充分发挥政府的统领性、群众的主体性以及社会的协同性作用,以家庭为基础,以社区为依托,以机构为支撑,整合辖区内的各种养老资源,为老年人提供包括无偿的公益服务、低偿的基本养老服务以及较高收费的个性化养老服务在内的系统服务。"②

也有一些学者将养老服务体系视为一个更宽泛的系统,甚至包括社会养老保险在内等诸多要素。还有学者专门探讨了机构养老与社区养老等子系统及其系统中的概念,如关于社区养老概念的探讨,乔志龙等将社区养老看作为社区工作人员利用社区现有资源,采用正式及非正式的方式,向老年人提供专业及非专业老年服务相结合的模式;③史柏年等将社区养老中的社区照顾解释为以正式与非正式的形式向老年人提供的帮助及支援,其中包

---

① 董红亚:《我国社会养老服务体系的解析和重构》(上),《社会科学》,2012 年第 3 期。
② 景天魁:《创建和发展社区综合养老服务体系》,《苏州大学学报(哲学社会科学版)》,2015 年第 1 期。
③ 乔志龙:《社区养老——我国城市养老模式的新选择》,《内蒙古农业大学学报》,2008 年第 6 期。

括志愿者服务及社区支持网络;①陈永生等探讨了社区养老服务,认为社区养老服务是充分利用社区资源,调动社区各种力量,有效降低养老成本,减轻政府及老年人的经济负担,合理满足老年人的基本生活需求等。②

第三节 养老服务体系的构成

体系是指由若干要素或各部分按一定秩序或通过某种方式组合而成的有特定功能的有机整体,是不同系统组成的一个整体。众多小体系构成了一个总体系。养老服务体系是指老年人在生活中获得的全方位服务支持的系统,既包括家庭提供的各种服务和条件,也包括政府、社会提供的有关服务的形式、制度、政策、机构等各种条件,但一般不包括物资和经济供养内容。

养老服务体系是由各子系统构成,因不同标准分为不同系统(如按照老人居住在哪里,可分为机构养老体系、社区养老体系、居家养老体系等)。明确各子系统在养老服务整个体系中的定位,明晰各子系统提供服务的主体,将有助于养老服务体系的整体构建。有学者从构成要素来探讨养老服务体系,如金双秋、曹述蓉提出:"养老服务机构体系、老年人服务制度体系、老年人供养服务体系、老年人医疗服务体系、老年人再就业服务体系、老年人继续学习服务体系、养老服务人力资源开发体系。"③也有实际从事养老服务工作的工作者提出,养老服务体系应该涵盖机构养老服务体系、社区养老服务体系、居家养老服务体系的大体系、大系统;机构养老应是包括养老机构、社区养老组织、面向居家养老提供支持的企事业单位、社会组织的集合体系、居家养老离不开各类涉老机构的支撑,否则就是无本之木、无源之水。④

① 史柏年:《老人社区照顾的发展与策略》,《中国青年政治学院学报》,1997 年第 1 期。
② 陈永生:《对我国社区养老的可行性分析》,《北京城市学院学报》,2008 年第 6 期。
③ 金双秋、曹述蓉:《完善养老服务体系的构想》,《社会工作》,2011 年第 1 期。
④ 马丽萍:《养老服务业中如何界定政府的角色与责任》,《中国社会工作》,2016 年第 5 期。

在《民政事业发展第十三个五年规划》中,对不同子系统做出了规划:在居家养老服务体系中,提出依托各类社区养老服务设施,探索新型居家养老模式,创新居家智慧养老服务提供方式,推广居家养老服务网络平台;在社区养老服务体系中,提出加强社区养老服务设施建设,在老年人日间照料中心、托老所、老年人活动中心、互助式养老服务中心等社区养老服务设施中配备医疗护理、康复辅具、文娱活动等设备,新建城区和新建居住(小)区,按要求配套建设社区日间照料机构,鼓励和支持各类企业、社会组织和个人从事社区养老服务,提高社区居家养老服务能力和质量,将社会互助养老纳入强化居家和社区养老服务功能中;在机构养老服务体系中提出,深化养老服务供给侧改革,积极支持社会力量举办养老机构,重点发展医养结合型养老机构,增加养护型、医护型养老床位,提高养老服务有效供给。[①] 开放是养老服务体系生命力的源泉。开放的系统能够使内部各要素紧密协作,产生协同效应,提高绩效水平,实现“整体大于部分之和”的目的。因此,养老服务体系的构建必须随着社会的发展与老年人口的发展趋势相契合,以老年人群的需求为基础,不断完善养老服务体系。

有学者提出构建社区综合养老社会服务体系,包括了“服务综合、系统整合、资源下沉”构成要素;[②]以多样化的方式向老年人提供服务,主要包括日常生活照料服务、医疗保健服务、精神慰藉服务、就业服务及法律援助服务等;[③]社区养老服务的一大特点是其可满足老年人的多方位需求,主要包含物质经济上的供给需求、生活照顾及护理需求、精神需求以及医疗保健需求,这往往是传统家庭养老及社会机构养老所不能提供的。[④]

由于不同地区的居民养老需求各有不同,因此地方政府应构建具有地

---

① 《民政部、国家发展改革委印发民政事业发展第十三个五年规划》,http://www.sdpc.gov.cn/gzdt/201607/t20160706_810528.html。

② 景天魁:《创建和发展社区综合养老服务体系》,《苏州大学学报(哲学社会科学版)》,2015年第1期。

③ 陈永生:《对我国社区养老的可行性分析》,《北京城市学院学报》,2008年第6期。

④ 晋凤:《浅析城市社区化居家养老模式的可持续性》,《辽宁行政学院学报》,2010年第11期。

方特色的养老服务体系。又由于各地人口老龄化的程度不同,采取的养老服务方式也有所不同。以天津市为例,2014 年 12 月通过并于 2015 年 2 月开始实施的《天津市养老服务促进条例》用法律法规的形式提出了"坚持政府主导、政策支持、社会参与、市场运作的原则,建立和完善以居家为基础、社区服务为依托、养老机构为支撑的养老服务体系,逐步满足老年人多层次、多样化的养老服务需求"①。天津市根据市情,在"十三五"规划中提出养老服务体系为:以居家为基础、社区为依托、机构为补充的多层次养老服务体系。推动医疗卫生和养老服务相结合。② 这些规定基本上与国家的相关政策与规划一致。

---

① 《天津市养老服务促进条例》,http://www.tjrd.gov.cn/flfg/system/2015/01/03/010019386. shtml.

② 《天津市国民经济和社会发展第十三个五年规划纲要》(津政发〔2016〕2 号),http://www. tjzfxxgk.gov.cn/tjep/ConInfoParticular.jspid =63638.

第二章 养老服务体系的重要基石
——养老服务需求评估体系及其构建

随着老龄化进程加快,养老服务需求也不断增长并呈现多层次、多样化特征。养老服务体系应该是"针对老年人的特质性需要而给予的满足,也就是养老服务是各类供给主体根据老年人的特点提供的提高老年人生活和生命质量的有偿或无偿的活动"①。老年群体是异质性较强的群体,具有不同的养老需求和养老意愿,而且在"政策措施、工作基础、体制机制等还存在明显不足,同广大老年人过上幸福晚年生活的期盼差距较大"②。如何合理配置养老资源,为老年人提供符合其切身需要的养老服务,是亟须深入探讨的问题。本书在对老年人的养老服务需求调查分析与评估基础上,探讨养老服务需求评估体系的建构、养老服务需求评估的科学方法与程序以及提出完善养老服务需求评估体系的对策与建议。

第一节 养老服务需求评估体系的界定

关于养老服务需求的概念,目前的研究并不多,在具体使用过程中,也涵盖了不同的内容。民政部在 2013 出台的《关于推进养老服务评估工作的

---

① 董红亚:《我国社会养老服务体系的解析和重构》(上),《社会科学》,2012 年第 03 期。
② 习近平:《强调推动老龄事业全面协调可持续发展》,《人民日报》,2016 年 05 月 29 日。

指导意见》(以下简称《指导意见》)中提出了"养老服务评估"概念,指出养老服务评估是为科学确定老年人服务需求类型、照料护理等级以及明确护理、养老服务等补贴领取资格等,由专业人员依据相关标准,对老年人生理、心理、精神、经济条件和生活状况等进行的综合分析评价工作。要"建立科学合理、运转高效的长效评估机制,基本实现养老服务评估科学化、常态化和专业化",并对评估时间做了区分,即首次评估(准入评估)和持续评估(跟踪式评估)。① 但"养老服务评估"概念虽然涉及老年人服务需求类型问题,但并非是"养老服务需求"的评估概念。尽管《指导意见》中也提出,老年人能力评估应当以确定老年人服务需求为重点,突出老年人自我照料能力评估,但重点不是养老服务的"需求评估"。本书的重点是需求问题,即老年人的"养老服务需求评估"。

"需求评估"(needs assessment)。needs 表示需求,assessment 具有知晓、了解、评价和断定的含义。洛莱(Lowry,1938)提出,"需求评估"表现为一种诊断,一是旨在描述事实,二是一个过程。② "需求评估"是对服务对象的情况进行事先了解,在综合分析的基础上,确定其需求满足情况及其成因,形成暂时性评估结论的过程。"需求评估"过程的实质就是收集信息和分析信息的过程,其结果是对个体、机构、共同体或社会需求的确定。"需求评估"是识别、比较同一项目或不同项目间的需求以及项目需求程度等,它不仅注重需求程度,还关注需求与服务之间的差距以及服务的不足。"需求评估"对象包括需求方与供给方。"需求评估"可通过调查实施,其方法包括观察法、问卷法、访谈法、讨论法等。

"养老服务需求评估"是指按照一定的方式和程序,对老年人的养老服务需求与意愿,以及身体状况、居住状况、经济状况等背景资料进行调查评估,客观地反映老年人身体状况与养老服务的真实需求,最终形成评估意

① 《民政部关于推进养老服务评估工作的指导意见》(民发〔2013〕127 号),http://www.mca.gov.cn/article/zwgk/mzyw/201308/20130800498738.shtml,2013 - 08 - 01。
② 顾东辉:《社会工作实务中的需求评估》,《中国社会导刊》,2008 年第 22 期。

见,作为为老年人提供不同养老服务内容、补贴或安排人住养老机构等工作的依据,也可以为政府制定科学的养老服务政策与制度提供客观依据。对老年人的养老服务需求进行评估是为了了解老年人的养老服务需求,以便准确地为其提供符合要求的养老服务。养老服务需求评估的实质也是一种诊断,是对客观存在的老年人的养老服务需求的事实描述,是了解老年人养老服务需求基本信息的过程,并根据需求评估结果,提供符合老年人需求的养老服务方式。养老服务需求评估是制定并形成养老服务工作计划的基础,也是中央政府与地方政府制定养老服务政策、确定养老服务方式与资源分配的前提。

提升我国养老服务水平需要构建一个符合实际、操作简便,统筹资源、惠及全体老人的科学、系统、有效的养老服务需求评估体系。养老服务需求评估体系包括养老服务需求评估的原则、方法与流程、指标体系以及评估结果等。国家或各省市应该建立统一标准以划分老年群体的服务需求,制定关于老年人养老服务需求综合情况的评估机制。

第二节 学界有关养老服务需求评估体系的研究与实践层面的不足

一、学界有关养老服务需求评估体系研究的基本状况

我国学界关注养老需求研究是近几年的事情,开展养老服务需求评估工作则起步更晚,因此关于养老服务需求评估研究较少,如王静的《论上海探索构建养老服务需求评估体系的定位和作用》(2005)、[①]任炽越《形成养老服务需求评估社会化机制》(2014)等研究。[②]上海市福利行业协会研制了居家养老服务的需求评估工具(2004),由评估人员组织实施评估,对评估对

---

① 王静:《论上海探索构建养老服务需求评估体系的定位和作用》,复旦大学硕士学位论文,2005 年。

② 任炽越:《形成养老服务需求评估社会化机制》,《新民晚报》,2014 年 8 月 24 日。

象的疾病状况、心理及思维情况、残障情况、听力、视力和日常活动能力六个方面进行评估,得出其服务需求,再由政府部门根据评估结果确定提供的服务项目和补贴标准。① 但该评估工具主要集中于老年人的生活护理方面,基本没有涉及老年人健康、心理、社会交往等方面的需求;在评估方法上,更注重评估人员观察和个人经验评估,因此主观性较强。一些博硕论文对养老服务需求及其体系有所涉猎,如裴颖的《我国城市养老服务需求体系及政策制定研究》②、吴敏的《基于需求与供给视角的机构养老服务发展现状研究》③。王辅贤(2004)④、胡娟(2008)⑤、臧少敏(2012)⑥、高灵芝(2012)⑦、任炽越(2015)⑧等人也对养老需求进行了探讨,陈凌玉(2012)还对中美社区养老服务需求进行了比较分析,发现中美老人对生活照料、医疗护理保健、法律服务、教育培训和精神支持服务存在共性需求,两地老人对休闲娱乐、社区参与性活动、就业服务和宗教服务需求差别较大。⑨ 也有一些相关的研究只是涉及养老需求评估的部分内容,如金星等开发了老年人家庭护理评估工具,采用封闭式问卷形式,由老年人健康评估表、自理能力评估表、家庭访视记录表和家庭护理计划表组成。其中健康评估表包括一般情况、健康状况、老年人常见慢性疾病患病情况、简易精神状况评估等。该工具内容较全面,能够一次性评估老年病人及其所处的家庭环境。⑩ 王小燕等设计

---

① 上海市社会福利行业协会:《养老服务需求评估》,2004 年,第 12 页。

② 裴颖:《我国城市养老服务需求体系及政策制定研究》,同济大学硕士学位论文,2009 年。

③ 吴敏:《基于需求与供给视角的机构养老服务发展现状研究》,山东大学博士学位论文,2011 年。

④ 王辅贤:《老年需求:社区养老助老服务的取向、问题与对策研究》,《社会科学研究》,2004年第 6 期。

⑤ 胡娟:《上海市不同老年群体居家养老服务需求与对策研究》,《上海社会科学院》,2008 年。

⑥ 臧少敏:《我国老年群体需求现状综述》,《北京劳动保障职业学院学报》,2012 年第 2 期。

⑦ 高灵芝、刘雪:《供需适配角度的城市居家养老服务研究》,《南通大学学报(社会科学版)》,2012 年第 3 期。

⑧ 任炽越:《如何做好新常态下的养老服务》,《新民晚报》,2015 年 6 月 7 日。

⑨ 陈凌玉:《中美社区养老服务需求比较及对策研究》,杭州师范大学硕士学位论文,2012 年。

⑩ 金星、李春玉、顾湲等:《老年人家庭护理评估工具的研究》,《中国老年学杂志》,2003 年第12 期。

了退休老年人家庭护理需求调查表,包括19个问题,主要调查老年人对基础护理、康复护理和健康教育等方面的需求,[①]彭佳平对上海市老年护理供需现状进行了分析,[②]郭红艳等探讨了老年人能力等级划分方式,[③]曾友燕等还评价了国内外家庭护理需求评估工具。[④] 其他研究就是有关养老服务方面的了,如修宏方的《社区服务支持下的居家养老服务研究》[⑤]、李壮的《我国城市养老服务体系研究》[⑥],曹煜玲的《中国城市养老服务体系研究》[⑦],等等。

二、目前学界有关养老服务需求评估体系研究存在的主要问题

第一,多数研究聚焦在养老保障与养老服务体系的构建方面,有关养老服务需求的分析研究很少,研究养老服务需求评估的更是凤毛麟角。

第二,为数不多的养老服务需求研究也主要集中在入住养老机构的需求分析及对养老机构服务效率和质量的评价,对老年人的社区养老服务需求的研究关注不多,对市场化的养老服务需求评估少见。

第三,忽视了老年群体养老服务需求的异质性研究,分析养老服务需求的共性与差异性的较少,少有人研究不同特征(如不同年龄、不同收入、不同身体健康召开、不同居住状况等特征)老年群体对养老服务的不同需求。而现实中,不同性别、年龄、收入、健康状况及居住状况的老年群体的养老服务需求差异明显。

第四,缺少对需求或供给匹配度的综合分析,尤其是缺少对社区居家养老的供需差距与矛盾进行分析,无法切实满足老年人社区养老服务需求,导

---

① 王小燕、杨宗香、党红等:《离退休患者家庭护理需求调查与分析》,《护理学杂志》,1996年第6期。

② 彭佳平:《上海市老年护理供需现状及对策研究》,复旦大学硕士学位论文,2011年。

③ 郭红艳、王黎、王志稳、雷洋:《老年人能力等级划分方式的研究》,《中国护理管理》,2013年第9期。

④ 曾友燕、王志红、周兰姝、吕伟波:《国内外家庭护理需求评估工具的研究现状与启示》,《护理管理杂志》,2006年第5期。

⑤ 修宏方:《社区服务支持下的居家养老服务研究》,南开大学博士学位论文,2013年。

⑥ 李壮:《我国城市养老服务体系研究》,东北财经大学硕士学位论文,2012年。

⑦ 曹煜玲:《中国城市养老服务体系研究》,东北财经大学博士学位论文,2011年。

致养老服务供给定位不准。

第五,相关的实证性研究极少,在研究角度、研究对象的选择以及统计分析方法上仍有一定的局限性。

三、实践操作层面养老服务需求评估体系建设情况

（一）一些省市积极探索运用养老需求评估结果分配养老资源

随着人口老龄化速度加快,养老服务需求的多元化对我国养老服务的要求与数量、质量也越来越高。因此,在我国养老服务工作的实践操作层面,急需关注老年人的养老服务需求。为此,民政部于 2013 年出台了《推进养老服务评估工作的指导意见》,明确提出要科学确定老年人服务需求类型。[①] 同时,民政部出台了《老年人能力评估》（中华人民共和国民政行业标准）。[②] 评估标准包括四个一级指标:日常生活活动、精神状态、感知觉与沟通、社会参与。[③] 该标准规定了老年人能力评估对象、指标、实施以及结果,为我国老年人的能力评估提供了统一的、规范的和可操作的评估工具。此后,各地也开始探索养老服务需求评估指标体系的构建,上海、浙江、天津等地相继出台了相关制度与措施,如上海印发了《关于全面推进老年照护统一需求评估体系建设意见的通知》（沪府办〔2016〕104 号）、《老年照护统一需求评估标准（试行）》,建立健全了与评估等级相衔接的老年人照护支付制度。两个文件整合了原有老年照护等级评估和高龄老人医疗护理服务需求评估及老年护理医院出入院标准等,建立起统一的需求评估的信息管理系统,形成了统一的需求数据库,并结合老年人照护统一需求评估,明晰了评估等级所对应的服务清单,整合了现有支付渠道,因此为失能老年人提供更加精准的、规范的长期照护服务奠定了基础。浙江省出台了《浙江省养老服

---

① 《民政部关于推进养老服务评估工作的指导意见》（民发〔2013〕127 号）, http://www.gov. cn/gongbao/content/2013/content_2515012.htm。

② （中华人民共和国民政行业标准）《老年人能力评估》, http://www.mca.gov.cn/article/gk/wj/201805/20180500009037.shtml。

③ 《老年人能力评估》, http://images3.mca.gov.cn/www2017/file/201805/1526267888611.pdf。

务需求评估工作实施意见》(试行);山东省制定了《关于开展老年人能力评估工作的实施意见》(鲁民〔2016〕40号),进一步科学确定能够享受政府养老服务补贴的资格和入住养老机构的老年人能力等级。天津市出台了《天津市老年人养老服务需求评估标准和流程》,试图对老年人的经济、身体、居住状况及养老服务需求意愿等进行调查评估,为养老服务补贴或安排入住养老机构提供依据。但这种探索仅在少数地方进行。

2019年,为指导各地的民政部门更好地落实《民政部关于加快建立全国统一养老机构等级评定体系的指导意见》(民发〔2019〕137号),贯彻实施《养老服务机构等级划分与评定》的国家标准,民政部社会福利中心与全国社会福利服务标准化技术委员会联合发布了《〈养老机构等级划分与评定〉国家标准实施指南》(试行),以便于地方开展养老机构的等级评定工作参考。《〈养老机构等级划分与评定〉国家标准实施指南》(试行)是开展养老机构等级评定工作实操性的评价工具,共分为环境、设施设备、运营管理及服务四部分,进一步细化、量化了养老服务标准,且提出了易操作、可评价的工作规范。其中等级评定总分为1000分,包括环境120分、设施设备130分、运营管理150分、服务600分。[①] 总体上,我国既有的养老服务体制机制不能适应新形势发展的需要,实践操作层面尤以养老服务的供给与需求之间的矛盾最为突出。尤其是缺乏加强老年护理发展、加强老年人长期护理的需求评估和规范服务指导性文件。

2.养老服务需求评估缺失,凸显了养老服务供给与需求矛盾

目前,我国无论采用哪种养老服务方式的提供,均缺少系统的、科学的养老需求评估,针对养老服务的供需评估基本处于停滞状态,而且无论是养老机构还是社区养老助老提供的服务,均与我国老年人的迫切养老需求相距甚远。这就导致如下问题产生:

[①]《养老机构等级划分与评定》国家标准实施指南(试行)对外发布,http://www.mca.gov.cn/article/xw/ywdt/202004/20200400027207.shtml。

第一，政府在制定养老服务政策与出台养老服务措施时，因缺乏对老年群体养老服务需求的了解，无法提供有针对性的、有效的服务，养老服务需求与供给之间存在较大差距。进而在养老服务水平、服务质量以及专业化程度上，与广大老年人的需求存在较大差距。

第二，由于缺乏对养老服务需求科学的有效评估，使得一些身体健康、无经济负担的老年人进入公办养老机构；而一些收入低、失能失智需专业护理的老人不能入住公办养老机构。由此凸显了公共资源分配不合理、不公平问题，严重影响了政府的形象。即使有相关部门出台了一些评估标准，如上海市由市民政局、市质监局出台的《老年照护等级评估要求》（将接受服务老人分类为正常、轻度、中度与重度），卫生、医保部门也相继制定颁发《上海市老年护理医院出入院评估标准》和《高龄老人医疗护理需求评估管理规范（试行）》（对入院老人与城保老人开展模拟评估与试点评估）。但由于各部门不同的工作内容，形成了不同的服务体系与标准，各机构之间缺乏有效的衔接，造成了重复评估，使部门的服务资源得不到有效整合。[①]

第三，社会力量参与养老服务未得到根本转变，养老服务供给主体面临供给定位不准、盲目供给等挑战，有的地方不仅没有满足老年人养老服务需求，还浪费了有限的资源。特别是养老床位与养老服务需求存在结构性矛盾。抽样调查表明，我国大多数老年人选择居家养老服务方式，城市居家养老服务项目需求呈多样化。但由于缺乏需求评估，导致政策供给严重不足，实际供给较为单一；城市有偿居家养老服务潜在需求大，但因不了解老年人的需求状况，缺少多元化的养老服务供给。

第四，为数不多的养老服务需求评估体系设计尚存在缺陷，养老服务的需求对象、需求层次、需求服务标准分类指标体系尚未确立，养老需求评估的内容尚未覆盖老年人养老需求的全部，特别是忽视了健康老人的养老服务需求的评估。

---

① 任炽越：《形成养老服务需求评估社会化机制》，《新民晚报》，2014 年 8 月 24 日。

第五,养老服务需求评估结果的运用范围有限,养老服务需求与供给信息搜集与反馈机制不完善。目前的养老需求评估结果主要是作为公办养老机构对提出入住养老院要求的老年人进行评判的依据,或者是对养老机构的服务情况进行评估,以评定机构的服务质量和提供服务的能力等。但社会中多数老年人所选择的居家养老服务的需求并没有得到应有的重视,社区也未能根据不同老年群体的需求提供相应的服务。此外,养老服务需求与供给信息搜集、反馈机制不健全,养老服务需求与供给的信息缺乏流通机制,服务供给主体特别是政府相关部门,很少深入老年群体获取民众需求的一手信息。

第六,老年人普遍缺乏表达和传递养老服务需求意愿的渠道,因此只能被动接受服务,不可避免地对各种养老服务产生意见与不满,导致政府花钱提供了不少服务,却无法获得老年人满意的现状出现。

第三节　养老服务需求评估体系构成要素

本书以老年人养老服务需求为切入点,以需要层次理论、供给理论、福利多元主义理论、公共产品理论等相关理论为基础,探索建立养老服务需求评估指标体系。养老服务需求评估体系应该包括养老服务需求评估的原则、方法与流程、指标体系以及评估结果运用等。

一、养老服务需求评估的基本原则

养老服务需求评估的基本原则可以参照民政部出台的《关于推进养老服务评估工作的指导意见》中关于养老服务评估的四条原则[①]:

第一,权益优先,平等自愿。坚持老年人权益优先,把推进养老服务需求评估工作与保障老年人合法权益、更好地享受社会服务和社会优待结合

---

① 《民政部关于推进养老服务评估工作的指导意见》(民发〔2013〕127 号),http://www.mca.gov.cn/article/zwgk/mzyw/201308/20130800498738.shtml,2013 – 08 – 01。

起来。坚持平等自愿,尊重受评估老年人意愿,切实加强隐私保护。

第二,政府指导,社会参与。充分发挥政府在推动养老服务需求评估工作中的主导作用,充分发挥和依托专业机构、养老机构、第三方社会组织的技术优势,提升评估工作的社会参与度和公信力。

第三,客观公正,科学规范。以评估标准为工具,统一工作规程和操作要求,保证结果真实准确。坚持中立公正立场,客观真实地反映老年人能力水平和服务需求。

第四,试点推进,统筹兼顾。不断完善工作步骤和推进方案,建立符合本地区养老服务发展特点和水平需求的评估制度。把推进养老服务需求评估工作与做好居家社区养老服务、机构养老等工作紧密结合,建立衔接紧密、信息互联共享的合作机制。

二、养老服务需求评估的主要方法

本书研究运用的主要方法如下:①文献法:通过国内外期刊网等数据库、政府官方网站,查阅相关文献及文件资料,收集和分析养老服务需求评估的相关理论、相关政策及国内外评估经验,进行文本分析;②抽样调查方法:按照等级分层次抽样,使调查样本具有代表性;③问卷法与深度访谈法:对样本进行问卷调查与个案访谈;④德尔菲法:通过征询专家意见,筛选预选指标;⑤层次分析法(AHP):运用层次分析法建立养老服务需求综合评估指标体系;⑥资料分析/统计法:对调查问卷,利用 EpiData 建立数据库,用 SPSS12.0 进行卡方检验和回归分析。

三、养老服务需求评估的指标体系

建立养老服务需求评估体系,首先要有指标衡量体系,其中最重要的是确定标准。对老年人的养老服务需求进行评估,必须建立一套科学、规范、可操作的指标衡量体系。养老服务需求评估指标体系的构建应覆盖所有老年人群,而非专门针对有入住养老机构需求的老年人。考虑到老年群体的个性差异和需求服务的多样化,在指标的设置上,应突出简明性、可操作性和代表性。养老需求评估指标可以分为不同层次,内容涉及基本背景材料

（如年龄、收入、居住情况等）、养老服务需求（包括家庭、社区、养老机构、政府以及市场方面的需求）、老年人健康状况（如日常生活自理能力、日常生活活动能力等,民政部制定的《老年人能力评估》行业标准可以在此运用）、心理与社会交往情况等。老年人的生理变化和心理变化会对他们的养老服务需求产生很大影响。不同年龄、收入、健康状况以及居住状况等个体特征,对老年人养老服务的需求影响显著。此外,老年人对养老服务的有效需求还受其消费观念和子女消费意愿、政策环境、对外宣传等因素影响。因此,在设计养老服务需求评估指标体系时,也应该对这些背景资料充分收集,并作为分析的影响因子。

四、养老服务需求评估结果的运用

在运用养老服务需求评估结果时,尽可能实现居家养老服务、机构养老服务与市场化养老服务一体化评估。老年人可自愿申请养老服务需求评估,或者提供服务的主体主动了解老年人的养老服务需求。社区养老服务机构可以根据需求评估结果分析老年人服务需求,在征得老年人同意的前提下,加强与相关服务单位对接,为其制定个性化的服务方案,提高居家养老服务的针对性和效率。评估结果还可以用于筛选入住养老院的老年人的依据以及照料护理等级的依据。对有进入机构养老需求的老年人,再进行生活能力评估,并根据评估结果决定其是否能够入住养老院。此外,政府也可以根据需求评估结果在不同老年人之间分配养老服务资源。

第三章　人口老龄化现状及发展趋势
——以天津市为例

我国正处在人口发展关键的转折期,能否准确把握人口变化的趋势及特征,对完善养老服务体系、积极应对人口老龄化至关重要。自我国进入老龄化社会以来,已经迎来"银色浪潮",老龄化形势严峻。本章以全国老龄化程度城市排名第三的天津市为例进行分析。天津市第五次人口普查统计结果显示,60 岁以上常住老龄人口总量为 120.39 万,达 12.03%;65 岁及以上人口总量为 83.84 万人,比重为 8.38%。① 第六次人口普查统计结果显示,自 2000 年以来这 10 年间,天津市总人口净增 292.92 万人,增幅 29.27%,其中 60 岁以上常住老龄人口 168.47 万,达 13.02%;65 岁及以上人口为110.23 万人,达 8.52%(65 岁及以上人口比 10 年前上升 0.14 个百分点)。第七次人口普查结果表明,天津市常住人口中,0—14 岁人口为 186.81 万人,占比 13.47%;15—59 岁人口 899.52 万人,占比 64.87%;60 岁及以上人口 300.27 万人,占比 21.66%,其中 65 岁及以上人口 204.57 万人,占比14.75%(见图 3 - 1)。② 与十年前第六次全国人口普查相比,0—14 岁人口上升了 3.67 个百分点;15—59 岁人口下降了 12.31 个百分点;60 岁及以上

---

① 资料来源:天津市第五次人口普查上报数据——天津市统计局提供。
② 《天津市第七次全国人口普查主要数据发布》,http://www.tj.gov.cn/sy/tjxw/202105/t20210522_5457726.html。

人口上升了 8.64 个百分点,65 岁及以上人口上升了 6.23 个百分点。①

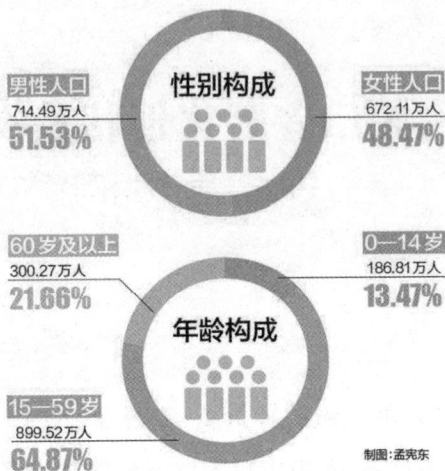

性别构成
男性人口 714.49 万人 **51.53%**　女性人口 672.11 万人 **48.47%**

年龄构成
60 岁及以上 300.27 万人 **21.66%**　0—14 岁 186.81 万人 **13.47%**
15—59 岁 899.52 万人 **64.87%**

制图:孟宪东

图 3-1　天津市年龄构成②

从天津市老龄化变化可以看出,天津市人口老龄化程度高于全国平均程度。自 2000 年第五次人口普查以来,天津市 60 岁以上人口占比每十年分别为 12.03%、13.02%、21.66%;65 岁及以上人口占比每十年分别为 8.38%、8.52%、14.75%。可见,天津市老年人口增加迅速。20 年间,天津市 60 岁以上老年人口由 120.39 万增加至 300.27 万;65 岁以上老年人口由 83.84 万增加至 204.57 万(见图 3-2)。天津市民政局统计数字显示,天津市人口老龄化程度居全国第三。无论按照哪个标准,均表明天津市人口老龄化进程持续发展,老龄化问题已经成为影响天津市经济社会发展的重要问题。特别是近几年老年人口规模大、增速快、慢性病患病率高、空巢化严重等特征日益明显,失能老人增长快,社会负担重,社会医养服务需求空间大。

---

① 《十年增加 92.78 万人! 天津市人口普查主要数据公布》,《每日新报》,2021 年 5 月 21 日。
② 资料来源:天津市政府官网,http://www.tj.gov.cn/sy/tjxw/202105/t20210522_5457726.html。

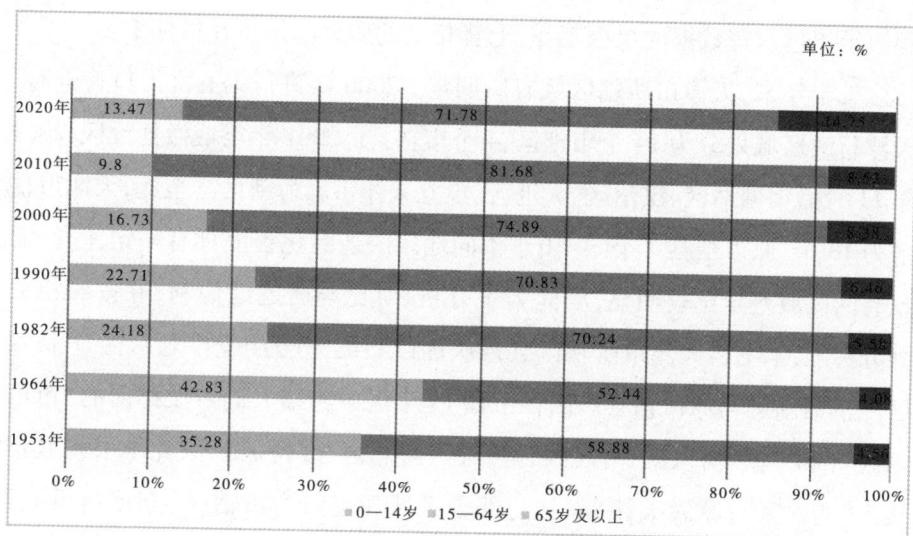

图3-2　天津市历次普查常住人口年龄结构①

　　本研究按照第六次人口普查数据进行具体分析。天津市市辖区(13 个)人口达 1109. 07 万人,原市辖县(3 个)人口为 184. 79 万人。与第五次人口普查数据相比,第六次人口普查数据表明,老龄人口数量有较大幅度增加,而且不同地区老龄化程度也不同。截至 2015 年底(七普调查数据尚在挖掘中),天津市 60 岁以上户籍人口占全市户籍人口 22. 43% ,约 5 人中就有 1 位是老年人;65 岁及以上老年人口 146. 93 万人;百岁老人 350 人。在 60 岁以上老年人口中,80 岁及以上 33. 41 万,约占全市户籍老年人口比例为 14. 5% ;空巢老人家庭占有老年人家庭的比例为 70% ,独居老年人约占 10. 21% 。② 天津市目前所有区域均已调整为所辖区,没有县的区域。(注:因为"七普"数据刚刚出炉,更为详细的各区不同年龄段的"七普"数据尚未全部公开,且数据正在挖掘中,而课题组的问卷调查是在六普期间做的,因此要按照六普的数据分析。而且,前面也分析了天津市"七普"的概况。课

---

　　① 资料来源:https://m. thepaper. cn/baijiahao_12785701。
　　② 资料来源:天津市政协 2016 年第三次双周协商座谈会发言内部材料。

题组承担过六普数据的挖掘工作,七普相应的研究应该正在指标中。)

二十年来,天津市所辖区域有所调整。2000 年进行第五次人口普查时,天津行政区域划分为 14 个市辖区,4 个市辖县。2001 年宝坻撤县设区,2009 年 11 月撤销塘沽区、汉沽区、大港区,设立天津市滨海新区。至此,天津市辖区为 13 个,原市辖县 3 个。① 由于不同地区的老龄化程度具有一定差异,而且有的区域差异比较明显,因此为了分析、对比与研究的便利,并按照相关划分标准,本书将天津市所辖区县再次加以归类,分为市辖"老六区""新六区"、滨海新区与原市辖县。因在市辖 13 个区中包括人们习惯称谓的"市内六区"(和平区、河东区、河西区、南开区、河北区、红桥区),故此本书将其定义为"老六区";原属天津郊、县的部分区域现也归为市辖区(东丽区、西青区、津南区、北辰区、武清区、宝坻区,即原来环城四区再加上武清区与宝坻区),本书将其定义为"新六区";滨海新区属于市辖区,因具有独特性,本书单独分析;原市辖县包括原来的静海县、宁河县、蓟县 3 个。第六次人口普查资料显示,天津市人口老龄化程度在不同地区呈不同态势,体现出明显的地域特征,而且不同年龄段的老龄人口占全部老龄人口的比例也不同。

第一节 老龄人口增势趋缓,但老龄人口仍快速增长

第六次人口普查数据显示,与第五次人口普查数字相比(见表 3 - 1、3 - 2),天津市 60 岁以上老龄人口由 12.03% 增加到 13.02%,增加近 1 个百分点;65 岁以上老龄人口由 8.52% 增加到 8.83%,增加了 0.31 个百分点;70 岁以上老龄人口由 5.04% 增加到 5.65%,增加了 0.61 个百分点;75 岁以上老龄人口由 2.52% 增加到 3.37%,增加了 0.85 个百分点;80 岁以上老龄人口由 1.05% 增加到 1.58%,增加了 0.33 个百分点。数据表明,60—64 岁年

---

① 2016 年 6 月天津最后一个县——蓟县改为蓟州,标志着天津市已经进入无县的时代。但因蓟县、静海、宁河三个县成为区的时间不长,而且在特征上与其他区有明显不同,因此在本书中仍然将三个区与其他区区别开来进行分析,并沿袭过去的提法将其称为"原市辖县"。

龄段的老龄人口增速最快。

第七次人口普查数据显示,与第六次人口普查数字相比,天津市老龄化程度进一步加深。从总体来看,十年间天津市老年人口占全市总人口数的百分比增速趋缓,60 岁以上人口只增加 0.9 个百分点,65 岁以上人口增加了 2.69 个百分点,但是十年间天津市老龄人口增长率却非常显著。天津市 60 岁以上老龄人口增长率为 39.94%;65 岁以上老龄人口增长率为 31.48%;70 岁以上老龄人口增长率为 44.95%;75 岁以上老龄人口增长率为 72.66%;80 岁以上老龄人口增长率为 93.88%(见表 3 - 4)。

表3-1 天津市第五次人口普查数据分析

地区	60岁	65岁	70岁	75岁	80岁	85岁	90岁	95岁	100岁	60岁以上老年人口总数	60以上占总人口比%	65岁以上老年人口总数	65以上占总人口比%	70岁以上老年人口总数	70以上占总人口比%	75岁以上老年人口总数	75以上占总人口比%	80岁以上老年人口总数	80以上占总人口比%	市区县总人口总数
天津市	365439	333762	252214	147176	69024	27714	7175	1264	106	1203874	12.03	838435	8.38	504673	5.04	252459	2.52	105283	1.05	10009068
市辖区	312925	284285	213930	124642	57406	22829	5987	1063	94	1023161	12.34	710236	8.57	425951	5.14	212021	2.56	87379	1.05	8291649
和平区	12933	15656	13740	9346	4683	1845	476	81	12	58772	18.23	45839	14.22	30183	9.36	16443	5.10	7097	2.20	322311
河东区	31306	30495	22029	11951	5046	1989	509	114	6	103445	14.13	72139	9.85	41644	5.69	19615	2.68	7664	1.05	732338
河西区	33560	33548	25505	14354	6232	2440	661	115	15	116430	14.71	82870	10.47	49322	6.23	23817	3.01	9463	1.20	791350
南开区	36515	33658	26448	15324	6830	2884	789	149	13	122610	14.06	86095	9.87	52437	6.01	25989	2.98	10665	1.22	872077
河北区	27038	28363	21489	13007	5622	2143	533	115	16	98326	15.23	71288	11.04	42925	6.65	21436	3.32	8429	1.31	645582
红桥区	22636	23746	17894	10254	4620	1921	525	105	8	81709	15.16	59073	10.96	35327	6.55	17433	3.23	7179	1.33	539086
东丽区	14231	10754	7883	4458	2039	737	169	29	2	40302	8.93	26071	5.78	15317	3.39	7434	1.65	2976	0.66	451256
西青区	13351	11192	8114	4396	2247	928	201	19	1	40449	9.14	27098	6.12	15906	3.59	7792	1.76	3396	0.77	442610
津南区	13156	9737	7255	4070	2012	736	167	24		37157	8.72	24001	5.63	14264	3.35	7009	1.64	2939	0.69	426143
北辰区	15535	12118	8813	5157	2426	881	248	38	3	45219	9.97	29684	6.54	17566	3.87	8753	1.93	3596	0.79	453776
武清区	28732	22784	18721	11550	5654	2307	605	80	6	90439	10.98	61707	7.49	38923	4.73	20202	2.45	8652	1.05	823752
宝坻区	20760	19535	14949	9784	4901	2077	570	91	6	72673	11.14	51913	7.96	32378	4.96	17429	2.67	7645	1.17	652240
滨海新区	43172	32699	21090	10991	5094	1941	534	103	6	115630	10.15	72458	6.36	39759	3.49	18669	1.64	7678	0.67	1139128
原市辖县	52514	48477	38284	22554	11618	4885	1168	201	12	179713	10.46	127199	7.41	78722	4.58	40439	2.35	17904	1.04	1717419
宁河县	10571	9126	6982	4218	2010	737	214	48	3	33909	9.31	23338	6.41	14212	3.90	7230	1.99	3012	0.83	364227
静海县	15902	14139	11555	6560	3428	1402	314	59	4	53363	9.75	37461	6.84	23322	4.26	11767	2.15	5207	0.95	547483
蓟县	26041	25212	19747	11756	6180	2746	660	94	5	92441	11.47	66400	8.24	41188	5.11	21441	2.66	9685	1.20	805709

表3-2　天津市第六次人口普查数据分析

地区	60岁	65岁	70岁	75岁	80岁	85岁	90岁	95岁	100	60岁以上老年人口总数	60岁以上总人口占比%	65岁以上老年总数	65岁以上总人口占比%	70岁以上老年人口总数	70岁以上总人口占比%	75岁以上老年人口总数	75岁以上总人口占比%	80岁以上老年人口总数	80岁以上总人口占比%	市区县人口总数
天津市	582297	370879	295616	231770	134304	52792	13569	3242	216	1684685	13.02	1102388	8.52	731509	5.65	435893	3.37	204123	1.58	12938693
市辖区	491251	315933	254870	200409	115888	46006	11849	2919	180	1439305	12.98	948054	8.55	632121	5.70	377251	3.40	176842	1.59	11090783
和平区	15123	10037	8266	8436	5753	2984	855	212	6	51672	18.89	36549	13.36	26512	9.69	18246	6.67	9810	3.59	273477
河东区	50595	31673	26961	23736	13950	5358	1283	299	22	153877	17.87	103282	12	71609	8.32	44648	5.19	20912	2.43	860852
河西区	46712	33319	29058	24576	14741	5999	1523	338	20	156286	17.95	109574	12.59	76255	8.76	47197	5.42	22621	2.60	870632
南开区	51462	36841	32148	26674	15451	6262	1599	417	31	170885	16.78	119423	11.73	82582	8.11	50434	4.95	23760	2.33	1018196
河北区	41989	26463	23796	21633	13340	5753	1521	432	31	134958	17.12	92969	11.79	66506	8.44	42710	5.42	21077	2.67	788451
红桥区	28609	18411	16530	14895	8809	3402	900	217	15	91788	17.27	63179	11.89	44768	8.42	28238	5.31	13343	2.51	531526
东丽区	22246	14116	10653	6887	3737	1406	359	109	3	59516	9.94	37270	6.22	23154	3.87	12501	2.09	5614	0.94	598966
西青区	24818	15925	11056	7755	4169	1555	436	96	12	65822	9.23	41004	5.75	25079	3.52	14023	1.97	6268	0.88	713060
津南区	21993	14133	9733	6183	3454	1249	331	66	4	57146	9.64	35153	5.93	21020	3.54	11287	1.90	5104	0.86	593063
北辰区	30806	19362	14075	9871	5471	2120	526	142	2	82375	12.31	51569	7.71	32207	4.81	18132	2.71	8261	1.23	669121
武清区	48401	29879	20823	13937	8649	3220	797	191	5	125902	13.24	77501	8.15	47622	5.01	26799	2.82	12862	1.35	951078
宝坻区	35719	22294	16706	13260	7525	2964	763	167	19	99417	12.44	63698	7.97	41404	5.18	24698	3.09	11438	1.43	799157
滨海新区	72778	43480	35065	22566	10839	3734	956	233	10	189661	7.83	116883	4.82	73403	3.03	38338	1.58	15772	0.65	2423204
原市辖县	91046	54946	40746	31361	18416	6786	1720	323	36	245380	13.28	154334	8.35	99388	5.38	58642	3.17	27281	1.48	1847910
宁河县	18972	11977	8269	6017	3383	1281	333	83	4	50317	12.09	31345	7.53	19368	4.65	11099	2.67	5082	1.22	416143
静海县	32334	18074	11992	8787	5321	1796	463	80	4	78851	12.19	46517	7.19	28443	4.40	16451	2.54	7664	1.18	646978
蓟县	39740	24895	20485	16557	9712	3709	924	160	30	116212	14.81	76472	9.74	51577	6.58	31092	3.96	14535	1.35	784789

表3-3 天津市第六次人口普查老年人口的增长率

地区	60以上			65以上			70以上			75以上			80以上		
	5次	6次	增加比%	5次	6次	增加比%	5次	6次	增加比%	5次	6次	增加比%	5次	6次	增加比%
天津市总计	1203874	1684685	39.94	838435	1102388	31.48	504673	731509	44.95	252459	435893	72.66	105283	204123	93.88
和平区	58772	51672	-12.08	45839	36549	-20.27	30183	26512	-12.16	16443	18246	10.97	7097	9810	38.23
河东区	103445	153877	48.75	72139	103282	43.17	41644	71609	71.96	19615	44648	127.62	7664	20912	172.86
河西区	116430	156286	34.23	82870	109574	32.22	49322	76255	54.61	23817	47197	98.17	9463	22621	139.05
南开区	122610	170885	39.37	86095	119423	38.71	52437	82582	57.49	25989	50434	94.06	10665	23760	122.78
河北区	98326	134958	37.26	71288	92969	30.41	42925	66506	54.94	21436	42710	99.24	8429	21077	150.05
红桥区	81709	91788	12.34	59073	63179	6.95	35327	44768	26.72	17433	28238	61.98	7179	13343	85.86
老六区总计	581292	759466	30.65	417304	524976	25.80	251838	368232	46.22	124733	231473	85.57	50497	111523	120.8
东丽区	40302	59516	47.68	26071	37270	42.96	15317	23154	51.17	7434	12501	68.16	2976	5614	88.64
西青区	40449	65822	62.73	27098	41004	51.32	15906	25079	57.67	7792	14023	79.97	3396	6268	84.57
津南区	37157	57146	53.80	24001	35153	46.46	14264	21020	47.36	7009	11287	61.04	2939	5104	73.66
北辰区	45219	82375	82.17	29684	51569	73.73	17566	32207	83.35	8753	18132	107.15	3596	8261	129.73
武清区	90439	125902	39.21	61707	77501	25.60	38923	47622	22.35	20202	26799	32.66	8652	12862	48.66
宝坻区	72673	99417	36.80	51913	63698	22.70	32378	41404	27.88	17429	24698	41.71	7645	11438	49.61
新六区总计	326239	490178	50.25	220474	306195	38.88	134354	190486	41.78	68619	107440	56.57	29204	49547	69.66
滨海新区	115630	189661	64.02	72158	116883	61.31	39759	73403	84.62	18669	38338	105.36	7678	15772	105.42
13区总计	1023161	1439305	40.67	710236	948054	33.48	425951	632121	48.40	212021	377251	77.93	87379	176842	102.39
原市辖县	179713	245380	36.54	127199	154334	21.33	78722	99388	26.25	40439	58642	45.01	17904	27281	52.37
宁河县	33909	50317	48.39	23338	31345	34.31	14212	19368	36.28	7230	11099	53.51	3012	5082	68.73
静海县	53363	78851	47.76	37461	46517	24.17	23322	28443	21.96	11767	16451	39.81	5207	7664	47.19
蓟县	92441	116212	25.71	66400	76472	15.17	41188	51577	25.22	21441	31092	45.01	9685	14535	50.08

以第六次人口普查数据为分析点,天津市老龄人口增长具有如下特点:

一、市辖新六区老龄人口增长率显著提高

天津市市辖新六区老龄人口增长率显著增加。60岁以上老龄人口增长率为50.25%,65岁以上老龄人口增长率为38.88%。其中北辰区增速最快,60岁以上老龄人口增长率高达82.18%,65岁以上老龄人口增长率为73.73%,75岁以上老龄人口增长率为107%;西青区的老龄人口增长率其次,60岁以上老龄人口增长率为62.73%,65岁以上老龄人口增长率为51.32%;津南区的老龄人口增长率也较快,60岁以上老龄人口增长率为53.80%,65岁以上老龄人口增长率为46.46%;东丽区60岁以上老龄人口增长率为47.68%,65岁以上老龄人口增长率为42.96%;新六区中武清区、宝坻区老龄人口的增长率较低,60岁以上老龄人口增长率为36.80%—39.21%,65岁以上老龄人口增长率为22.70%—25.60%(见表3-3)。

二、市辖老六区老龄人口增长率相对较低

相对滨海新区与市辖新六区,天津市老六区老龄人口增加相对低一些,60岁以上老龄人口增长率为30.65%,65岁以上老龄人口增长率为25.80%。其中和平区为负增长,60岁以上老龄人口增长率为-12.08%,65岁以上老龄人口增长率为-20.27%;红桥区增长缓慢,60岁以上老龄人口增长率为12.34%,65岁以上老龄人口增长率为6.95%;河东区为老六区增长速度最快的区(主要是75岁以上老龄人口增速最快),60岁以上老龄人口增长率为48.75%,65岁以上老龄人口增长率为43.17%;河西区、河北区、南开区增长率大致相同,60岁以上老龄人口增长率在34%—39%之间,65岁以上老龄人口增长率在30%—38%之间(见表3-3)。

三、滨海新区老龄人口增长率快速提升

滨海新区老龄人口增长率快速提升,60岁以上老龄人口增长率为64.02%,65岁以上老龄人口增长率为61.31%,75岁以上老龄人口增长率为105.36%(见表3-3)。

四、原市辖县老龄人口增长率有较大差异

天津市市辖区与原市辖县 60 岁以上老龄人口增长率比较接近,分别为 40.67% 与 36.54%;65 岁以上老龄人口增长率则有一定的差异,分别为 33.48% 与 21.33%,其中 75 岁以上老龄人口差异较大,分别为 77.93 和 45.01%。在原市辖县中,宁河县与静海县老龄人口增长率比较接近,60 岁以上老龄人口增长率在 48% 左右,65 岁以上老龄人口增长率分别为 34.31% 和 24.17%;而蓟县与上述两县差异最大,老龄人口增长率最低,60 岁以上老龄人口增长率为 25.71%,65 岁以上老龄人口增长率为 15.17%,75 岁以上老龄人口增长率为 45.01%(见表 3-3)。

第二节　未来人口老龄化地域性特征明显

第六次人口普查数据表明,天津市人口老龄化呈地域性特征。其中市辖老六区 60 岁以上老龄人口占全市老龄人口比例最高,为 45.08%,新六区为 29.10%,滨海新区为 11.26%,原市辖县为 14.57%;65 岁以上老龄人口占全市老龄人口比例也是市辖老六区最高,为 47.62%,新六区为 27.78%,滨海新区为 10.60%,原市辖县为 14.00%;70 岁以上老龄人口占全市老龄人口的比例也是市辖老六区最高,为 47.62%,新六区为 27.78%,滨海新区为 10.60%,原市辖县为 14.00%(见表 3-2)。

"六普"期间,天津市人口老龄化程度较高,尤其是市辖老六区面临的形势更为严重。根据国际标准,我国一般称老年人群体中 60—69 岁的人为低龄老年人,70—79 岁的人为中龄老年人,80 岁以上为高龄老年人。未来十年,天津市人口老龄发展趋势不容乐观,其中市辖新六区面临的老龄化问题将尤为突出;滨海新区与原市辖县也同样面临迅速增加的中龄老年人与高龄老年人的趋势。

第七次人口普查表明,天津市区域老龄化程度总体变化不大,但具体区的差异有一些变化。市辖老六区面临的形势依然更为严重,仍然是全市老

龄化程度最高的区域,其60岁及以上人口占比依次为:河北区为30.98%、红桥区为30.78%、河东区为28.84%、南开区为28.07%、河西区为28.00%、和平区为22.11%;65岁及以上人口占比依次为:河北区为20.65%、红桥区为20.47%、河东区为19.46%、南开区为19.69%、河西区为19.48%、和平区为15.72%。其中,市辖老六区变化比较大的是和平区。在"六普"期间,和平区老龄化程度在市辖老六区中最高,60岁及以上占比为18.89%;南开区相对最低,为16.78%;而第七次人口普查的数据显示,和平区60岁及以上占比在老六区中为最低,占比22.11%;而最高的为河北区和红桥区,占比分别为30.98%、30.78%。新六区的老龄化程度仍居第二。60岁及以上人口占比依次为:宝坻区为21.96%、北辰区为20.53%、武清区为19.86%、东丽区为18.31%、西青区为16.47%、津南区为15.90%;65岁及以上人口占比依次为:宝坻区为15.83%、武清区为13.96%、北辰区为13.39%、东丽区为11.74%、西青区为10.79%、津南区为10.28%。在原市辖县中,60岁以上老龄人口蓟州区为22.78%、宁河区为22.58%、静海区为18.66%;65岁以上老龄人口蓟州区为15.96%、宁河区为15.37%、静海区为13.30%。滨海新区仍为全市老龄化程度最低的区域,60岁及以上老龄人口占比17.15%,65岁及以上老龄人口占比为11.63%。

一、市辖老六区老龄化程度最高

天津市市辖老六区的老龄化程度最高,60岁以上老龄人口占市辖老六区总人口的17.49%,65岁以上老龄人口为12.09%,70岁以上老龄人口为8.48%。比市辖新六区分别高出6.15、5.01、4.48个百分点;比原市辖县分别高出4.21、3.74、3.10个百分点;比滨海新区分别高出9.66、7.27、5.45个百分点。

在市辖老六区中,和平区的老龄化程度最高,60岁以上老龄人口达18.89%,65岁以上老龄人口达13.36%,70岁以上老龄人口达9.69%;南开区人口老龄化相对低一些,60岁以上老龄人口达16.78%,65岁以上老龄人口达11.73%(见表3-2)。

二、滨海新区老龄化程度最低

因流动人口的加大,滨海新区老龄化程度最低,60 岁以上老龄人口为 7.83% ,65 岁以上老龄人口为 4.82% (见表 3 - 2)。

三、原市辖县老龄化程度相对较高

天津市原市辖县 60 岁以上老龄人口为 13.28% ,65 岁以上老龄人口为 8.35% 。在三个原市辖县中,蓟县老龄人口程度最高,60 岁以上老龄人口达 14.81% ,65 岁以上老龄人口达 9.74% ,70 岁以上老龄人口达 6.58% (见表 3 - 2)。

四、市内新六区人口老龄化程度相对较低

与市内老六区相比,市内新六区人口老龄化程度相对较低,60 岁以上老龄人口为 11.34% ,65 岁以上老龄人口为 7.08% 。但是六个区老龄化程度不一,西青区、津南区、东丽区老龄化程度较低,60 岁以上老龄人口分别为 9.23% 、9.64% 、9.94% ;65 岁以上老龄人口分别为 5.75% 、5.93% 、6.22% 。而北辰区、宝坻区、武清区人口老龄化程度相对较高,60 岁以上老龄人口分别为 12.31% 、12.44% 、13.24% ;65 岁以上老龄人口分别为 7.71% 、7.97% 、8.15% (见表 3 - 2)。

五、老龄人口中低龄老年人居多

当前天津市低龄老年人比例最高,总计达 56.57% 。其中 60—64 岁年龄段的老龄人口最多,约占老龄人口总数的 1/3,为 34.56% ;65—69 岁的老龄人口约占老龄人口总数的 1/5,为 22.01% 。此外,天津市中龄老年人比例也不低,约占 1/3(31.31%),其中 70—74 岁的老龄人口为 17.55% ;75—79 岁的老龄人口为 13.76% 。天津市高龄老年人为 12.11% ,其中 80—89 岁为 11.10% ;90 岁以上的老龄人口为 1.01% 。这一状况表明,未来十年,天津市将进入中龄老年阶段人口数大幅增加阶段,高龄老年人的增速也将随之增加(见表 3 - 4)。与此同时,低龄老人比例高,也表明天津市存在可以挖掘的老年人口红利。从所辖区域来看,天津市不同老龄人口构成比例具体情况分析如下:

表3-4 天津市不同年龄段老年人口各区县分布比例   单位:%

地区	年龄(岁)								
	60	65	70	75	80	85	90	95	100
天津市	34.56	22.01	17.55	13.76	7.97	3.13	0.81	0.19	0.01
市辖区	34.13	21.95	17.71	13.92	8.05	3.2	0.82	0.2	0.01
和平区	29.27	19.42	16	16.33	11.13	5.77	1.65	0.41	0.01
河东区	32.88	20.58	17.52	15.43	9.07	3.48	0.83	0.19	0.01
河西区	29.89	21.32	18.59	15.73	9.43	3.84	0.97	0.22	0.01
南开区	30.11	21.56	18.81	15.61	9.04	3.66	0.94	0.24	0.02
河北区	31.11	19.61	17.63	16.03	9.88	4.26	1.13	0.32	0.02
红桥区	31.17	20.06	18.01	16.23	9.6	3.71	0.98	0.24	0.02
老六区合计	30.88	20.64	18.01	15.79	9.49	3.92	1.01	0.25	0.02
东丽区	37.38	23.72	17.9	11.57	6.28	2.36	0.6	0.18	0.01
西青区	37.7	24.19	16.8	11.78	6.33	2.36	0.66	0.15	0.02
津南区	38.49	24.73	17.03	10.82	6.04	2.19	0.58	0.12	0.01
北辰区	37.4	23.5	17.09	11.98	6.64	2.57	0.64	0.17	0
武清区	38.44	23.73	16.54	11.07	6.87	2.56	0.63	0.15	0
宝坻区	35.93	22.42	16.8	13.34	7.57	2.98	0.77	0.17	0.02
新六区合计	37.53	23.61	16.94	11.81	6.73	2.55	0.66	0.16	0.01
滨海新区	34.56	22.01	17.55	13.76	7.97	3.13	0.81	0.19	0.01
原市辖县	34.13	21.95	17.71	13.92	8.05	3.2	0.82	0.2	0.01
宁河县	29.27	19.42	16	16.33	11.13	5.77	1.65	0.41	0.01
静海县	32.88	20.58	17.52	15.43	9.07	3.48	0.83	0.19	0.01
蓟县	29.89	21.32	18.59	15.73	9.43	3.84	0.97	0.22	0.01

(一)滨海新区低龄老人最多

首先,在市辖老六区、新六区、滨海新区与原市辖县不同区域中,60—64
岁、65—69岁年龄段的老龄人口以市辖新六区占各自老龄人口的比例最高,
分别为37.53%、23.61%,即低龄老人达61.14%。其次,市辖老六区比例最

低,分别为30.88%、20.64%,即低龄老人达51.52%(其中和平区相对最少,分别为29.27%与19.42%,总计48.69%;河东区相对最多,分别为32.88%与20.58%,总计53.46%)。最后,宁河县低龄老人相对较低,分别为29.27%、19.42%,总计48.51%。上述统计结果表明,一是尽管新六区目前低龄老年人相对最多,但未来十年,中龄老年人口的比例将会大幅增加;二是老六区未来十年新增中龄老年人比例也较高,但低于新六区,且和平区增长相对较低;三是原市辖县未来十年中龄老年人增速低于新六区。

(二)市辖老六区中的中龄老年人相对较多

在70—74岁、75—79岁中龄老年人中,市辖老六区分别为18.01%、15.79%,总计33.80%;新六区相对较少,分别为16.94%、11.81%,总计28.75%;滨海新区、原市辖县与天津市总体数字大致相同(31.31%左右)。上述统计结果表明,一是目前市辖老六区的中龄老年人比例较高;二是未来十年,市辖老六区进入高龄老年人群的比例增加30%左右,将高于新六区的增长幅度。

(三)市辖老六区中的高龄老年人较多

80岁以上的老龄人口市辖老六区为14.69%;新六区则相对最少,为10.11%;滨海新区、原市辖县分别为12.11%、12.28%(其中宁河县最多,为18.86%)。统计结果表明,一是老六区中高龄老年人口相对较多,尤其是和平区最多,达16.90%;二是新六区的高龄老年人口低于老六区4.58个百分点;三是宁河县在所有区县中,高龄老年人口最多。

2015年底,60—64岁老年人83.44万人,占比36.22%;65—69岁老年人53.45万人,占比23.20%;70—74岁老年人34.34万人,占比14.91%;75—79岁老年人25.73万人,占比11.17%;80—84岁老年人19.09万人,占比8.29%;85—89岁老年人9.94万人,占比4.31%;90—99岁老年人4.22万人,占比1.83%。

就全国而言,根据第七次全国人口普查结果,我国"60岁及以上人口的比重上升 5.44 个百分点,65 岁及以上人口的比重上升 4.63 个百分点"①。在 2021 年 5 月 11 日举行的国务院新闻发布会上,宁吉喆对我国老龄化特点进行了分析,指出我国 60 岁及以上人口比重达 18.70%,其中 65 岁及以上达 13.50%。我国人口老龄化的特点主要是:第一,老年人口规模庞大。全国 60 岁及以上人口为 2.6 亿人。全国 31 个省(直辖市、自治区)中,16 个省 65 岁及以上人口超 500 万人,其中 6 个省老年人口超 1000 万人。第二,老龄化进程明显加快。在 2010—2020 年,60 岁及以上老龄人口比重上升 5.44 个百分点,其中 65 岁及以上老龄人口上升 4.63 个百分点。与上个十年相比,上升的幅度分别提高 2.51 和 2.72 个百分点。第三,老龄化水平的城乡差异明显。我国乡村 60 岁、65 岁及以上老人比重分别为 23.81%、17.72%,比城镇分别高出了 7.99、6.61 个百分点。除了经济社会原因外,老龄化水平的城乡差异与人口流动也密切相关。第四,老年人口的质量不断提高。60 岁及以上老龄人口中有高中及以上文化程度的为 3669 万人,比 2010 年增加 2085 万人;高中及以上文化程度人口比重有 13.90%,比十年前提高 4.98 个百分点。十年来,中国人口预期寿命也持续提高,截至 2020 年,80 岁及以上人口为 3580 万人,占总人口比重 2.54%,比 2010 年增加 1485 万人,提高了 0.98 个百分点。宁吉喆在发布会还指出,人口老龄化是中国社会发展的重要趋势,也是今后较长一段时间我国的基本国情,既是挑战也存在机遇。从挑战的方面看,人口老龄化将减少劳动力供给数量,增加家庭的养老负担与基本公共服务供给的压力。但人口老龄化也促进了"银发经济"的发展,扩大了老年产品、服务消费,也有利于推动技术进步。而且我国 60—69 岁低龄老年人口占 55.83%,这些老年人多具有知识、经验、技能,身体状况也还可以,因此发挥余热与作用的潜力较大。②

---

① 国家统计局、国务院第七次全国人口普查领导小组办公室:《第七次全国人口普查公报(第五号)——人口年龄构成情况》,http://www.stats.gov.cn/tjsj/zxfb/202105/t20210510_1817181.html。

② 《老龄化进程明显加快 既是挑战也有机遇》,http://www.scio.gov.cn/xwfbh/xwbfbh/wqfbh/44687/45470/zy45474/Document/1703682/1703682.htm。

第四章 养老服务体系运行基本状况分析

第一节 养老服务体系实践运转中取得的成效

新中国成立以来,我国的养老服务事业从无到有,且不断深入发展。随着我国人口老龄化进程不断加快,老年人口对于养老服务的需求进一步加大。我国政府高度重视养老服务事业的各项工作,始终将养老服务作为民计民生的重点工作,目前,我国养老服务体系政策框架已经初步建立,在推动养老服务业发展方面取得了一定的成效。

一、加强养老服务顶层设计、规划引领、政策支持

2006 年,国务院办公厅转发 10 个部委的《关于加快发展养老服务业意见的通知》,提出要"逐步建立和完善以居家养老为基础、社区服务为依托、机构养老为补充的服务体系"[①]。首次从制度设计层面明确了我国的养老服务体系。2013 年,出台了《国务院关于加快发展养老服务业的若干意见》,对我国居家养老及相关社区综合服务设施配备等,提出了明确量化指标要求。[②] 2011 年颁布实施的《社会养老服务体系建设规划(2011—2015 年)》,

---

① 《国务院办公厅转发全国老龄委办公室和发展改革委等部门关于加快发展养老服务业意见的通知》(国办发〔2006〕6 号),http://www.gov.cn/zhuanti/2015 - 06/13/content_2879022. htm,2006 - 02 - 09。

② 《国务院关于加快发展养老服务业的若干意见》(国发〔2013〕35 号),http://www.gov.cn/zhengce/content/2013—09/13/content 7213. htm。

进一步提出形成"政府主导、社会参与、全民关怀"的服务体系。到 2015 年，基本形成制度完善、组织健全、规模适度、运营良好、服务优良、监管到位、可持续发展的社会养老服务体系。① 2016 年出台的《民政事业发展第十三个五年规划》中，进一步提出构建多层次的养老服务体系，全面建成以居家为基础、社区为依托、机构为补充、医养相结合的多层次养老服务体系。② 首次明确将医养结合纳入养老服务体系的构建中，且将"机构养老为支撑"作用重新调回"机构养老为补充"作用。党的十九届四中全会提出，"积极应对人口老龄化，加快建设居家社区机构相协调、医养康养相结合的养老服务体系"③。2017 年，国务院印发的《"十三五"国家老龄事业发展和养老体系建设规划》设专章对养老服务体系做出规定，提出"夯实居家社区养老服务基础""推动养老机构提质增效""加强农村养老服务"。④ 2019 年印发的《国家积极应对人口老龄化中长期规划》，提出了养老体系构建问题："健全以居家为基础、社区为依托、机构充分发展、医养有机结合的多层次养老服务体系，多渠道、多领域扩大适老产品和服务供给，提升产品和服务质量"；"构建家庭支持体系，建设老年友好型社会，形成老年人、家庭、社会、政府共同参与的良好氛围"。⑤ 党的十九届五中全会提出"推动养老事业和养老产业协同发展，健全基本养老服务体系，发展普惠型养老服务和互助性养老，支持家庭承担养老功能，培育养老新业态，构建居家社区机构相协调、医养康养相

---

① 《社会养老服务体系建设规划（2011—2015 年）》，http://www.gov.cn/zwgk/2011 – 12/27/content_2030503.htm。

② 《民政部、国家发展改革委印发民政事业发展第十三个五年规划》，http://www.sdpc.gov.cn/gzdt/201607/t20160706_810528.html。

③ 《中共中央关于坚持和完善中国特色社会主义制度　推进国家治理体系和治理能力现代化若干重大问题的决定》，人民出版社，2019 年。

④ 《国务院关于印发"十三五"国家老龄事业发展和养老体系建设规划的通知》（国发〔2017〕13 号），http://www.gov.cn/zhengce/content/2017 – 03/06/content_5173930.htm。

⑤ 《中共中央、国务院印发〈国家积极应对人口老龄化中长期规划〉》，http://www.gov.cn/zhengce/2019 – 11/21/content_5454347.htm。

结合的养老服务体系"①。

上述一系列制度、政策的出台,为养老服务体系进行了顶层设计。特别是在"十三五""十四五"规划的顶层设计中,将养老服务体系纳入其中,为我国有效应对老龄化局势提供了制度保障。各地也围绕老年服务体系建设,将养老服务作为社会事业发展的重要方面,连续纳入国民经济和社会发展总体规划和各专项规划。如天津市在《天津市国民经济和社会发展第十三个五年规划纲要》中,明确提出要完善老年保障和社会服务体系;《天津市人口发展"十三五"规划》《天津市基本公共服务体系"十三五"规划》《天津市服务业发展"十三五"规划》都将养老服务发展作为重要内容,明确重点任务和具体要求。"十四五"规划纲要又将养老服务作为重要任务,提出加快完善养老服务体系的重要任务内容,列出"完善公共养老服务设施,提升医养结合服务能力,扩大多层次养老服务供给,加强养老服务市场监管"等目录。

二、依托法制保障,初步形成养老服务体系

法律是治国重器,良法是善治前提。我国已初步形成了以《中华人民共和国老年人权益保障法》为根本依据,以地方性法规、规章为骨干,以《国务院关于加快发展养老服务业的若干意见》(国发〔2013〕35 号)等规范性文件为遵循的老年人权益保障、养老服务业发展的法规和政策体系。1996 年,《中华人民共和国老年人权益保障法》正式出台(2009 年 8 月第一次修正,2015 年第二次修正,2018 年第三次修正)②,这是我国老年人权益保障的重要里程碑,对老年人权益保护发挥了重要作用。2000 年 8 月,党中央、国务院发布了《关于加强老龄工作的决定》(中发〔2000〕13 号)。2001 年印发了《中国老龄事业发展"十五"计划纲要(2001—2005 年)》,提出"加强立法、执法工作,逐步形成维护老年人合法权益的法律保障体系","逐步建立较为完

---

① 《中共中央关于制定国民经济和社会发展第十四个五年规划和二〇三五年远景目标的建议》,http://www.gov.cn/zhengce/2020-11/03/content_5556991.htm。

② 《中华人民共和国老年人权益保障法》,http://www.mca.gov.cn/article/gk/fg/ylfw/202002/20200200024078.shtml。

善的老年法律服务、法律援助组织网络"。① 党的十八届四中全会《决定》明确提出要依法加强和规范公共服务,完善老年人合法权益保护等方面的法律法规。②《"十三五"国家老龄事业发展和养老体系建设规划》(国发〔2017〕13 号)第十章第二节 "健全老年人权益保障机制"提出,"健全贯彻老年人权益保障法律法规的联合执法、执法检查、综合评估等制度。充分发挥基层党组织、基层群众性自治组织、老年社会组织作用,完善维护老年人合法权益社会监督、矛盾纠纷排查调解、多部门快速反应联合查处综合治理等机制。做好老年人来信来访工作。建立老年人法律维权热线,加强老年人法律服务和法律援助,针对老年群体特点开展适应老年人特殊需求的专项法律服务活动。扩大老年人法律援助范围,拓展基层服务网络"③。

特别是《国务院关于加快发展养老服务业的若干意见》实施以来,各地根据地方实际情况,建立或完善了地方法规,其中北京、天津、河北、浙江、江苏、陕西、宁夏等地审议通过了促进养老服务业发展的地方性法规;广东汕头市和山东、湖南、陕西等地新制定或修订了老年人权益保障条例;河北和广东新制定了老年人优待办法;上海和海南新制定了养老机构管理条例,等等。2021 年 3 月,上海市人大常委会审议通过的《上海市养老服务条例》正式实施。④ 这些法规政策涵盖了老年人养老、医疗、司法保护等各个方面,为我国养老服务业的发展夯实了制度基础。

以天津市为例,天津市的养老服务体系构建注重法规政策引领,推动养老服务持续发展。2007 年,市人民政府以政府令的形式发布了《天津市养老机构管理办法》(津政令〔2007〕第 110 号),对养老机构的设立、运营、服务、

---

① 《国务院关于印发中国老龄事业发展"十五"计划纲要的通知》,http://www.gov.cn/gongbao/content/2001/content_60985.htm。

② 《中共中央关于全面推进依法治国若干重大问题的决定》,http://www.gov.cn/zhengce/2014-10/28/content_2771946.htm。

③ 《国务院关于印发"十三五"国家老龄事业发展和养老体系建设规划的通知》(国发〔2017〕13 号),http://www.gov.cn/zhengce/content/2017-03/06/content_5173930.htm。

④ 《〈上海市养老服务条例〉3 月 20 日起实施》,http://www.npc.gov.cn/npc/c30834/202103/b46d5e3c796042da850cf93919b72960.shtml。

管理、注销等做出规范；2008 年下发了《关于加快发展我市养老服务业的意见》（津政发〔2008〕27 号）；2010 年发布了《天津市资助经济困难老年人入住养老机构办法（试行）》；2011 年出台了《关于进一步发展我市居家养老服务的意见》（津政办发〔2011〕51 号）、《关于天津市民政服务设施布局规划（2010—2020 年）的批复》（津政函〔2011〕102 号）。特别是天津市出台了我国第一部促进养老服务发展的地方性法规——《天津市养老服务促进条例》，经 2014 年 12 月 23 日天津市十六届人大常委会第十五次会议通过，自 2015 年 2 月 1 日起施行。《天津市养老服务促进条例》在养老服务的规划与建设、社区养老服务、机构养老服务、养老服务人员、鼓励与优惠、法律责任等方面从法律规定上对养老服务业发展进行了规范，为养老服务业健康快速发展提供刚性制度支撑，惠及天津市四分之一户籍人口。天津市还制定了《天津市进一步激发社会领域投资活力实施方案》（津政办函〔2017〕105 号），从放宽行业准入、扩大投融资渠道、落实土地税费政策等方面制定多项具体举措；制定印发《天津市贯彻服务业创新发展大纲（2017—2025 年）实施意见》（津发改服务〔2017〕626 号），提出全面放开养老服务市场，支持社会力量举办养老服务机构。部分省市出台了养老机构的规范化建设和养老机构等级认定办法等一系列规章，这为机构养老服务业行业规范与监管提供了制度保障。有的地方养老机构为提高养老服务的效率和水准，引进了国际先进的服务质量认证体系。如广州市老人院通过推行 ISO 质量管理体系，建设服务业标准。

三、兴建、扶持养老机构，并向规范化、社会化、专业化方向发展

我国养老服务体系构建注重载体支撑，逐步建成一批养老服务基础设施。立足保基本、广覆盖，注重载体支撑，建强养老服务业发展的硬件载体平台。近年来，我国连续将养老服务设施建设任务纳入政府的重要工作中，并以养老机构建设为重点。我国养老机构形式多样，既有公办、公建民营，也有民办、民办公助及政府购买服务。

近年来，我国机构养老不断加强服务质量的监管力度，注重提升养老服务人员的能力。各地也在积极探索推行养老机构管理人员和养老护理员的岗前培训制度,通过实行养老护理员职业资格鉴定和持证上岗机制,提高服务质量。有的地方还引入了社会工作机制,在养老机构中设置了社工岗位。此外,有的地方坚持养老服务与社区平台相结合,纳入各级政府绩效考核任务,集中全市力量建设了养老服务日间照料中心、老年配餐服务中心、托老所等一大批基本养老服务设施。这些机构与服务设施为满足老年人养老需求,实现老有所养,发挥了重要作用。

四、推进社区养老服务,探索居家养老新模式

我国把适合国情的社会化养老模式界定为社区居家养老,它是以家庭为核心,以社区为依托,以老年人日间照料、生活护理、家政服务和精神慰藉为主要内容,以上门服务和社区托付为主要形式,并引入养老机构专业化服务方式的居家养老服务体系。社区养老是在社会养老和家庭养老发展变化的过程中出现的一种养老方式,是将社会机构养老中的服务引入社区。我国初步构建了以社区为依托的"居家养老平台"。各地政府大力推广这一养老模式,明确了支持居家养老建设工作的若干具体优惠政策,提供了政府购买服务,为高龄、特困、低保等老人每月提供购买居家养老服务,解决了部分老人的困难。各地注重社区养老模式探索,坚持试点探索、典型引领,积极总结可复制、可推广的改革经验,为提升养老服务业发展整体水平提供改革样板。

（一）发放居家养老服务补贴,推进居家养老服务政府补贴城乡统筹试点工作

有的地区按照评估照料等级,发放居家养老服务补贴;一些地区对需要生活照料的特定老年人群体,依据评估标准提供数额不等的政府购买服务。有的地区探索政府补贴城乡统筹试点工作,将农村60岁以上的低保、特困救助、抚恤补助作为优抚对象;80岁以上独生子女父母、失能和空巢且经济困难老年人纳入居家养老服务政府补贴范围。

2016年民政部网站通报了全国省级层面老年人补贴制度建立的情况,

其中 26 个省(区、市)出台了高龄津贴方面的相关补贴政策,天津给予百岁老人的津贴标准最高。[①] 除高龄补贴,许多地方还提供居家养老服务补贴和护理补贴,城乡补贴标准一致,补贴以服务券(卡)的形式支付给补贴对象。以天津市为例,城市补贴对象为享受城市最低生活保障待遇、特困救助和抚恤补助的优抚对象中 60 周岁以上需要生活照料的老年人;80 岁以上独生子女父母、市级劳动模范、失能老人和空巢老人,且家庭人均收入低于本市最低工资标准、需要生活照料的老年人。农村补贴对象为 60 岁以上农村低保、农村特困救助、农村五保供养和在乡抚恤补助的优抚对象;80 岁以上农村独生子女父母、农村失能老人和农村空巢老人且家庭人均收入低于天津农民人均纯收入的。根据补贴对象所需照料程度,分为轻、中、重度三个等级给予居家养老服务补贴。提供的服务内容包括区居家养老服务中心为老人提供助餐、助洁、助浴、助医、助行、助急等,同时兼顾老年人多种需求,提供文化娱乐、学习教育、聊天、心理咨询等服务。

(二)开展老年日间照料服务中心运营试点工作

日间照料中心是以住家为依托,老人白天在社区日间照料中心进行托养服务。一般是由社区服务中心改造成日间照料中心,其组织形式是以社区为单位,基本上一个社区配备一个日间照料中心。2016 年,民政部出台了《社区老年人日间照料中心》标准。[②] 按照标准,社区老年人日间照料中心定义为:为社区内自理老年人、半自理老年人提供膳食供应、个人照料、保健康复、精神文化、休闲娱乐、教育咨询等日间服务的养老服务设施。[③] 老年日间照料中心的主要功能是推迟老人留在养老院的时间,降低护理成本,从而提高老年人的生活质量。国内外都有社区日托中心,中国多称日间照料中心。

---

① 韩雯:《民政部通报老年人补贴制度情况,天津百岁老人津贴全国最高》,《天津日报》,2016 年 8 月 27 日。

② 社区老年人日间照料中心等 315 项国家标准发布,http://www.gov.cn/xinwen/2016 - 10/13/content_5118559.htm。

③ 《社区老年人日间照料中心服务基本要求(国家标准 GB/T 33168 - 2016)》,https://www.yanglaocn.com/shtml/20171021/1508547512112942.html。

日间照料中心的主要来源是嵌入到成熟社区的老年人,主要是针对近距离的空巢、独居老人,特别是帮助老年人、照顾老年人和智障老人。

由于费用不高,受到一些老年人及其家属的欢迎。在民政部印发的《关于进一步扩大养老服务供给促进养老服务消费的实施意见》提出,到2022年,"有条件的乡镇也要积极建设具备综合功能的社区养老服务机构,社区日间照料机构覆盖率达到90%以上"①。以天津市为例,从2010年开始,天津启动了老年日间照料服务中心(站)建设,分别按照"五室一校"和"四室一课"的标准进行建设。新建老年日间照料服务站建筑面积一般不低于150平方米(包括与社区服务设施共用部分),其中包括休息室、配(就)餐室(含阅览室)、文体活动室、医疗保健室以及老年课堂。白天,老人在日间照料室内与他人一起聊天、下棋、娱乐,晚上各自回家,享受既不离家又能集体养老的生活方式,解决了白天子女不在身边,老人独自在家的难题,又将服务对象和服务资源集中起来,既不离家又能集体养老。

随着老年日间照料服务中心的发展,如何科学运营成为各方关注的问题。针对运营中存在的问题,按照政府搭建平台、社会力量承包运营、政府购买服务、志愿者参与、街道社区监管的思路,开展老年日间照料服务中心运营机制改革试点,着力完善配餐送餐、家政服务、紧急呼叫、便利店等四项基本功能,重点为半自理和不能自理的老年人提供日间照料服务。

(三)探索老年宜居社区集中居家养老模式

各地推进居家养老服务中心的建设,陆续出台一些居家养老服务规范化标准。社区居家养老包括依托社区日间照料服务设施分散居家养老和老年宜居社区集中居家养老。老年宜居社区集中居家养老是指专门为老年人设计,居住相对集中,能够给老年人提供家政服务、医疗保健和饮食服务等,有规范管理、科学运营、高效服务的老年住宅区,是集中式的居家养老、社会

---

① 《民政部印发关于进一步扩大养老服务供给 促进养老服务消费的实施意见》,http://www.gov.cn/xinwen/2019－09/23/content_5432456.htm。

化养老的创新模式。在老年宜居社区里,每间公寓只租不卖,只对老人划定居住年限来收取租金的方式使用,使老人在居住期限内拥有房屋使用权。在社区里,社区医生采取流动服务的方式,使老人不出门即可就医。如天津市静海康宁老年宜居社区等项目就是这种模式。

（四）推进公办养老机构公建民营改革

以社区服务设施和社区老年人协会为依托,充分利用社区公共服务设施,以专业化服务人员为主,以社区工作人员和社区志愿者为补充,向社区老年人提供日托照料、就餐服务、康复训练、医疗保健、法律咨询、学习培训、文体娱乐、精神慰藉等服务,让行动方便的老年人走出家庭、融入社区,满足不同层次老年人的养老意愿。

（五）居家养老服务提供日益多样化

与传统的家庭养老模式相比,居家养老能够根据服务对象的特点,提供有针对性的服务;与机构养老相比,居家养老具有成本较低、覆盖面广、服务方式灵活的特征。居家养老还与现代技术相结合,为有需要的老年人配备平安钟、安康通等呼叫设备,提供更加智能化的居家养老服务。

五、发挥财政与公益金引导作用,鼓励企业参与养老事业

为推动养老服务业高质量发展,采取了鼓励社会力量投资养老服务的措施。各地充分发挥财政资金与福利彩票公益金的引导作用,吸引社会力量投资养老服务设施建设。2019年,国家发展改革委、民政部和国家卫生健康委共同制定了《城企联动普惠养老专项行动实施方案（试行）》,阶段目标是到2022年,"形成支持社会力量发展普惠养老的有效合作新模式,参加城市每千名老年人养老床位数达到40张,护理型床位占比超过60%,医养深度融合,力争实现'三提升''两下降''一满意'的目标。'三提升'是普惠性养老床位数量明显提升,服务质量明显提升,企业可持续发展能力明显提升。'两下降'是通过土地、金融等多种政策组合支持,推动企业建设运营成本下降,服务价格下降。'一满意'是让更多老年人受益,提高人民群众对社会养老服务的满意度"①。

　　普惠养老服务是在基本的养老服务以外,面向广大老年人、靠市场供给、由政策引导的服务。这为中国未来老年人的养老生活带来更多信心,有助于推动养老产业高质量发展。各地围绕《城企联动普惠养老专项行动实施方案(试行)》也陆续出台了政策清单。如《天津市城企联动普惠养老专项政府支持政策清单》涉及 28 条政策,分别从土地、规划、建设、医养、财税补贴、消防等多方面,汇总形成一揽子政策支持包,对自愿参与"城企联动普惠养老专项行动"的社会力量,给予一系列的支持政策。其中,企业按约定承担公益,向社会公开,提供普惠性的养老服务包,并接受监督;政府与企业签订双方合作协议,约定普惠性的服务内容,并与当地居民的收入、退休金水平挂钩。城企联动下的普惠养老,使更多普通老年人群众能够享受买得起、买得到、买得放心的养老服务。普惠养老供给主体与支持对象不再只是公办机构,而是市场主体。养老企业自愿参加、竞争择优,实打实地发展养老服务,让更多老年人能够老有所依。

　　在土地政策方面,设置了专门的养老用地类别,对于符合土地利用总体规划的,并纳入年度用地计划指标的,区分营利性与非营利性,优先安排土地利用计划;对利用城镇现有的空闲学校、厂房或事业单位转型中的办公培训中心、改制后腾出的办公用房以及疗养院、社区设施等进行改造的,可以先建设后变更土地的使用性质。

　　在规划、报批建设政策方面,规定营利性的养老机构在登记机关的管辖范围内增设营业场所的,按照"一张营业执照,多个经营地址,一次行政许可",不用办理分支机构营业执照;对于非营利性的养老机构,可依法在登记管理机关所管辖的范围内,设立多个不具有法人资格的服务网点。对已经纳入专项行动养老床位 500 张以上的、规模较大的养老项目,企业可以拿到

---

① 城企联动普惠养老专项行动正式启动,http://www.gov.cn/xinwen/2019 - 02/23/content_5367959.htm,李克强主持召开国务院常务会议,http://www.xinhuanet.com/mrdx/2017 - 06/22/c_136384974.htm。

土地后分期合理开发。对利用闲置的资源发展养老服务的,并纳入专项行动项目的,增设或改造楼内电梯并纳入内部改造类工程范围的,不用办理规划审批手续。

在财税补贴政策方面,营利性与非营利性的养老机构投入运营后,通过政府统一购买养老床位的综合责任险作为运营补贴。对养老机构提供养老服务的,按国家有关规定,免征增值税,对有非营利组织免税资格的养老机构,按照相关规定,免征企业所得税。养老机构的用电、用气、用水、用热,均按居民生活类的价格执行。而且根据养老机构收住的服务对象护理的等级不同,给予差异化的运营补贴,收住失能老人越多获得的补贴就越多。

在医养、消防等支持政策方面,对符合条件的养老机构所设立(内设)的医疗机构,按规定纳入医保协议管理的范围。对已经纳入专项行动的养老机构,帮助其确定一家或多家医疗机构成为养老服务的支持机构,并开通转诊就医绿色通道。①

以天津市为例,注重社会力量介入。5年来,市财政和福利彩票公益金投入养老服务设施资金达4亿元,吸引各方投入资金20余亿元,仅养老机构社会力量投资就达11亿元。目前,全市社会力量投资建设的养老床位数占养老床位总数的75%,高于全国40%的平均水平,在一定程度上弥补了政府在养老服务供给上的不足。社会力量开始成为天津市发展养老服务业的重要组成部分,同时也带动了就业岗位的增加。

一是量身制定政策,明示政府承诺。组织全市14个相关部门,针对企业在开展养老服务过程中较为关注的土地、规划、税费等方面需求,联合印发了《天津市城企联动普惠养老专项行动政府支持政策清单》,明示可兑现的28条政府承诺清单。

二是积极谋划,推进项目建设。2019年以来,共帮助12个区的17家企

---

① 《关于印发〈天津市城企联动普惠养老专项行动政府支持政策清单的通知〉》,http://www.
tjhq. gov. cn/zwgk/zcwj/hongqiaozhengce/qybj80/202012/W020201211516437565144. pdf。

业筹划了 36 个养老服务项目;已申请到 2019 年中央预算内投资 1132 万元支持复星康养集团星健温莎长者公馆和津南区天同医养院 6 号楼扩建 2 个项目的 566 张床位建设,总投资 1.05 亿元;2020 年中央预算内投资 1204 万元支持中福医康养集合养老服务中心等四个项目的 602 张普惠性养老床位建设,总投资 3.58 亿元。

三是精准服务企业,加大扶持力度。坚持服务理念,深入企业调研,协调有关政策落实。天津市首批签约的复星康养集团星健温莎长者公馆和津南区天同医养院 6 号楼扩建 2 个项目已顺利启动实施,中央预算内投资已顺利拨付到位。其中,星健温莎长者公馆开始试营业。天同医养院扩建项目也已经顺利封顶。完成了 2020 年城企联动普惠养老专项行动项目资金的分解下达工作。

四是树立一批典型,带动一批企业。通过出台政策措施和给予资金支持,推动企业建设运营成本和服务价格下降,提升企业可持续发展能力。鼓励更多的优质企业谋划更好的普惠养老服务项目,力争实现以一带多、辐射全域,社会资本积极参与养老服务事业,养老产业高质量发展的良好局面。

此外,各地积极通过市场化运作推动养老事业发展,进行养老设施建设项目招商,拓展社区养老市场化运作方式,形成了政府搭建平台、社会各方参与、市场化建设的养老服务局面。一些地方成立了福老基金会等基金会,动员社会力量参与养老事业。一些基金会下设福老投资有限公司以及养老产业投融资担保机构。这些实体为开发建设老年科技产业基地、老年宜居社区和养老机构,并为社会力量投资养老事业融资和担保,提供了有利条件。各地举办养老设施建设项目招商洽谈会,为社会力量投资养老搭建平台。

一些地区还鼓励企业参与养老事业。如天津市红桥区对在驻街企事业单位较多的街道,推广以邵公庄街为代表的街企共建社区养老模式,引导驻区企事业单位积极参与社区养老服务公益事业。从居民的要求看,目前人们可以接受的养老支出在个人收入的 30%—50% 为多,这样企业也就存在一定的运作空间,因此可以积极鼓励有条件的企业、社会组织发展养老事业,可以在政策、资金等方面给予一定倾斜。

通过市场有偿服务,对经济条件较好、需提供家政服务的老年人,由所在社区的养老服务机构或家政服务组织就近、就便安排服务人员,提供所需服务,服务价格略低于市场价格,既解决了老人的实际困难,又解决了社区内下岗失业人员的就业问题。如天津市的 8890 家庭服务网络中心,根据高龄、空巢等特殊老年群体的需求,增加了 8 大类、56 个子项的为老服务内容,动员 86 个加盟企业增设了老年餐饮服务,其中为老年人提供上门做饭业务的家政公司已达 56 家,提供用餐配送业务的家政公司、饭店 23 家,提供老年饭桌的 7 家。再如天津市和平区泰康家政服务公司,在做好由政府购买老年人服务的同时,还积极拓展面向其他老年群体的服务项目,在满足老年人需求的同时,也带来了良好的经济效益和社会效益。

六、规范行业管理,注重提升养老服务质量

提升养老服务标准化、专业化水平,是加快养老服务业发展的重要保障。一是着手建立基层养老服务评估机制。为科学掌握老年人的服务需求,提高养老服务水平,组织开展试评估。这样可以为全面开展老年人服务需求、养老服务设施状况等评估工作奠定基础。二是规范养老机构设立许可和管理办法。各地结合实际,制定出台了《〈养老机构设立许可办法〉实施细则》和《〈养老机构管理办法〉实施细则》。三是加快养老服务标准化体系建设。为规范养老服务标准,提升服务水平,各地陆续发布了《居家养老社区服务规范》(DB12/T 488 – 2013)和《居家养老入户服务规范》(DB12/T 489 – 2013)。为进一步规范养老机构服务标准,抓好软件服务工作,各地完成了养老机构服务规范修改论证工作,形成了《养老机构服务规范》(DB12/T 526 – 2014),等等。

第二节　养老服务体系运转中存在的问题

尽管各地在大力推进养老服务方面取得了一定的成绩,但目前的养老服务体系在理论上与实践中尚存在诸多问题。既有的养老服务体系主要是从老年人居住的角度进行划分,未能围绕养老服务体系中应该具备的诸要素,如服务对象、服务主体、服务内容、服务方式等展开。而且在既有的体系中诸要素也缺少有机的内在关联,因此有必要重新审视我国的养老服务体系。

一、养老服务体系构建仍未做到切实针对老年人的现实需求

养老服务体系的功能定位应该是满足老年人的养老服务需要与意愿。老年人想选择何种方式安度晚年,受诸多因素影响,包括老年人的经济条件、健康状况、家庭情况等。把握老年人养老服务需求,既能体现养老服务体系的精准性,也体现了对老年人的人文关怀。但目前养老服务体系的构建仅从老年人养老的居住方式而非按老年人的养老需求与意愿进行体系构建,居家、社区与机构仅仅是提供养老服务的平台,而忽视了养老服务体系构建的基础与核心目标是针对老年人的需求为老年人提供针对性强、高质的服务。老年人的养老需求应是多元化的,而目前能够提供的养老服务体系与之有明显差距,养老服务有效供给不足。

目前,我国养老服务层次结构仍然存在不合理问题,养老服务需求呈现"橄榄型"特征,即高端和低端需求少,对基本生活照料和康复护理的中档需求多。但实际的养老服务供给层次呈现"哑铃型"非常态分布。社会办为养老服务主要供给方。大多数社会办养老机构过于高档或者低廉。高档的养老机构普通收入老人住不起;而低廉的养老机构的服务质量欠佳。虽然公办养老机构收费适中,但其主要承担的是社会服务兜底的功能。这也是国家开展城企联动普惠养老专项行动的目的。就机构养老而言,随着传统家庭养老功能日益弱化,由子女来满足老人的经济供养、生活照料、精神慰藉

基本需求越来越力不从心。

从调查来看,社会对养老机构服务的需求远远超过我们的想象,甚至一些街办养老院也一床难求。此外,社区居家养老服务还存在水平参差不齐的问题。在课题组的考察与暗访中发现,社区养老发展严重不均衡,经济条件好的社区,养老服务提供的服务内容比较全面;而经济条件较差的区域,则很少有社区养老服务的提供。老年宜居社区集中居家养老也刚刚起步,尚不考虑其实际运转效果如何,这种模式也只能满足3%的老年群体,与老年人的渴望是有差距的。

二、养老服务与养老机构管理的法律法规尚需完善

如前所述,目前我国已经实施了《中华人民共和国老年人权益保障法》,但养老服务方面的立法尚不完备,《老年人权益保障法》规定许多方面只是原则性、宏观的,如确定养老机构和入住老人相互权利义务关系的入住协议(合同)中缺少明确的法律规定。虽然民政部先后颁布了《老年人社会福利机构基本规范》(中华人民共和国行业标准 MZ008 – 2001)以及《社会福利机构管理暂行办法》等,各地也陆续颁布了类似规章,但与法制化、规范化社会养老服务实际需要还相差很远。我国涉老法规政策的系统性、针对性、协调性、可操作性等有待增强。其他各种有关养老服务的法律、规定及制度的作用未在养老服务体系中充分体现出来,养老服务缺乏法律与制度保障。而发达国家的养老服务无不在法律框架内运作,具有法律与制度强有力的保障。而且现有的规章并未对养老机构、管理与服务人员的责任做出详尽的规定。尽管地方政府,如天津市也出台了我国第一部促进养老服务发展的地方性法规《天津市养老服务促进条例》,但作为地方性规章尚缺乏强大效力,且约束力不强。

当前尤为突出的问题表现为:

第一,已经实行的一些办法不能满足养老机构发展的需要,实践中出现的诸多问题在办法中没有规定。由于没有相关法律法规对养老服务中产生纠纷的责任范围做出明确规定,更没有规定养老服务机构的免责范围,一旦

出现如老人摔伤、走失,甚至自杀等人身损害问题,只能是养老机构承担赔偿责任。而养老机构主要是国家投资的福利性非营利机构与民营的微利营业机构,随着赔偿案件的不断出现,这些机构的生存状况令人担忧。往往民办养老机构在遇到大的诉讼赔偿时可能会陷入破产境遇。

第二,现有法规更没有对社区提供的居家养老服务做出规定,一旦出现问题,将会使刚刚有所发展的居家养老受到致命打击。

第三,目前养老服务与护理人员的社会地位比较低,一些权益得不到保障。其中一个主要原因是现有规章只对上述人员如何做好工作做出规定,没有在制度上明确其法律地位,在待遇上也缺乏相应的权益保障。

三、养老模式运行机制不健全,服务提供者职责不清

政府主导、社会参与的养老服务机制尚未完全形成。推动养老服务发展,既需要发挥政府的主导作用,也需要社会力量协同参与。但我国政府主导、社会参与养老服务机制尚未完全形成。政府对社会力量参与机构养老的支持力度不足;民间机构养老服务还面临着许多体制机制障碍,如税收优惠难以落实,社会组织养老服务准入门槛过高等。这是因为政府直接参与的事业性养老服务的供给机制不健全,社会化养老服务机制尚未完全建立,资源配置效率不高。关于社区养老,政府财政投入不足,政府购买服务机制不完善,政府在规划、监管等方面尚缺乏统一的制度规范,社会多元主体协同联动机制尚需进一步加强,养老服务的责任考核机制需尽快建立,社会捐助力量较弱。具体表现如下:

一是养老模式运行机制不健全,部门缺乏协同,社会参与度小。老龄服务事业是一项系统工程。养老机构的发展壮大,离不开金融、医疗卫生、环保绿化等部门的配合和协作,但目前养老机构与配套服务机构的工作存在脱节现象。如民政部门与卫生部门缺乏相互协同。各地现有养老机构的数量及服务质量远不能满足社会需求。据调查,一方面,社会养老机构床位紧缺,"一床难求",护理人员严重不足,且业务素质不高;另一方面,诸多地段医院、街区级卫生院床位闲置无用,较高业务素质的专业人员无用武之地。

以天津市为例,在社会养老机构中住养的卧床老人,其自行承担的护理费用支出则相对较多,而通过医保报销医疗费的比例并不高,平均医疗费用使用不足 1 万,远低于现行医保政策规定的老人享受医保住院(除大额外)费用的 4.4 万元/年。在调研中还发现,一些不具备医疗服务的民营养老院,当发现老人患病时只能通知其家属将老人送往医院进行治疗,而老人身体恢复后欲回到养老院时,发现床位早已被占满。即便一些养老机构可以为老人提供一些简单的医疗服务,但由于没有实现医保联网,带来了很多工作的不便。

此外,金融机构对于民办养老院的贷款项目很少,这也成为制约民办养老机构快速发展的瓶颈之一。这些问题的出现都与部门缺乏协同有关。目前养老机构的服务考核体系还不健全,行业奖惩措施不到位。行业协会的作用没有得到发挥,虽然养老机构的行业协会已经成立,但没有起到监督和约束作用,行业的自律机制也没有形成。

虽然各地已经形成了居家养老服务工作体系,即政府主导、部门协同、社会参与、公众互助、街镇和居、村委会具体组织实施。但现实情况是,目前最为缺乏的是部门协同与社会参与。社区养老服务资源之间缺乏整合与协调,社区涉老信息、为老服务的硬件、人力、财力资源等整合不足。由于社区居家养老服务运行机制尚不完善,各居民委员会承担了政府"下放"的社会保障、市容、卫生等诸多方面的管理权,导致居委会工作人员无法腾出充足的时间和精力考虑老年群体问题,不少社区对养老工作只能敷衍了事。社区养老服务发展的好坏完全依靠管理者对该问题的重视程度和居民的道德水平,其所提供的服务在性质上义务性居多,难以实现可持续发展。

二是作为养老服务体系中的服务提供者,政府、社区、家庭以及社会组织的职责不明晰,最为突出的问题是缺乏专门进行养老服务管理的组织机构,在实践中造成看似都管、都重视,实则谁都不愿介入、都忽视等诸多问题产生。"政府主导、社会参与、全民关怀"的服务体系中尚缺少政府各部门的协调与合作机制。养老服务是一项系统工程,涉及的不仅是民政部门,还包括医疗卫生、金融等部门的相互协作与通力配合。

四、养老服务体系中的核心要素医养结合发展相对滞后

养老服务的本质是提供帮助、照料和护理,因此医养结合应该是今后养老服务体系构建的核心要素,是推进我国养老服务事业健康发展和提升服务质量的重要支撑,也是建设"健康中国"的重要基础。《健康中国行动(2019—2030 年)》指出:"我国老年人整体健康状况不容乐观,近 1.8 亿老年人患有慢性病,患有一种及以上慢性病的比例高达 75%。失能、部分失能老年人约 4000 万。"①北京大学一项人口学研究显示,到 2030 年,我国失能老人规模将超过 7700 万,失能老人将经历 7.44 年的失能期。我国医养结合的养老机构目前还未广泛普及,大多数养老机构因缺乏医疗条件或者出于规避风险等因素考虑,一般不接纳需特殊照护和有医疗服务需求的老年人。一些民办养老机构虽然迫切希望开办内设医疗机构,然而涉及政府多部门交叉管理,具体落实难。

而随着老龄人口快速发展,老年人的医养服务需求不断提升。各地虽已启动医养结合工作,但工作刚刚起步,发展步伐落后于日益增长的老年人需求。医养结合资源配备无法满足需求增长。无论是居家、社区还是机构养老,尤其是居家养老,都针对老年人罹患心脑血管疾病、高血压、糖尿病等多种慢性疾病的康复治疗、长期看护和照料服务的提供、社会适应性和心理健康的维护提出了更多和更高的要求,相关康复和护理需求以及就近服务、上门服务的需求都会大幅度提升。

以医养结合养老机构方面为例,能够内设医院、提供医疗服务的养老机构还是偏少,少数能够和定点医院共享资源,绝大部分只是配备医务室和少数医护人员。以天津市为例,天津市医养结合工作探索早,2009 年成立的天同医养院属于我国起步早的医养结合的探索。但由于各种因素制约,仍然

---

① 《健康中国行动(2019—2030 年)》,http://www. gov. cn/xinwen/2019 – 07/15/content_ 5409694. htm。

存在一些问题,如医养结合需求侧定位不准,多元化的医养结合模式尚未完全建立;政策力度有待进一步加大,融合发展政策瓶颈急需突破;工作机制急需确立,制度创新有待加速;标准及管理亟待规范;居家养老医疗服务支撑不足,养老机构医养结合模式单一,融合度不高;医养结合队伍服务能力弱,专业人员短缺等问题亟待解决,社会力量动员乏力;供给侧精准化服务尚需提高;信息平台建设滞后,对老年群体大数据挖掘不足。[①]

五、服务对象未能公平享有养老服务资源,对机构养老定位与养老需求有差距

我国养老资源不足和分散浪费的情况并存。养老资源分布不均。有资料表明,2019 年,北京、广东、浙江、江苏、湖北、安徽、内蒙古、贵州、甘肃每千名老年人口拥有的养老床位数超过了全国平均水平。其中,浙江省每千名老年人口拥有的养老床位数最高达 53.7 张;内蒙古、江苏分别位居第二、第三,每千名老年人口拥有的养老床位数分别为 53.2 张、40.9 张;云南、新疆、海南的每千名老年人口拥有的养老床位数较少,为 16.5 张、15.5 张、11.1 张(见表 4-1)。

---

① Yanna Luo, Bin bin Su, Xiaoying Zheng, Preplanned Studies: Trends and Challenges for Population and Health During Population Agiig —China , 2015—2050, http://weelely . chinacdc. cn/en/article/doi/ 10. 46234/ccd cw 2012. 158.

表4-1　2019年全国各省市每千老年人口养老床位数排行榜

排名	地区	床位数（%）
—	全国	30.5
1	浙江	53.7
2	内蒙古	53.2
3	江苏	40.9
4	湖北	37.3
5	安徽	34.9
6	北京	33.5
7	广东	31.9
8	贵州	30.8
9	甘肃	30.5
10	广西	30.1
11	江西	29.1
12	河北	29.1
13	福建	28.9
14	青海	28.6
15	吉林	28.1
16	四川	27.9
17	山东	27.8
18	黑龙江	27.0
19	宁夏	26.9
20	上海	26.9
21	重庆	26.2
22	陕西	26.0
23	湖南	25.1
24	山西	23.6
25	天津	23.4
26	西藏	23.0
27	河南	21.8
28	辽宁	21.2
29	云南	16.5
30	新疆	15.5
31	海南	11.1

　　无论从国家层面还是地方实践,各地多数都是"9073"的养老格局。中国推行的"9073"养老模式,是上海在"十一五"规划中率先提出的,其中90%的老人在家由家庭照顾自主养老;7%由社区提供养老服务,即由政府购买服务;其余3%到机构养老。近几年来,嵌入式养老、田园式养老、候鸟式养老等新型养老模式不断增加。在"9073"格局中,居家养老在养老服务体系中为基础性要素,90%的老年群体应该成为养老服务体系中的核心服务对象,但实践中各地政府更多地把服务目标定在10%的老人,养老服务体系所聚焦与所提供的服务更多的是少数老年群体。可见,目前的养老服务体系在养老资源提供方面,未能真正体现公共资源公平公正地得到分配,养老公共资源的享有未达到均等化。

　　以天津市为例,《天津市养老服务促进条例》提出的"以居家为基础、社区服务为依托、养老机构为支撑的养老服务体系",将养老机构定义为起支撑作用;"十三五"规划,将机构养老定义为起补充作用。无论是支撑作用还是补充作用,对机构养老的定位与老年人的养老需求都有不小的差距。目前的养老服务体系存在一个突出问题,居民对机构养老的需求更为强烈。抽样调查表明,天津市老人选择公办养老院服务模式的为29.5%,选择民办养老院(老人公寓)的为14.1%。可见,居民对养老机构的服务需求远超过人们的想象。调查显示,目前四部分老人对入住养老机构有很强的需求:15万多生活不能自理的失能老人;10万左右失智老人;62%的空巢老人家庭,10.21%的独居老年人;还有不少经济条件较好、观念新的老人渴望入住能提供较好生活服务和照料、文化活动、环境优美的养老院。上述老年群体有不少希望入住服务专业化、集约化和规范化的养老机构,而且需求强烈,但目前天津市提供的老年人服务的床位远远不能满足老年人的实际需求。

六、老龄产品与服务供给尚不能满足日益多样化的需求

　　随着社会经济的不断发展、经济结构转型、人口结构的变化,养老服务产业和服务需求在种类和层次上呈现出不同的特点,老年人口的素质层次跨度较大,整体层次逐步提高,老年人对医疗、居住、教育、休闲、养老等方面

的需求日趋多样化和多元化。当前对老年需求挖掘不够,相关产品和服务品种尚不丰富,缺乏综合化服务,尚不能满足老年人日益增长的多层次、个性化服务需求,适老产品和服务供给有待进一步扩大。

七、养老机构缺口大、运行成本高,社区养老设施及配套服务不完善

目前我国养老机构和设施严重供给不足,政府的公办设施占主体,虽然价格较低,但门槛高,严重短缺,常有"排队"现象。资料表明,截至2019年底,我国各类养老机构和设施共有20.4万个,养老床位总计775.0万张,每千名老年人拥有的养老床位为30.5张。《民政事业发展第十三个五年规划》提出,到2020年,每千名老年人口拥有的养老床位数将达35—40张。可见,我国每千名老年人口拥有的养老床位数,与预定的目标尚有不小差距。在十三届全国人大二次会议举行的记者会上,商务部部长钟山表示,"养老服务是个明显的短板。我国人口老龄化在加快,据有关方面统计,现在我们每年大概要增加800多万老龄人口,为这些老龄人口提供养老服务,是有很大挑战的。比如说,全国老龄人口的床位每年短缺200多万个"①。

(一)养老机构运行成本逐年增加,抵消了政策各种补贴

资金紧张、运行成本较高已成为国办与民办养老院的共同特征,是当前养老院运营中存在的主要问题。养老院的运行成本主要包括护理人员与管理人员的工资福利、煤水电气费用和养老服务设施的购置与修缮费等。虽然国家实行了一些免税政策,各地政府每年也给民营养老院每个床位补贴,但随着用工费用增加,物价及各种费用不断攀升,与高成本运营相比,补贴乃是杯水车薪。一些养老院收费没有统一标准,只能靠市场杠杆来调节。但由于现阶段老年人经济承受能力的限制,养老机构服务人员的工资待遇比较低,服务人员从事的工作艰辛,脏、累、工作时间长,低收入难以吸引和留住护理人员,导致国办、民办养老院普遍存在护工难招问题。

---

① 《商务部部长钟山出席2019年两会记者会并回答中外记者提问》,http://www.mofcom.gov.cn/article/i/jyjl/l/201903/20190302843819.shtml。

以天津市的公办养老院天津市养老院为例,一方面,三四年前排队登记要求入住的老人已过千;另一方面,由于养老护理人员不足,致使新建护理楼尚有一层楼床位处于空闲状态,浪费了资源。而且从发展趋势来看,护工难招问题将会更加凸显。另外,一些民办养老院还急切呼吁政府和社会关注他们的生存状况。以天津市友缘养老院为例,由于该养老院租用的是天津拖拉机厂的厂房,其水电费是按照工业计费标准收取,无形中加重了民办养老院的经济负担

(二)居家养老服务"以社区服务为依托"实际上是以每个家庭的老人居家,家庭参与为主,由社区提供服务

居家养老的核心是老人养老不离家,强调的是在社区接受服务。以天津市为例,天津建设以居家为基础、社区为依托、机构为补充的多层次养老服务体系,由居家、社区、机构养老从相互分割转向三位一体,有可能实现"964"养老格局。[1] 抽样调查表明,选择完全依靠子女照顾或身心健康能够自我照顾的自助型家庭养老方式的老年人为 75.1%,选择社区分散居家养老为的老年人 29.5%,7.2%的老年人选择宜居社区集中养老。但目前居家养老服务体系尚未完全形成,在实践中,与老年人的多元养老需求以及未来趋势,存在着不小的差距。

(三)由于早期缺乏长远规划,目前居家养老配套服务及设施出现了"新建还欠账,老账还不上"的局面,而且养老设施利用率低于预期

新建小区养老服务设施只停留于规划,养老设施及场地建设很难兑现;老旧社区又苦于没有场地建设养老服务设施。部分老年人日间照料服务站因场地紧缺,社区只能在原有的基础上,利用原老年活动室,成立了兼容式的居家养老服务站,基础设施比较落后,在一定程度上制约了服务功能的拓展。有些服务设施的配套,还需社区居委会通过各种渠道自行争取。如许多活动走在全国前列的天津市马场街道是一个老街区,由于场地所限,至今

---

[1] 《天津五年内实现 964 养老格局,96% 老年人居家养老》,《渤海早报》,2016 年 2 月 6 日。

没有在其所辖各社区都建立起老年日间照料服务站,其设在德才里的老年日间照料服务中心也因场地问题,影响了居家养老活动的进一步开展。

(四)"适老化"改造严重缺乏

对于居家养老的老年人而言,目前许多老旧社区的房屋设计较少考虑老年人的实际需要,造成生活不便。"适老化"改造仅在个别地区出现。如天津市和平区从2014年起,由政府埋单,连续三年为低保、孤寡、高龄、独居和空巢等特殊困难老年人家庭实施适老化改造,增强老年人居家生活的安全性、便利性。至2016年底,已完成厕所蹲改坐255户,为413户安装了安全扶手,为700多户安装了漏电保护器。① 但"适老化"改造也仅是厕所改造了坐便器,安装了扶手。"适老化"改造的内容远远落后于老年人的实际需求。目前,各地纷纷试水居民楼外加电梯,虽然有一些成功的经验,但在推进过程中,也是困难重重。

(五)资金缺乏,难以支撑社区养老服务体系

尽管各地政府积极拓展社区养老市场化运作方式,鼓励企业参与养老事业,但目前社区养老服务产业化进程缓慢,社会组织、民间资金参与养老事业的积极性不高。仅靠政府投入的单一模式无法满足社区服务日益壮大的需求,致使社区养老服务处于资金、人员短缺的困境。尽管这些年来各地逐步加大了对社区养老服务的投入,明确了支持居家养老建设工作的若干具体优惠政策,提供了政府购买服务,启动了老年日间照料服务中心(站)建设,并给予一次性补贴,但从基层反映上看,政府为高龄、特困、低保等老人每月提供购买居家养老服务,只解决了极少部分老人的困难,而且只是吃饭有保障,有钱吃饭没钱看病等更深层次的需求没有得到满足。

以天津市为例,从市、区两级财政拨款看,仅是为老年日间照料服务中心(站)提供了一些基本活动设施的费用(还有社区反映市财政并没有给予

① 《和平区为特殊困难老年家庭实施适老化改造,让白发人生活有更多"扶手"》,《中老年时报》,2016年12月7日。

一次性建设补贴,只是区财政提供了补贴),却没有提供给从事老年服务及管理人员的报酬,后续活动开展难以为继。很多社区的养老资金投入主要以自筹为主,使得社区养老服务发展的有限资金缺乏稳定性,消耗了社区集中养老事业的精力。

以天津市为例,如重视社区养老活动并取得较好效果的天津市盛达园,连老年活动站每年 7000 余元电费开支也要由物业垫支;天津市南营门街道老年日间照料服务中心负责人为后续活动资金发愁;马场街道也因资金问题,限制了老年日间照料服务中心诸多活动的开展。甚至有的社区因资金问题仅将老年日间照料服务站视为社区食堂,只提供就餐服务,难以发挥其他功能。

天津市按照"政府搭建平台、专业化管理、市场化经营、志愿者参与"的"4+4"模式试点,改革了老年日间照料服务中心运营机制,由政府购买服务,街道(居委会)监管,委托社会组织、养老机构、村委会运营,实现"管办分离",试点呼叫服务、配餐送餐、家政服务、便利店四个基本功能,[1]开始了由专业社会组织负责运营社区居家养老设施的试点工作,在一定程度上解决了社区居家养老设施大量闲置的问题。但社区居家养老机构完成了运营权转换的改革不多。目前各地居(村)委会仍是社区居家养老设施日常管理与运营的主体。

八、智慧养老发展不足,难以满足不同老年群体的个性化需求

能够真正支持 97% 的老年人在社区和居家实现养老的要依赖科学技术。建立于大数据基础之上的"养老平台+"最大的特点是准确性、灵活性,大到区域内养老物资的调控,小到某个服务区域的老人的需要,互联网+养老服务都能实现,但智慧养老在我国尚处起步阶段,发展明显不足。关于老年人的基础大数据还不完善,一些养老机构与社区的养老基础设施难以与

---

① 天津市民政局:《天津市:创新推行"4+4"模式,提升社区老年日间照料服务效能》,《中国民政》,2015 年第 17 期。

互联网技术相匹配。尽管智慧养老服务开始出现,在一些社区已经开始借助互联网技术与手段为老年人提供服务,一些养老机构提供的智慧养老服务也有不少终端,例如呼叫救助服务等能够提供主动关怀的服务,但目前各地智慧养老刚刚开始,提供的服务相对单一,大部分手机应用程序(App)功能相似度高,如一键呼叫亲人、电子围栏、实时定位、心率监测、用药提醒等,终端下载量也不高。

建立的信息化平台未能与现有的养老服务基础设施有效对接,不能为多数老年人提供服务,远不能满足老年人丰富多样的需求。有的信息化服务的提供由于缺乏对老年人需求的了解,仅仅关注手段本身。对于多数老年人而言,互联网门槛极高。许多老年人根深蒂固地认为,与互联网相关的,安全性都很差,圈套也太多。因此大多数老人对此类产品心生畏惧。《智慧健康养老产业发展行动计划(2017—2020 年)》所提出的丰富智能健康养老服务产品供给,特别是针对家庭、社区、机构等不同应用环境,发展健康管理类可穿戴设备、便携式健康监测设备、自助式健康检测设备、智能养老监护设备、家庭服务机器人等,满足多样化、个性化健康养老需求,[①]目前在智慧养老方面仍有较大的不足,特别是在资金与互联网技术方面的研发,仍有很大空间。

九、养老服务从业人员素质有待提升,服务质量不高

养老服务行业人员数量和质量亟待提升。提供优质老年服务的关键在于有一支专业、高效的养老服务人才队伍。我国养老服务业人才匮乏,从事养老服务的工作人员力量薄弱,专业化服务技能水平明显不足。《2017 年中国养老服务人才培养情况报告》表明,按照国际标准,我国至少需要 1300 万专业的养老护工人员,但我国的实际数量尚不足 50 万人,其中持证服务人员不足 2 万人,且教育水平偏低、年龄结构偏大。在全部受调查的人员中,小学

---

① 《工业和信息化部、民政部、国家卫生计生委关于印发〈智慧健康养老产业发展行动计划(2017—2020 年)〉的通知》(工信部联电子〔2017〕25 号),http://www.gov.cn/gong bao/content/2017/cotent5222955.htm。

及以下的为21.7%,初中人员为45.2%,高中或中专人员为26.3%,大学及以上人员仅为6.8%。在养老机构一线护理员中,40—50岁女性为主要群体。能够直接为老人提供服务的护理人员仅为42.12%。① 特别是社区养老的服务人员缺少规范的专业培训,服务能力不足,无法满足老年人多元化需求。

志愿者养老服务缺乏统一协调和专业管理。专业人才缺口是我国整个养老服务体系中的短板。养老护理员这个岗位的社会地位和待遇水平低,养老机构普遍面临招工难、留不住、流失率高的问题。护理人员多是"4050"人员和农村进城务工人员,文化程度较低,持证上岗人员少,专业水平低,业务能力不强,招聘者有时无法对应聘的人员提出高要求的条件,否则无人可招。这导致养老机构中护理人员素质参差不齐。

专业护理人员培养和发展未规范化。照护老年人是一项较为繁重的劳动,尤其是对于失能失智老年人,由于他们身体或者精神的原因,打破了正常人已有的生活节奏和规律,需要养老护理人员全时段、全身心地投入,稍有疏忽,就会对老年人带来不利影响,甚至可能导致差错事故的发生。这需要护理员具备较好的身体条件,极强的适应能力。但在大多数人看来,养老护理员社会地位低下,职业尊重感不强,没有上升空间和发展前途。此外,我国从事养老服务工作的政府部门人员力量配备明显不足。以民政部门为例,各地未对应国家对口部门的编制成立养老工作处室,基层部门养老工作科室、街道、社区从事养老服务工作的人员力量更是明显不足。

养老服务从业人员素质不高且缺乏必要的培训。服务与护理人员是开展老龄服务、发展老龄事业的主力军。尽管全国开始重视养老服务人才培养,并提出了取证上岗原则,但在实际运作过程中,养老服务与护理人员的队伍建设问题一直是制约养老服务的瓶颈。从养老机构来看,目前养老机构的服务人员大都是城市40—50岁人员或农民工服务人员。尽管他们吃苦

---

① 《我国养老服务业人才现状》,《光明日报》,2019年3月25日。

耐劳,但由于养老机构财力有限,且享受不到政府的直接经济补贴政策,待遇偏低,导致大量优秀养老服务人员流失,影响了服务质量。而且不少养老服务人员既缺少岗前培训,又缺少专业培训。一些养老服务人员对基本的护理知识和医学常识了解甚少,年轻的养老服务人员的技能往往是在老员工的传授中习得,或是自己在工作中总结。虽然有关规定强调服务人员必须经过培训上岗,但多数民营养老院并没有严格执行这一规定。

从社区养老服务来看,目前多数社区中没有专业化的养老服务人员,居委会编制中更没有专职养老服务人员的设置。服务人员专业化水平低、人员缺乏等问题突出。目前社区养老服务专职工作人员几乎没有,多是靠志愿者无偿提供服务。而且,尽管提倡中青年志愿者为老年人服务、低龄老人为高龄老人服务,但目前社区中多采取低龄帮助高龄以及互助的帮扶方式。因社区服务能力有限,人员力量薄弱,一些老人日间照料服务站目前的主要功能是配餐送餐,缺乏服务的多样性。在承担养老服务信息登记、沟通工作的同时,一些居委会人员还要牺牲个人时间给不能外出就餐的老人送餐。

十、养老工作宣传欠深入,实践中容易产生不满

由于养老工作宣传欠深入,百姓对养老模式认识比较模糊,实践中容易产生不满情绪。目前,公众对养老服务体系的构成要素认识较模糊,尤其是居家养老与社区养老边界模糊,特别是家庭成员提供的养老服务得不到政府与社会实质的支持与扶助,在实践中易引发公众的不满。百姓对机构养老模式的认识相对清楚,对机构养老的需求也越来越强烈,但对居家养老模式的认识比较模糊。我国把适合国情的社会化养老模式界定为社区居家养老。它是以家庭为核心,以社区为依托,以老年人日间照料、生活护理、家政服务和精神慰藉为主要内容,以上门服务和社区托付为主要形式,并引入养老机构专业化服务方式的居家养老服务体系。但在调查中发现,由于宣传不到位,不少社区居委会人员及居民对养老模式认识模糊,认为居家养老和社区养老是不同的。

对于多数人而言,居家养老就是家庭养老模式,尽管社区提供了各种有偿微利服务,但这种养老还是家庭自己的事情;社区养老则是同一社区老年人居住在同一楼宇并由社区提供全方位服务的养老模式(基本相当于宜居社区集中居家养老)。由于理解有误,所以一提社区养老,百姓就希望社区提供更多服务,这远超出目前社区居家养老所能够承载的内容。一旦多种需求得不到满足,就容易引起百姓的不满。实际上,社区居家养老是介于家庭照顾和社会机构照顾之间的一种运用社区资源开展的老年人照顾方式。如何以清晰明了、简单易懂的概念界定和说明养老模式,并向老百姓深入的宣传,显得尤为重要。此外,课题组在调查中还发现了其他问题。如由于虚拟养老院建设刚刚起步,我们所调查的社区多数没有建成虚拟养老院;由于养老院现有资金和人员刚刚能满足院内老人的生活需求(甚至有些养老院还处于资金和人员的匮乏状态,不少服务人员的工作已处于饱和状态),多数养老院对于政府提倡的延伸服务无力响应,实际上并没有将养老院服务延伸到社区。

第五章　老年人养老服务需求调查

为构建养老服务体系提供客观的依据,课题组以天津市为例,对天津市老年群体养老服务需求情况进行了实证调查。主要采取了以下几种方法:

一是对老年人进行了问卷抽样调查与分析,共发送问卷 1500 份,问卷回收 1338 份,问卷回收率达 89.2%;有效问卷 1287 份,有效率达 96.2%。

二是针对社区管理者召开了座谈会与问卷调查。分别在河西区马场街道、柳林路街道,和平区新兴街道、小白楼街道的树德里社区、泰安道社区、解放路社区,南开区学府街道、体育中心街道,红桥区芥园街道、咸阳北路街道、西于庄街道,西青区张家窝镇、辛口镇、李庄街道,蓟州区下营镇、东二营镇,北辰区集贤里街,宝坻区霍各庄镇,武清区徐官屯街道、高村镇、王庆坨镇、杨村镇(颐安西区),静海区唐官屯镇召开了座谈会,进行了开放式问卷调查与电话访谈。

三是对国办天津市养老院、民营南开区友缘养老院与红桥区桃花源养老院进行深入的个案访谈。之所以选择上述三家养老院为调查对象,是因为天津市养老院是 4 所市级国办养老机构中规模最大的养老院,拥有床位 850 张;两家民营养老院也是规模较大的养老院,友缘养老院共有 340 张床位,桃花源养老院有 200 张床位(均高于民营养老机构平均水平 113 张床位)。

四是课题组也随机走访了南开区横江里社区,河北区如皋里、通达新苑、汇光里等社区,开展实地考察,并对和平区南营门街日间照料中心等社区进行了电话访谈,了解社区日间照料情况。

实证调查表明,不同老年群体的养老需求既具有一致性,也有差异性。

第一节　问卷调查样本总体情况描述

课题组在天津市和平区、河西区、南开区、红桥区、西青区、蓟州区进行了问卷抽样调查。按照市六区(老六区)、新六区与原市辖县的区分,调查问卷分别为 585 份(45.45%)、535(41.57%)、167(12.98%)。这与天津市第六次人口普查数据中的老龄人口在不同地区中的比例基本接近。第六次人口普查数据表明,天津市人口老龄化呈地域性特征。其中市辖老六区 60 岁以上老龄人口占全市老龄人口比例最高,为 45.08%,新六区为 29.10%,滨海新区为 11.26%,原市辖县为 14.57%。因时间关系,滨海新区资料尚未收集全,因此未能纳入统计分析。资料对比表明,课题组的问卷抽样调查的样本具有很强的代表性,基本能够反映出天津市第六次人口普查的数据特征,因此本调查反映的老年人养老服务需求基本上反映了天津市老年人的养老服务需求。

一、调查样本的年龄分布均匀

60—64 岁、65—69 岁、70—79 岁的调查对象均为 28.0%,80—89 岁老年人为 12.2%,90 岁以上的老年人为 2.3%(见图 5-1、表 5-1)。

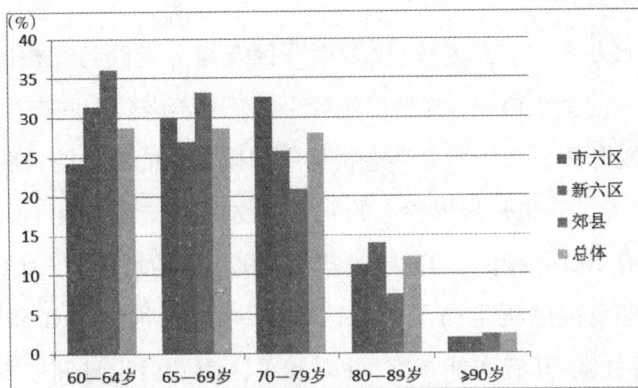

图 5-1　调查样本天津市老年人年龄构成比分布图

表 5-1 调查样本天津市老年人年龄构成比分布　　　　单位:%

	60—64 岁	65—69 岁	70—79 岁	80—89 岁	≥90 岁
市六区	24.3	29.9	32.6	11.3	1.9
新六区	31.4	26.9	25.8	14.0	1.9
郊县	36.0	33.2	20.9	7.5	2.4
总体	28.7	28.7	28.0	12.2	2.3

二、调查样本收入情况分布

月收入低于 1000 元的占 27.3%,收入为 1000—1500 元的占 16.0%,收入为 1501—2000 元的占 25.9%,收入为 2001—2500 元的占 16.7%,收入为 2501—4000 元的占 7.9%,收入在 4000 元以上的占 2.2%(见图 5-2、表 5-2)。

2015 年,天津市企业退休人员月人均养老金为 2525 元。由于调查样本涵盖的不只是以企业退休人员为主的市内老六区老年人,还包括原有的周边郊县老人,其中大部分人并没有享受企业退休人员的政策,因此调查样本的老年人实际收入更低,调查人群也就更加符合实际。可见,天津市老年人群收入水平不高,尚有四分之一的老年人收入不到 1000 元;1000—2000 元的为 41.9%;2001—2500 元的占 16.7%;2500 元以上的为 10.1%。

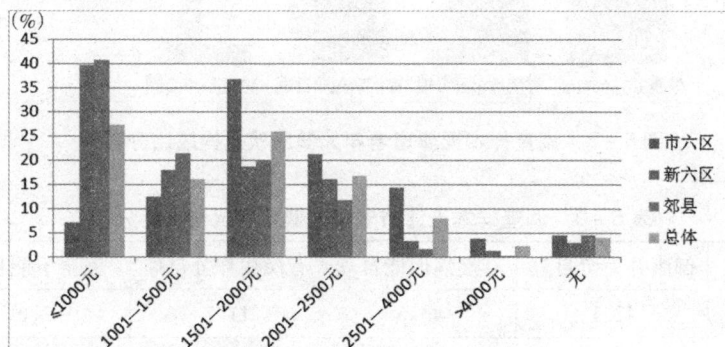

图 5-2　调查样本天津市老年人收入状况构成比分布图

表5-2　调查样本天津市老年人收入状况构成比分布　　单位:%

	≤1000元	1001—1500元	1501—2000元	2001—2500元	2501—4000元	>4000元	无
市六区	7.1	12.4	36.8	21.2	14.3	3.8	4.5
新六区	39.6	17.9	18.7	16.1	3.4	1.3	3.0
郊县	40.7	21.4	19.8	11.8	1.6	0.2	4.5
总体	27.3	16.0	25.9	16.7	7.9	2.2	4.0

三、调查样本健康状况分布

健康并完全自理的老年人最多,占42.6%;有疾病但能自理的老年人占38.7%;有疾病但部分能够自理的老年人占15.0%;完全不能自理的老年人占3.7%(见图5-3、表5-3)。

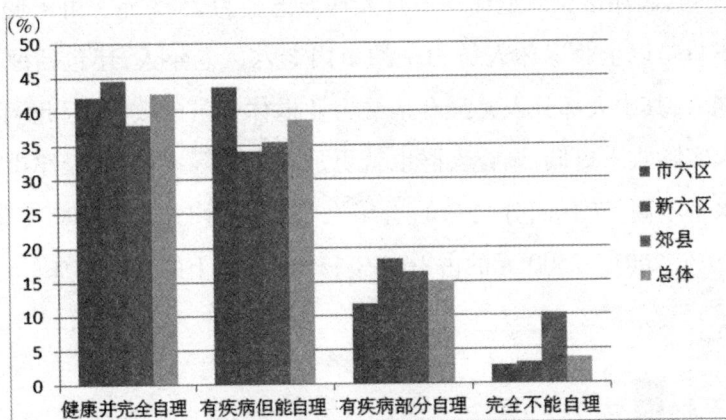

图5-3　调查样本天津市老年人健康状况构成比分布图

表5-3　调查样本天津市老年人健康状况构成比分布　　单位:%

	健康并完全自理	有疾病但能自理	有疾病部分自理	完全不能自理
市六区	42.1	43.6	11.7	2.6
新六区	44.5	34.2	18.3	3.0
郊县	38.0	35.5	16.3	10.2
总体	42.6	38.7	15.0	3.7

四、调查样本目前居住情况

只与老伴一起居住的老年人占 47.6%，与子女及老伴一起居住的老年人占 27.8%，与子女居住的老年人占 12.7%，一个人独居的老年人占 11.1%，与亲戚一起居住的老年人占 0.8%（见图 5-4、表 5-4）。

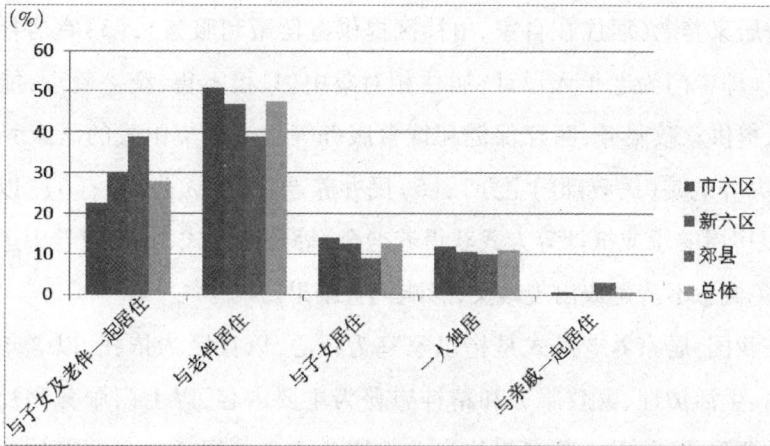

图 5-4 调查样本天津市老年人居住状况构成比分布图

表 5-4 调查样本天津市老年人居住状况构成比分布 单位:%

	与子女及老伴一起居住	与老伴居住	与子女居住	一人独居	与亲戚一起居住
市六区	22.6	50.8	14.0	12	0.7
新六区	30.1	46.7	12.5	10.5	0.2
郊县	38.9	38.9	9.0	10.2	3.0
总体	27.8	47.6	12.7	11.1	0.8

第二节　老年人养老服务需求分析

本书根据天津市养老服务现状,将老年人的养老方式分为:(1)自助型家庭养老(即完全依靠子女照顾或身心健康的老人,能够自我照顾);(2)社区分散居家养老(居住在自家,由社区提供有偿微利服务);(3)宜居社区集中养老(即专门为老年人设计,居住相对集中,只租不售,统一管理,能够给老年人提供家政服务、医疗保健和饮食服务等住宅区集中式的居家养老);(4)公办养老院(民政部门主办);(5)民办养老院(老人公寓);(6)"以房养老"(以房屋继承或抵押等方式获得养老金)等几种方式,并在问卷中进行标注,以免概念不清楚或出现歧义,影响调查结果。

在我国,居家养老模式是指以家庭为核心,以社区为依托,以老年人日间照料、生活护理、家政服务和精神慰藉为主要内容,以上门服务和社区托付为主要形式,并引入养老机构专业化服务方式的居家养老服务体系。居家养老服务可以进一步区分为分散居家养老和宜居社区集中居家养老。

抽样调查表明,不同年龄、收入状况、健康状况与居住状况的老年人的养老服务需求存在显著性差异。天津市养老服务体系建构应该根据调查所反映老年人的养老服务需求与意愿,提供有针对性、相对精准的服务。

一、老年人首选家庭养老方式:自我意见为主,家人意见为辅

(一)家庭养老是绝大多数老年人首选的养老方式

调查表明,选择完全依靠子女照顾或身心健康能够自我照顾的自助型家庭养老方式的老年人最多,为75.1%,选择社区分散居家养老与公办养老院服务模式的老年人均为29.5%,选择民办养老院(老人公寓)的老年人为14.1%,7.2%老年人选择宜居社区集中养老,3.2%老年居民选择"以房养老"倒按揭方式(见图5-5、表5-5)。

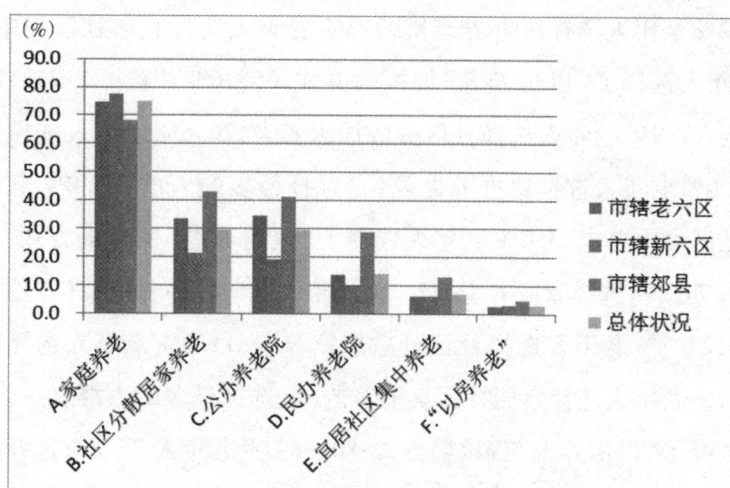

图5-5　老年人选择养老方式分布图

表5-5　老年人选择养老方式分布　　　　　　　单位:%

倾向选择的养老服务	市辖老六区	市辖新六区	市辖郊县	总体状况
A.家庭养老	74.8	77.6	68.3	75.1
B.社区分散居家养老	33.5	21.3	43.2	29.5
C.公办养老院	34.7	19.3	41.4	29.5
D.民办养老院	13.9	9.7	28.8	14.1
E.宜居社区集中养老	6.2	6.4	13.2	7.2
F."以房养老"	2.7	3.2	4.8	3.2

第一,不同年龄老年人首选的养老方式。不同年龄的老年人在选择民办养老院问题上存在显著性差异(卡方检验为 $X^2 = 10.886$, $P = 0.028$)。其中65—69岁与90岁以上老年人选择民办养老院相对较多,分别为19.0%、16.7%,其余为12%左右。60—64岁老年人选择最多的是家庭养老(76.2%),1/3左右老年人选择社区分散居家养老(34.3%,也是所有年龄段中选择最多的人群)与公办养老院(30.8%,也是所有年龄段中选择最多的

人群),12%老年人选择民办养老院,7.3%老年人选择宜居社区集中养老,3.8%老年人选择了"以房养老"倒按揭方式;65—69岁老年人74.5%选择家庭养老,27.4%老年人选择社区分散居家养老,26.6%老年人选择公办养老院,19.0%老年人选择民办养老院(是选择最多的人群),6.0%老年人选择宜居社区集中养老,3.0%老年人选择了"以房养老"倒按揭方式;70—79岁老年人74.2%选择家庭养老,32.2%老年人选择公办养老院(是选择最多的人群),27.7%老年人选择社区分散居家养老,11.9%老年人选择民办养老院,8.9%老年人选择宜居社区集中养老(是选择最多的人群之一),3.0%老年人选择了"以房养老"倒按揭方式;80—89岁老年人75.2%选择家庭养老,27.4%老年人选择社区分散居家养老与公办养老院,11.5%老年人选择民办养老院,5.7%老年人选择宜居社区集中养老,2.5%老年人选择了"以房养老"倒按揭方式;90岁以上老年人80.0%选择家庭养老(是选择最多的人群),23.3%老年人选择社区分散居家养老(是选择最少的人群),16.7%老年人选择公办养老院(是选择最少的人群)与民办养老院,6.7%老年人选择宜居社区集中养老,3.3%老年人选择了"以房养老"倒按揭方式(见表5-6)。

表5-6　不同年龄老年人养老服务需求

养老需求	需求项目	选择率(%)	60—64 n	60—64 构成比(%)	60—64 选择率	65—69 n	65—69 构成比(%)	65—69 选择率	70—79 n	70—79 构成比(%)	70—79 选择率	80—89 n	80—89 构成比(%)	80—89 选择率	≥90 n	≥90 构成比(%)	≥90 选择率	合计	卡方值	P值
目前最需要的养老服务项目	B.家政服务	43.8	160	28.5	43.2	162	28.8	44.0	160	28.5	44.4	66	11.7	42.3	14	2.5	46.7	562	0.356	0.986
	D.保健服务	40.0	163	31.7	44.1	141	27.4	38.3	149	29.0	41.4	55	10.7	35.3	6	1.2	20.0	514	9.718	0.045
	C.紧急救助	32.4	127	30.5	34.3	110	26.4	29.9	119	28.6	33.1	48	11.5	30.8	12	2.9	40.0	416	2.734	0.603
	A.日间照料	30.9	100	25.2	27.0	97	24.4	26.4	107	27.0	29.7	73	18.4	46.8	20	5.0	66.7	397	42.805	0.000
	J.文化娱乐服务	21.6	91	32.9	24.6	112	40.4	30.4	57	20.6	15.8	15	5.4	9.6	2	0.7	6.7	277	13.526	0.009
	I.送餐服务	21.0	72	26.8	19.5	58	21.6	15.8	89	33.1	24.7	42	15.6	26.9	8	3.0	26.7	269	31.856	0.000
	B.代购服务	16.5	93	43.9	25.1	56	26.4	15.2	40	18.9	11.1	17	8.0	10.9	6	2.8	20.0	212	31.793	0.000
	H.社交聊天服务	8.3	16	15.8	4.3	21	20.8	5.7	30	28.3	8.3	14	13.2	9.0	4	3.8	13.3	106	3.793	0.435
	I.家庭病床与护理	7.9	12	11.8	3.2	25	24.5	6.8	41	40.2	11.4	18	17.6	11.5	6	5.9	20.0	101	30.038	0.000
	附护服务	7.9	30	29.3	8.1	25	23.9	7.1	32	34.8	8.9	6	6.7	6.7	3	3.3	20.0	102	26.407	0.000
	K.心理健康服务	7.0	—	—	—	22	23.9	6.0	—	26.8	3.0	—	6.7	5.7	—	3.3	3.3	90	3.496	0.479
倾向选择的养老服务	E.家庭养老	75.1	282	29.2	76.2	275	28.4	74.5	268	27.7	74.2	118	12.2	75.2	24	2.5	80.0	967	0.840	0.933
	B.社区分散居家养老	29.4	127	33.6	34.3	101	26.7	27.4	100	26.5	27.7	43	11.4	27.4	7	1.9	23.3	378	6.398	0.171
	C.公办养老院	29.4	114	30.2	30.8	118	31.2	26.6	118	31.2	32.7	43	11.4	27.4	5	1.3	16.7	378	6.322	0.176
	C.民办养老院	14.1	45	24.9	12.2	70	38.7	19.0	43	23.8	11.9	18	9.9	11.5	5	2.8	16.7	181	10.886	0.028
	F.目前社区集中养老	7.1	27	29.3	7.3	22	23.9	6.0	32	34.8	8.9	9	9.8	5.7	2	2.2	6.7	92	2.881	0.578
	F."以房养老"	3.2	14	34.1	3.2	11	26.8	3.0	10	27.0	3.5	4	9.8	2.5	2	4.9	3.3	41	0.711	0.950
目前最需要的养老服务	A.家政服务	53.9	216	31.2	58.4	184	26.6	50.3	193	27.9	53.5	85	12.3	54.1	14	2.0	46.7	692	5.587	0.232
	D.家人或子女照顾	49.2	161	25.5	43.5	185	29.3	50.5	182	28.8	50.4	86	13.6	54.8	18	2.8	46.7	632	8.619	0.071
	D.政府补贴	29.0	109	29.3	29.5	102	27.4	27.9	102	27.4	28.3	48	12.9	30.6	11	3.0	36.7	372	1.408	0.843
	C.家庭病床	21.9	66	34.2	20.5	53	29.2	14.5	84	29.9	23.2	45	28.7	28.7	4	1.4	13.3	281	9.509	0.050
	B.社会志愿者服务	15.8	76	33.0	18.1	69	34.0	18.9	55	24.8	15.2	35	15.8	22.3	10	3.8	40.0	222	9.682	0.046
	E.邻里互助	11.0	67	28.4	17.3	57	21.8	10.7	50	24.6	13.9	13	6.4	8.3	4	2.0	10.0	203	11.881	0.018
	F.政府购买	11.0	41	28.4	11.1	39	27.7	10.7	38	27.0	10.5	12	8.8	11.5	3	3.5	13.3	141	1.149	0.886
目前生活中遇到的最大困难	F.医疗费用高	59.6	239	31.2	64.6	211	27.5	57.3	220	28.7	60.9	79	10.3	50.3	17	2.2	56.7	766	10.607	0.031
	D.退休金不高	50.0	207	32.2	55.9	192	29.9	52.2	172	26.7	47.6	61	9.5	38.9	11	1.7	36.7	643	16.665	0.002
	D.慢性疾病不开药	24.3	132	35.7	35.7	148	28.1	40.2	157	29.8	43.5	81	15.4	51.6	8	1.5	26.7	526	15.191	0.004
	C.孤独寂寞	20.6	88	28.2	23.8	98	31.4	26.6	80	25.6	22.2	34	10.9	21.7	12	3.8	40.0	312	6.661	0.155
	B.生活设施不齐料	18.4	76	28.7	20.5	57	21.5	15.5	76	28.7	21.1	41	15.5	26.1	15	5.7	50.0	265	24.690	0.000
	E.严重疾病活动不便	7.4	66	25.7	17.8	57	21.8	14.7	61	25.7	16.9	45	19.0	28.7	11	4.6	36.7	237	21.676	0.000
	C.没有困难	7.4	27	28.4	7.3	25	26.3	6.3	28	26.3	7.8	9	9.6	5.7	3	3.2	10.0	95	1.673	0.796
选择养老机构的主要原因	D.服务质量	63.6	235	28.8	63.5	242	29.6	65.8	215	26.3	59.9	107	13.1	68.2	18	2.2	60.0	817	4.454	0.348
	E.服务价格	46.8	132	28.8	46.8	160	26.6	43.5	177	26.6	49.3	78	13.0	49.7	13	2.2	43.3	601	3.203	0.524
	F.服务态度	36.6	132	28.1	35.7	112	23.2	24.2	145	30.9	40.4	67	14.3	42.7	14	2.2	46.7	470	12.193	0.016
	C.地点远近	29.8	129	33.7	34.9	89	23.2	24.2	116	30.3	32.3	41	10.7	26.1	8	2.1	26.7	383	12.319	0.015
	B.自然环境	24.5	112	35.6	30.3	77	24.4	20.9	84	24.8	21.7	38	12.1	24.2	10	3.2	33.3	315	11.958	0.018
	B.人文环境	17.0	92	42.2	22.7	60	27.4	16.3	47	21.6	12.3	15	6.9	9.6	4	1.8	13.3	218	26.714	0.000
	C.交通便利	8.8	29	25.7	7.8	31	27.4	8.4	44	38.9	12.3	9	10.1	5.7	—	—	0.0	113	13.022	0.000
	E.硬件设施	6.9	22	24.7	5.9	30	33.7	8.2	28	31.5	7.8	6	11.5	4.2	—	—	0.0	89	4.411	0.111
	I.机构归属	4.0	15	28.8	4.1	16	30.8	4.3	11	21.2	3.1	10	3.0	6.0	—	—	0.0	52	1.387	0.353
	J.品牌信誉	2.6	8	24.2	2.2	13	39.4	3.5	11	33.3	3.1	1	3.0	0.6	—	—	0.0	33	5.092	0.278

第二,不同收入老年人首选的养老方式。不同收入的老年人除了在自助型家庭养老方式上没有显著性差异外,在社区分散居家养老、公办养老院、民办养老院、宜居社区集中养老、"以房养老"倒按揭方式等养老服务方式的选择上存在显著性差异(卡方检验分别为 $X^2 = 12.703$, $P = 0.048$; $X^2 = 15.743$, $P = 0.015$; $X^2 = 31.253$, $P = 0.000$; $X^2 = 23.259$, $P = 0.001$; $X^2 = 13.362$, $P = 0.038$),老年人的收入状况直接影响了老年人的养老服务方式的选择。选择社区分散居家养老服务方式最多的为无收入的老年群体(38.5%),选择率最少的为4000元以上收入的老年群体(17.2%);选择宜居社区集中养老方式最多的为无收入的老年群体(38.5%),选择率最少的为4000元以上收入的老年群体(17.2%);选择公办养老院最多的为1000元以下和无收入者(11%左右),最少的为1001—2000元者收入的老年群体(3.5%左右);选择民办养老院服务最多的为收入低于1000元的老年群体(20.3%),最少的是2501元以上的(5.0—6.9%);选择"以房养老"倒按揭方式相对较多的为收入低于1000元的老年群体(6.0%),无收入者无人选择(见表5-7)。

表 5-7　不同收入老人养老服务需求情况

养老需求	需求项目	选择率(%)	≤1000 n	≤1000 构成比(%)	≤1000 选择率(%)	1001-1500 n	构成比(%)	选择率(%)	1501-2000 n	构成比(%)	选择率(%)	2001-2500 n	构成比(%)	选择率(%)	2501-4000 n	构成比(%)	选择率(%)	>4000 n	构成比(%)	选择率(%)	无 n	构成比(%)	选择率(%)	合计	卡方值	P值
目前最需要的养老服务项目	E. 家政服务	43.8	156	27.8	44.8	96	17.1	47.1	155	27.6	46.7	80	14.3	37.4	35	6.2	34.7	12	2.1	41.4	27	4.8	51.9	561	10.627	0.101
	D. 保健服务	40.1	150	29.2	43.1	88	17.2	43.1	132	25.7	39.8	73	14.2	35.6	22	7.0	35.8	4	1.0	24.1	22	5.3	42.3	513	12.240	0.057
	C. 紧急救助	32.5	145	34.9	41.7	70	16.8	34.3	101	24.3	30.4	52	12.5	24.3	22	5.3	21.8	4	1.0	13.8	22	5.3	42.3	416	33.045	0.000
	A. 日间照料	31.0	146	36.8	42.0	66	16.6	32.4	83	20.9	25.7	40	14.9	18.7	29	8.2	28.7	6	1.5	20.7	33	8.3	63.5	397	73.369	0.000
	F. 送餐服务	21.0	62	23.0	17.8	41	15.2	20.1	83	30.9	25.0	40	14.9	15.6	24	8.7	23.8	10	3.6	34.5	9	3.3	25.0	269	7.409	0.285
	I. 文化娱乐服务	21.6	50	18.1	14.4	35	12.7	17.2	83	30.1	25.0	65	23.6	14.9	24	8.7	27.6	8	4.8	10.3	11	5.2	17.3	276	28.843	0.112
	J. 代购服务	16.6	42	19.8	15.8	42	20.8	20.6	29	27.4	8.7	27	12.7	7.0	11	5.2	10.3	3	1.4	10.3	11	5.2	15.4	212	10.302	0.045
	H. 社区聊天服务	8.3	17	16.0	4.9	13	12.3	6.4	18	17.8	5.4	15	14.2	7.0	12	11.3	11.9	4	2.8	13.8	10	9.9	19.2	106	12.853	0.045
	B. 家庭病床与护理	7.9	33	32.7	9.5	19	18.8	5.7	19	18.8	5.4	17	16.8	7.9	5	5.0	5.9	4	4.0	13.8	10	9.9	19.2	101	15.765	0.015
	G. 陪护服务	7.0	28	27.7	8.0	33	32.7	11.7	13	12.9	3.7	14	13.9	6.1	5	5.0	5.9	4	4.0	13.8	13	12.9	25.0	101	25.647	0.000
	K. 心理健康服务	7.0	12	13.3	3.4	12	13.3	2.4	33	36.7	9.9	18	20.0	8.4	10	11.1	9.9	4	4.4	13.8	1	0.0	0.0	90	17.543	0.007
倾向选择的养老服务	A. 家庭养老	75.1	259	26.9	74.0	151	15.7	73.7	244	25.3	73.5	167	17.3	78.0	81	8.4	80.2	24	2.5	82.8	37	3.8	71.2	963	4.640	0.591
	B. 社区分散居家养老	29.5	87	23.0	24.9	114	30.2	31.4	114	30.2	34.3	65	17.3	30.4	25	6.6	24.8	5	1.3	17.2	30	4.8	57.7	378	12.703	0.048
	C. 公办养老院	29.5	84	22.2	24.0	112	29.6	33.7	112	29.6	33.7	61	16.1	24.3	37	9.8	36.6	2	1.9	24.1	27	7.3	51.9	378	15.743	0.015
	D. 民办养老院	14.1	41	22.7	11.7	39	21.5	11.7	39	21.5	11.7	17	9.4	7.9	5	2.8	5.0	2	1.1	6.9	4	6.1	13.8	181	31.253	0.000
	E. 自宅社区集中养老	7.2	21	22.8	6.0	8	8.5	2.4	8	13.1	2.4	13	14.1	6.1	9	9.8	8.9	3	3.3	3.4	6	6.5	11.5	92	23.259	0.001
	F. 以房养老	3.2	21	51.2	6.0	8	19.5	2.4	8	19.5	2.0	4	9.8	2.0	2	4.9	2.0	2	2.4	3.4	0	0.0	0.0	41	13.362	0.038
居家养老所需服务	A. 家务服务	53.9	179	25.9	51.3	190	27.5	57.2	190	27.5	57.2	101	14.6	47.2	56	8.1	55.4	17	2.5	58.6	34	4.9	65.4	690	9.968	0.139
	D. 家人或子女照顾	49.2	180	28.6	51.6	140	22.2	42.2	140	22.2	42.2	112	17.8	52.3	52	8.3	51.5	30	4.8	44.8	30	4.8	57.7	630	10.323	0.112
	C. 政府补贴	29.1	123	33.1	35.2	99	26.6	29.8	99	26.6	29.8	50	13.4	23.4	18	4.8	17.8	4	1.1	13.8	27	7.3	51.9	372	34.109	0.000
	B. 家庭病床	21.9	92	32.9	26.4	65	23.2	19.6	65	23.2	19.6	41	14.6	19.2	14	6.3	13.9	4	1.4	13.8	17	6.1	32.7	280	14.716	0.023
	E. 社会志愿者服务	17.3	73	32.9	20.9	50	22.5	15.1	50	22.5	15.1	47	21.2	22.0	14	6.3	13.9	5	0.9	6.9	21	11.5	32.7	222	12.717	0.000
	F. 邻里互助	15.9	47	33.2	13.5	44	31.2	18.1	60	29.6	18.1	36	17.7	16.8	14	6.9	13.6	2	0.9	13.9	2	1.0	3.8	203	12.313	0.055
	F. 及时的购买	11.0	23	16.3	8.2	14	8.5	5.9	44	13.3	13.3	29	20.6	13.6	18	12.8	13.6	6	1.0	10.3	11	7.8	21.2	141	25.922	0.000
目前生活中遇到的最大困难	F. 医疗费用高	59.7	224	29.3	64.0	120	15.7	58.8	200	26.1	60.2	124	16.2	57.9	50	6.5	49.5	6	0.8	20.7	41	5.4	78.8	756	69.412	0.000
	D. 退休金不高	50.2	156	27.1	49.7	108	16.3	52.9	210	32.7	63.3	118	18.4	55.1	35	2.3	14.9	4	0.5	34.5	15	2.3	28.8	643	1.038	0.000
	G. 慢性疾病离不开药	40.9	124	29.8	44.6	79	15.1	38.7	131	25.0	39.5	83	14.6	38.8	19	6.1	34.7	8	1.3	13.8	34	6.5	65.4	524	22.464	0.001
	C. 感染疾病	24.3	102	32.8	29.1	49	15.8	24.0	67	21.5	20.2	45	14.5	21.0	21	6.7	20.8	4	1.3	13.8	25	6.5	48.1	311	28.186	0.000
	B. 生活没人照料	20.6	52	24.0	14.9	42	15.9	20.6	54	20.5	16.3	31	11.7	14.5	21	8.0	20.8	8	3.7	17.2	21	8.0	40.2	264	26.956	0.000
	E. 严重疾病活动不便	18.3	93	39.6	26.6	20	15.0	23.4	60	27.6	18.1	28	13.1	14.0	9	5.4	27.6	5	1.9	37.9	19	8.1	36.5	235	54.864	0.000
	G. 没有朋友	7.4	13	13.7	3.7	14	14.7	6.9	23	24.2	6.9	14	14.7	6.5	21	22.1	21.0	10	10.5	34.5	0	0.0	0.0	95	63.412	0.000
选择养老机构的主要因素	E. 服务质量	63.6	204	25.1	58.6	125	15.4	61.0	225	27.6	67.8	136	16.7	63.6	68	8.4	68.0	17	2.1	58.6	39	4.8	75.0	814	10.897	0.092
	F. 服务价格	46.9	163	27.2	46.8	84	14.0	41.0	164	27.3	49.4	107	17.8	49.4	35	7.5	35.0	6	2.1	20.7	38	6.0	73.1	600	30.370	0.000
	B. 服务态度	36.5	139	29.8	39.9	73	15.6	35.6	114	24.4	34.3	68	14.6	31.8	24	6.3	24.0	20	1.0	34.5	28	4.2	53.8	467	11.481	0.075
	D. 地点远近	29.8	116	30.4	33.3	60	15.8	31.7	73	23.0	26.5	69	18.1	32.2	24	6.3	24.0	4	1.0	13.8	16	4.2	30.8	382	9.940	0.127
	C. 自然环境	24.4	104	33.3	29.9	48	22.1	23.4	60	18.6	18.1	42	13.5	19.6	32	10.3	37.9	8	3.7	9.6	9	0.9	3.8	312	31.791	0.000
	A. 人文环境	17.0	52	24.0	14.9	20	9.3	9.3	31	27.6	18.1	23	10.6	10.0	24	11.1	24.0	8	5.4	27.6	6	1.9	3.8	217	25.428	0.000
	E. 交通便利	8.8	30	26.6	8.8	8	11.7	11.7	18	20.5	5.4	14	14.8	6.1	9	8.0	9.0	8	5.4	20.7	1	0.9	3.8	112	11.147	0.516
	H. 硬件设施	6.9	19	21.6	5.5	24	27.3	11.7	18	20.5	5.4	13	14.8	7.0	6	7.0	7.0	6	6.8	20.7	1	1.1	1.9	88	30.514	0.002
	I. 机构归属	4.0	12	23.5	3.4	6	11.8	2.9	13	25.5	3.9	13	15.7	3.9	9	17.6	6.9	2	3.9	6.9	1	2.0	1.9	51	8.695	0.191
	J. 品牌信誉	2.6	8	18.2	1.7	8	24.2	3.9	8	21.2	2.1	6	15.2	2.3	6	18.2	6.0	1	3.0	3.4	0	0.0	0.0	33	8.909	0.179

第三,不同健康状况老年人首选的养老方式。不同健康状况的老年人在选择宜居社区集中养老方式、"以房养老"倒按揭方式方面没有显著性差异,在家庭养老、社区分散居家养老、公办养老院、民办养老院等养老方式方面存在显著性差异(卡方检验分别为 $X^2 = 45.784$, $P = 0.000$; $X^2 = 15.387$, $P = 0.002$; $X^2 = 20.788$, $P = 0.000$; $X^2 = 24.730$, $P = 0.000$)。其中,尽管不同健康状况的老年人均首选家庭养老服务方式,但相比较而言,健康并完全自理的老年人选择家庭养老的最多(82.2%),完全不能自理的老年人选择最少(50%);选择公办养老院最多的为有疾病并部分自理者(42.5%),健康并完全自理的老年人选择最少(25.1%);选择社区分散居家养老的完全不能自理的老年人更多(37.5%),健康并完全自理的老年人选择最少(23.8%);选择民办养老院最多的为有疾病并能自理者(44.2%),最少的是有疾病并部分自理与不能自理者(21.2%、22.9%)(见表5-8)。

表 5-8 不同健康状况老人养老服务需求情况

养老需求	需求项目	选择率(%)	健康，完全自理 n	构成比(%)	选择率(%)	有疾病，但能自理 n	构成比(%)	选择率(%)	有疾病，部分自理 n	构成比(%)	选择率(%)	完全不能自理 n	构成比(%)	选择率(%)	合计	卡方值	P值
目前最需要的养老服务项目	E.家政服务	43.9	207	36.8	38.1	243	43.2	49.0	89	15.8	46.1	23	4.1	48.9	562	13.645	0.003
	D.保健服务	40.0	212	41.4	38.9	210	41.0	42.3	78	15.2	40.4	12	2.3	25.5	512	5.484	0.140
	C.紧急救助	32.5	143	34.4	26.3	172	41.3	34.7	82	19.7	42.5	19	4.6	40.4	416	20.766	0.000
	A.日间照料	31.0	92	23.2	16.9	176	44.3	35.5	98	24.7	50.8	31	7.8	66.0	397	1.173	0.000
	J.文化娱乐服务	21.5	168	61.1	30.9	90	32.7	18.1	14	5.1	7.3	3	1.1	6.4	275	61.285	0.000
	F.送餐服务	20.9	81	30.2	14.9	124	46.3	25.0	50	18.7	25.9	13	4.9	27.7	268	21.127	0.000
	H.代购服务	16.6	83	39.2	15.3	82	38.7	16.5	37	17.5	19.2	10	4.7	21.3	212	2.377	0.498
	B.社交聊天服务	8.3	48	45.3	8.8	38	35.8	7.7	16	15.1	8.3	4	3.8	8.5	106	0.465	0.927
	G.陪护服务	8.0	19	18.6	3.5	43	42.2	8.7	26	25.5	13.5	14	13.7	29.8	102	53.671	0.000
	I.家庭病床与护理	7.9	18	17.8	3.3	36	35.6	7.3	36	35.6	18.7	11	10.9	23.4	101	12.307	0.000
	K.心理健康服务	7.0	52	58.4	9.6	27	30.3	5.4	9	10.1	4.7	1	1.1	2.1	89	10.712	0.013
倾向选择的养老服务	E.家庭养老	75.1	449	46.6	82.2	368	38.2	74.2	122	12.7	63.2	24	2.5	50.0	963	45.784	0.000
	D.社区分配居家养老	29.5	130	34.4	23.8	169	44.7	34.1	61	16.1	31.6	18	4.8	37.5	378	15.387	0.002
	C.公办养老院	29.5	137	36.2	25.1	145	38.4	29.2	82	21.7	42.5	14	3.7	29.2	378	20.788	0.000
	B.民办养老院	14.1	49	27.1	9.0	80	44.2	16.1	41	22.7	21.2	11	6.1	22.9	181	24.730	0.000
	A.自主社区集中养老	7.2	34	37.0	6.2	33	35.9	6.7	22	23.9	11.4	3	3.3	6.2	92	6.175	0.103
	F."以房养老"	3.2	21	51.2	3.8	10	24.4	2.0	8	19.5	4.1	2	4.9	4.2	41	3.686	0.297
居家养老所需要的服务	A.家政服务	53.9	281	40.7	51.6	280	40.6	56.5	109	15.8	56.5	20	2.9	41.7	690	6.145	0.105
	D.家人或子女照顾	49.3	266	42.2	48.8	247	39.1	49.8	91	14.4	47.2	27	4.3	56.2	631	1.434	0.698
	C.政府补贴	29.0	149	40.2	27.3	146	39.4	29.4	57	15.4	29.5	19	5.1	43.0	371	3.442	0.328
	E.家庭病床	21.9	86	30.7	15.8	111	39.6	22.4	45	16.1	23.3	38	13.6	80.9	280	82.752	0.000
	B.社会志愿者服务	17.3	84	38.0	15.5	90	40.7	18.1	32	14.5	16.6	15	6.8	31.9	221	6.613	0.085
	F.邻里互助	15.9	86	42.4	15.8	80	39.4	16.1	25	12.3	13.0	12	5.9	25.5	203	5.750	0.124
	G.政府购买	10.9	59	42.1	10.9	54	38.6	10.9	22	15.7	11.4	5	3.6	10.6	140	5.351	0.148
目前生活中遇到的最大困难	D.医疗费用高	59.6	294	38.5	54.1	326	42.7	65.7	112	14.7	58.0	32	4.2	68.1	764	16.160	0.001
	E.退休金不高	50.1	297	46.3	54.5	250	38.9	50.4	81	12.6	42.0	14	2.2	29.2	642	17.747	0.000
	A.慢性疾病吃不开药	40.9	112	21.4	20.6	280	53.4	56.5	111	21.2	57.5	21	4.0	43.8	524	1.652	0.000
	C.基本生活费用高	24.3	111	35.7	20.4	129	41.5	26.0	56	18.0	29.0	15	4.8	31.2	311	8.972	0.030
	B.生活没有人照料	20.6	78	29.5	14.3	110	41.7	22.2	59	22.3	30.6	17	6.4	35.4	264	32.109	0.000
	F.严重疾病活动不便	18.4	58	24.6	10.8	78	33.1	15.7	63	26.7	32.6	36	15.3	75.0	236	1.156	0.000
	G.发言困难	7.4	66	69.5	12.1	21	22.1	4.2	5	5.3	2.6	3	3.2	6.4	95	31.579	0.269
选择养老机构的主要原因	D.服务质量	63.6	324	39.8	59.4	339	41.6	68.6	125	15.4	64.8	26	3.2	54.2	814	11.398	0.010
	E.服务价格	47.0	222	36.9	40.7	258	42.9	52.2	93	15.5	48.2	28	4.7	58.3	601	16.593	0.001
	F.服务态度	36.6	172	36.8	31.6	197	42.1	39.7	78	16.7	40.4	21	4.5	43.8	468	10.527	0.015
	A.地点远近	29.8	157	41.1	28.8	142	37.2	28.7	72	18.8	37.3	11	2.9	22.9	382	6.797	0.079
	B.自然环境	24.5	168	53.7	30.8	93	29.7	18.8	39	12.5	20.2	13	4.2	27.1	313	12.511	0.000
	H.人文环境	17.0	114	52.5	20.9	75	34.6	15.2	21	9.7	10.9	7	3.2	14.6	217	12.430	0.000
	C.交通便利	8.7	51	45.9	9.4	47	42.3	9.5	13	11.7	6.7	0	0.0	0.0	111	7.603	0.269
	G.机构归属	7.0	36	40.4	6.6	35	39.3	7.1	16	18.0	8.3	2	2.2	4.2	89	1.224	0.747
	I.配套设施	4.1	24	46.2	4.4	22	42.3	4.5	4	7.7	2.1	2	3.8	4.2	52	2.319	0.509
	J.品牌信誉	2.6	13	39.4	2.4	14	42.4	2.8	6	18.2	3.1	0	0.0	0.0	33	1.696	0.638

第四,不同居住状况老年人首选的养老方式。不同居住状况的老年人在养老方式的选择上,除在选择社区分散居家养老方面未见显著性差异,在家庭养老、公办养老院、民办养老院、宜居社区集中养老与"以房养老"倒按揭方式等养老服务方式方面均存在显著性差异(卡方检验分别为 $X^2 = 52.842$, $P = 0.000$; $X^2 = 17.693$, $P = 0.001$; $X^2 = 19.152$, $P = 0.001$; $X^2 = 20.275$, $P = 0.000$; $X^2 = 14.338$, $P = 0.006$)。选择家庭养老服务方式的,最多的是与子女及老伴一起居住的老年人(83.5%),最少的是与亲戚一起居住的老年人(20%);与亲戚一起居住的老年人更多选择公办养老院(50.0%)、宜居社区集中养老(40.0%)与"以房养老"倒按揭方式(20.0%);独居老年人选择民办养老院最多(24.5%);与子女及老伴一起居住的老年人选择民办养老院、宜居社区集中养老与"以房养老"倒按揭方式的最少(9.8%、5.0%、1.7%)(见表5-9)。

表 5-9　不同居住情况老人养老服务需求情况

养老需求	需求项目	选择率(%)	与子女及老伴一起居住			与老伴一起居住			与子女一起居住			一人独居			与亲戚一起居住			合计	卡方值	P值
			n	构成比(%)	选择率(%)	n	构成比(%)	选择率(%)	n	构成比(%)	选择率(%)	n	构成比(%)	选择率(%)	n	构成比(%)	选择率(%)			
目前最需要的养老服务项目	B.家政服务	43.8	129	23.0	36.9	293	52.1	48.0	66	11.7	40.5	70	12.5	49.0	4	0.7	40.0	562	15.539	0.004
	D.保健服务	40.0	132	25.7	36.9	271	52.7	44.4	69	13.4	42.3	41	8.0	28.7	1	0.2	10.0	514	18.200	0.001
	C.紧急救助	32.4	99	23.8	27.7	207	49.8	33.9	54	13.0	33.1	64	16.1	35.7	6	1.5	50.0	416	6.488	0.166
	A.日间照料	30.9	114	28.7	31.8	153	38.5	25.1	60	15.1	36.8	57	9.0	44.8	4	1.0	0.0	397	29.298	0.002
	J.文化娱乐服务	21.6	95	34.3	26.5	136	49.1	22.3	21	7.6	12.9	25	21.2	17.5	4	1.5	40.0	277	16.840	0.000
	E.送餐服务	21.0	68	25.3	19.0	99	36.8	16.2	41	15.2	25.2	57	21.2	39.9	4	1.9	40.0	269	43.842	0.000
	F.代购服务	16.5	59	27.8	16.5	103	48.6	16.9	21	9.9	12.9	25	16.0	17.5	0	0.0	0.0	212	5.719	0.221
	H.社交聊天服务	8.3	29	27.4	8.1	47	44.3	7.7	13	12.3	8.0	17	12.9	11.9	0	0.0	10.0	106	3.664	0.453
	I.家庭病床与护理	7.9	33	32.7	9.2	40	34.3	6.6	17	16.7	10.4	13	12.9	12.6	1	2.9	10.0	101	2.821	0.588
	G.陪护服务	7.9	29	28.4	8.1	35	34.3	5.7	17	16.7	7.4	18	17.6	5.6	1	1.1	10.0	102	16.318	0.000
	C.心理健康服务	7.0	20	28.2	5.6	49	54.4	5.6	17	13.3	13.3	18	8.9	5.6	1	1.1	10.0	90	2.700	0.609
倾向选择的养老服务	A.家庭养老	75.1	199	30.9	83.5	464	48.0	75.8	119	12.3	72.6	83	8.6	58.0	2	0.5	20.0	967	52.842	0.000
	B.社区分散居家养老	29.4	106	28.0	29.6	179	47.4	29.2	49	13.0	29.9	42	11.1	29.4	2	0.5	20.0	378	0.458	0.977
	C.公办养老院	29.4	114	30.2	31.8	158	41.8	25.8	42	11.1	25.6	59	15.6	41.3	5	1.3	50.0	378	17.693	0.001
	D.民办养老院	14.1	49	19.6	9.8	89	48.9	14.5	11	12.0	6.7	35	19.3	24.5	1	1.1	10.0	181	19.152	0.001
	E.居后社区集中养老	7.1	18	14.6	5.0	45	48.9	7.4	11	12.0	6.7	14	15.2	9.8	4	4.3	40.0	92	20.275	0.000
	F."以房养老"	3.2	13	14.6	1.7	24	58.5	3.9	2	7.3	1.8	2	14.6	4.2	2	4.9	20.0	41	14.338	0.006
居后养老所需服务	A.家政服务	53.9	173	25.8	48.5	343	56.2	56.2	81	11.7	49.4	89	12.9	62.2	6	0.2	60.0	692	11.078	0.026
	E.家人或子女照顾	49.2	198	31.3	55.5	287	45.4	45.4	85	13.4	51.8	61	9.4	42.7	6	0.2	10.0	632	15.781	0.003
	C.政府补贴	29.0	104	28.0	29.1	164	44.1	26.9	45	12.1	27.4	54	14.5	37.8	5	1.3	50.0	372	9.001	0.061
	B.家庭病床	21.9	127	24.2	13.7	132	47.0	21.6	50	17.8	30.5	29	10.0	19.6	3	1.0	30.0	281	9.632	0.047
	H.社会志愿者服务	17.3	49	22.1	15.7	114	51.4	18.7	27	12.2	16.5	29	13.1	20.3	3	1.4	40.0	222	6.108	0.191
	I.邻里互助	15.8	56	24.8	9.8	99	48.8	16.2	27	13.3	16.5	17	8.4	11.9	4	2.0	30.0	203	6.186	0.186
	F.政府购买	11.0	35	25.8	8.3	74	52.5	12.1	12	8.5	7.3	17	12.1	11.9	2	2.8	40.0	141	7.404	0.116
目前生活中遇到最大困难	F.医疗费用高	59.6	198	25.7	55.3	399	49.6	65.3	86	11.2	52.4	77	10.1	53.8	6	0.8	60.0	766	16.447	0.002
	G.担忧金不够用	50.0	176	24.3	49.5	291	48.4	55.6	59	9.2	36.0	65	10.1	45.5	3	0.5	30.0	643	23.577	0.000
	D.慢性疾病久不开药	24.3	84	26.9	23.5	250	40.9	40.9	48	15.4	49.3	54	12.4	45.5	4	1.0	50.0	526	9.515	0.049
	B.货物金不两	20.6	73	27.5	20.4	123	39.4	20.1	33	12.5	20.1	54	17.3	37.8	5	1.5	40.0	312	22.398	0.000
	E.生活收入料人手	18.4	67	27.4	18.7	101	38.1	16.5	24	11.0	26.8	54	20.4	23.8	2	2.1	50.0	265	24.262	0.000
	A.严重疾病活动不便		26	18.7	7.3	87	36.7	14.2	17	15.0	18.6	12	14.3		5	2.1		237	24.204	0.000
	I.没有困难	7.4		27.4		45	47.4	7.4	12	12.6	7.3	12	12.6	8.4				95	1.017	0.907
选择养老机构的主要原因	B.服务质量	63.6	210	25.7	58.8	291	49.6	66.4	105	12.9	64.0	92	11.3	64.3	5	0.6	50.0	817	6.421	0.170
	E.服务价格	46.8	140	24.3	39.2	234	48.4	47.7	88	14.6	53.7	74	12.3	51.7	8	1.3	80.0	601	17.380	0.002
	G.地点远近	36.6	114	30.8	31.9	171	44.6	38.4	47	12.8	28.7	44	11.5	30.8	3	0.8	30.0	470	6.930	0.140
	D.自然环境	29.8	118	33.1	33.1	174	55.2	28.0	60	12.3	27.3	31	9.8	39.2	3	0.6	60.0	383	2.881	0.578
	B.人文环境	24.5	79	22.9	14.0	120	46.9	28.5	29	11.0	17.7	24	9.8	21.7	2	0.6	20.0	315	11.261	0.024
	H.交通便利	17.0	50	28.3	9.0	53	46.9	19.7	24	15.0	14.6	11	10.1	7.7	0	0.0	0.0	218	4.308	0.175
	C.硬件设施	8.8	32	32.6	8.1	46	51.7	8.7	17	15.0	10.4	11	9.7	5.6	2	2.1	20.0	113	5.002	0.828
	F.机构归属	6.9	29	25.0	3.6	21	40.4	7.5	6	6.7	3.7	6	9.0	5.6	0	0.0	0.0	89	4.631	0.287
	J.品牌信誉	4.0	13	25.0	3.6	21	40.4	3.4	8	8.4	4.9	10	19.2	7.0	0	0.0	0.0	52	2.312	0.327
		2.6	9	27.3	2.5	19	57.6	3.1	2	6.1	1.2	3	9.1	2.1	0	0.0	0.0	33		0.679

第五,不同区域老年人首选的养老方式。老六区老年人选择家庭养老的占74.8%,选择社区分散居家养老的老年人为33.5%,选择公办养老院的老年人为34.7%,选择民办养老院的老年人为13.9%,选择宜居社区集中养老与以房养老的老年人只有6.2%和2.7%;新六区老年人选择家庭养老的占77.6%,选择社区分散居家养老的老年人为21.3%,选择公办养老院的老年人为19.3%,选择民办养老院的老年人为9.7%,选择宜居社区集中养老与以房养老的老年人只有6.4%与3.2%;原市辖县老年人选择家庭养老的占68.3%,选择社区分散居家养老的老年人为43.2%,选择公办养老院的老年人为41.4%,选择民办养老院的老年人为28.8%,选择宜居社区集中养老的老年人为13.2%;选择以房养老的老年人均为4.8%(见表5-5)。

调查结果说明,目前老年人主要倾向于传统的家庭养老方式,而且新六区的家庭养老观念更浓重;老年人选择养老院养老的比例较高,尤以原市辖县最多,新六区最少(两者相差一倍多),老六区老年人选择的公办养老院达1/3,而且选择民办养老院的原市辖县的老年人最多,是新六区的3倍;而老六区与原市辖县老年人选择社区分散居家养老的是新六区的一倍,老六区达1/3。可见,原市辖县老年人的养老方式的需求要更加多样化,而并非是传统意识中养老只在家庭中,原市辖县的养老模式的多样化发展应该是趋势。

(二)老年人选择养老服务方式以自我想法为主,同时也注重子女与老伴的意见

过半数老年人在选择养老方式时以自己的想法为主,达54.89%;41.7%和34.7%的老年人愿意听从子女和老伴的意见;10.4%和5.1%的老年人愿意听从亲属和朋友的意见;还有7.5%的老年人受政府养老政策的影响;受媒体宣传和居委会意见影响的老年人仅为1.6%和0.5%(见图5-6、表5-10)。

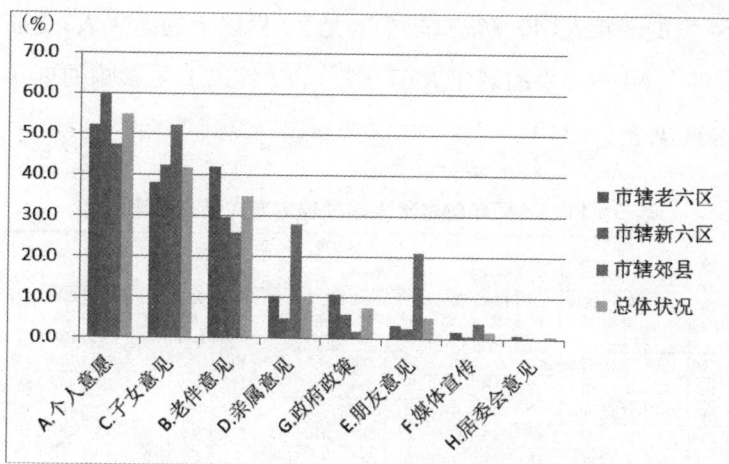

图 5-6 影响老年人选择养老方式因素的分布图

表 5-10 影响老年人选择养老方式因素的分布 单位:%

选择养老方式影响最大的人的意见	市辖老六区	市辖新六区	市辖郊县	总体状况
A. 个人意愿	52.2	60.0	47.4	54.8
C. 子女意见	38.1	42.4	52.2	41.8
B. 老伴意见	41.9	29.7	25.8	34.7
D. 亲属意见	10.5	4.9	28.0	10.4
G. 政府政策	10.8	5.8	1.8	7.6
E. 朋友意见	3.1	2.4	21.0	5.1
F. 媒体宣传	1.7	0.7	3.6	1.6
H. 居委会意见	0.9	0.4	0.0	0.5

第一,不同年龄老年人选择养老方式时受影响的情况。不同年龄老年人在选择养老方式时受子女、老伴、朋友意见的影响不同,具有显著性差异(卡方检验分别为 $X^2 = 11.339$, $P = 0.023$; $X^2 = 21.210$, $P = 0.000$; $X^2 = 10.279$, $P = 0.036$)。受子女意见影响最大的是 80—89 岁的老年人(52.9%),较少的是 65—69 岁的老年人(37.1%);受老伴意见影响最大的

是60—64岁的老年人(40.3%),较少的是90岁以上的老年人;受朋友意见影响最大的是60—64岁的老年人(7.8%),70岁以上受影响的老年人极少(3%左右)(见表5-11)。

表5-11　不同年龄老年人选择养老方式受人影响情况

意见来源	选择率(%)	年龄分布														合计	卡方值	P值
		60—64			65—69			70—79			80—89			≥90					
		n	构成比(%)	选择率(%)	n	构成比(%)	选择率(%)	n	构成比(%)	选择率(%)	n	构成比(%)	选择率(%)	n	构成比(%)	选择率(%)			
A.个人意愿	54.8	213	30.2	57.6	207	29.4	56.1	196	27.8	54.3	73	10.4	46.5	16	2.3	53.3	705	5.828	0.212
C.子女意见	41.7	152	28.3	41.1	137	25.5	37.1	152	28.3	42.1	83	15.5	52.9	13	2.4	43.3	537	11.339	0.023
B.老伴意见	34.7	149	33.3	40.3	137	30.6	37.1	121	27.1	33.5	35	7.8	22.3	5	1.1	16.7	447	21.210	0.000
D.亲属意见	10.4	42	31.3	11.4	42	31.3	11.4	29	21.6	8.0	15	11.2	9.6	6	4.5	20.0	134	5.993	0.200
G.政府政策	7.5	30	30.9	8.1	32	33.0	8.7	26	26.8	7.2	9	9.3	5.7	0	0.0	0.0	97	4.092	0.394
E.朋友意见	5.1	29	43.9	7.8	20	30.3	5.4	11	16.7	3.0	5	7.6	3.2	1	1.5	3.3	66	10.279	0.036
F.媒体宣传	1.6	9	45.0	2.4	7	35.0	1.9	1	5.0	0.3	3	15.0	1.9	0	0.0	0.0	20	6.602	0.158
H.居委会意见	0.5	1	14.3	0.3	2	28.6	0.5	3	42.9	0.8	1	14.3	0.6	0	0.0	0.0	7	1.252	0.870

　　第二,不同收入老年人选择养老方式时受影响的情况。不同收入老年人在选择养老方式时受个人、子女、老伴、亲属、朋友意见的影响不同,具有显著性差异(卡方检验分别为 $X^2 = 12.667$, $P = 0.049$; $X^2 = 32.684$, $P = 0.000$; $X^2 = 36.963$, $P = 0.000$; $X^2 = 34.584$, $P = 0.000$; $X^2 = 13.885$, $P = 0.031$)。受自己意见支配最多的是收入在2501—4000元的老年人(67.3%),较少的是收入在1501—2000元的老年人(50.0%);受子女意见支配最多的是无收入者(61.5%),较少的是收入在2501—4000元的老年人(22.8%);受老伴意见支配最多的是收入在1501—2000元的老年人(67.3%),较少的是收入在4000元以上的老年人(20.7%);受亲属意见支配最多的是无收入的老年人(28.8%),较少的是收入在2501—4000元的老年人(3.0%);受朋友意见支配最多的是收入低于1000元的老年人(8.6%),收入在4000元以上的老年人不受朋友意见影响(见表5-12)。

表5－12 不同收入老人选择养老方式受人影响情况

意见来源	选择率(%)	收入分布																				合计	卡方值	P值
		≤1000			1001—1500			1501—2000			2001—2500			2501—4000			>4000			无					
		n	构成比(%)	选择率(%)	n	构成比(%)	选择率(%)	n	构成比(%)	选择率(%)	n	构成比(%)	选择率(%)	n	构成比(%)	选择率(%)	n	构成比(%)	选择率(%)	n	构成比(%)	选择率(%)			
A.个人意愿	54.9	191	27.1	54.6	107	15.2	52.2	166	23.5	50.0	122	17.3	57.0	68	9.6	67.3	18	2.6	62.1	33	4.7	63.5	705	12.667	0.049
C.子女意见	41.7	160	29.9	45.7	89	16.6	43.4	146	27.3	44.0	78	14.6	36.4	23	4.3	22.8	7	1.3	24.1	32	6.0	61.5	535	32.684	0.000
B.老伴意见	34.7	82	18.4	23.4	78	17.5	38.0	144	32.4	43.4	85	19.1	39.7	34	7.6	33.7	6	1.3	20.7	16	3.6	30.8	445	36.963	0.000
D.亲属意见	10.4	31	23.1	8.9	22	16.4	10.7	47	35.1	14.2	14	10.4	6.5	3	2.2	3.0	2	1.5	6.9	15	11.2	28.8	134	34.584	0.000
G.政府政策	7.6	31	32.0	8.9	11	11.3	5.4	33	34.0	9.9	14	14.4	6.5	3	3.1	3.0	1	1.0	3.4	4	4.1	7.7	97	9.010	0.173
E.朋友意见	5.1	30	45.5	8.6	7	10.6	3.4	16	24.2	4.8	7	10.6	3.3	3	4.5	3.0	0	0	0	3	4.5	5.8	66	13.885	0.031
F.媒体宣传	1.6	3	15.0	0.9	5	25.0	2.4	4	20.0	1.2	6	30.0	2.8	1	5.0	1.0	1	5.0	3.4	0	0	0	20	6.301	0.390
H.居委会意见	0.5	2	28.6	0.6	2	28.6	1.0	1	14.3	0.3	2	28.6	0.9	0	0	0	0	0	0	0	0	0	7	2.663	0.850

第三,不同健康状况老年人选择养老方式时受影响的情况。不同健康状况老年人在选择养老方式时受个人、子女、老伴、亲属意见影响不同,具有显著性差异(卡方检验分别为 $X^2 = 14.607$, $P = 0.002$; $X^2 = 20.172$, $P = 0.000$; $X^2 = 22.014$, $P = 0.000$; $X^2 = 37.512$, $P = 0.000$)。自己意见为主最多的是健康并完全自理的老年人(59.7%),自己意见为主较少的是完全不能自理的老年人(35.4%);受子女意见影响最大的是完全不能自理的老年人(68.8%),较少的是健康并完全自理的老年人(37.2%);受老伴意见影响最大的是有疾病但能自理的老年人(40.7%),较少的是完全不能自理老年人(10.4%);受亲属意见影响最大的是完全不能自理的老年人(31.2%),较少的是健康并完全自理的老年人(6.0%)(见表5－13)。

表5－13 不同健康状况老人选择养老方式受人影响情况

意见来源	选择率(%)	健康状况分布												合计	卡方值	P值
		健康,完全自理			有疾病,但能自理			有疾病,部分自理			完全不能自理					
		n	构成比(%)	选择率(%)	n	构成比(%)	选择率(%)	n	构成比(%)	选择率(%)	n	构成比(%)	选择率(%)			
A.个人意愿	54.7	326	46.4	59.7	258	36.8	52.0	101	14.4	52.3	17	2.4	35.4	702	14.607	0.002
C.子女意见	41.9	203	37.8	37.2	218	40.6	44.0	83	15.5	43.0	33	6.1	68.8	537	20.172	0.000
B.老伴意见	34.8	178	39.8	32.6	202	45.2	40.7	62	13.9	32.1	5	1.1	10.4	447	22.014	0.000
D.亲属意见	10.4	33	24.8	6.0	65	48.9	13.1	20	15.0	10.4	15	11.3	31.2	133	37.512	0.000
G.政府政策	7.6	34	35.1	6.2	46	47.4	9.3	15	15.5	7.8	2	2.1	4.2	97	4.277	0.233
E.朋友意见	5.1	25	37.9	4.6	25	37.9	5.0	12	18.2	6.2	4	6.1	8.3	66	1.825	0.610
F.媒体宣传	1.6	7	35.0	1.3	5	25.0	1.0	7	35.0	3.6	1	5.0	2.1	20	6.718	0.081
H.居委会意见	0.5	1	14.3	0.2	4	57.1	0.8	1	14.3	0.3	1	14.3	2.1	7	4.038	0.257

第四,不同居住状况老年人选择养老方式时受影响的情况。不同居住

状况老年人在选择养老方式时受个人、子女、老伴、亲属、朋友意见以及政府政策影响不同,具有显著性差异(卡方检验分别为 $X^2 = 11.276$, $P = 0.024$; $X^2 = 40.487$, $P = 0.000$; $X^2 = 1.169$, $P = 0.000$; $X^2 = 47.041$, $P = 0.000$; $X^2 = 12.010$, $P = 0.017$; $X^2 = 37.178$, $P = 12.010$)。受自己意见支配最多的是与子女及老伴一起居住和与老伴一起居住的老年人(57%),较少的是与亲戚一起居住的老年人(40.0%);受子女意见支配最多的是与子女一起居住的老年人(58.5%),与亲戚一起居住的老年人不受影响;受老伴意见支配最多的是与老伴一起居住的老年人(45.1%),与亲戚一起居住的老年人不受影响;受亲属意见支配最多的是与亲戚一起居住的老年人(70.0%),较少的是与子女及老伴一起居住和与老伴一起居住的老年人(8%);受朋友意见支配最多的是与亲戚一起居住的老年人(30.0%),较少的是与子女及老伴一起居住的老年人(2.0%);受政府政策影响最多的是一人独居和与亲戚一起居住的老年人(10%),影响很小的是与子女及老伴一起居住的老年人(3.6%)(见表5-14)。

表5-14　不同居住状况老人选择养老方式受人影响情况

意见来源	选择率(%)	居住状况分布															合计	卡方值	P值
		与子女及老伴一起			与老伴一起居住			与子女一起居住			一人独居			与亲戚一起居住					
		n	构成比(%)	选择率(%)	n	构成比(%)	选择率(%)	n	构成比(%)	选择率(%)	n	构成比(%)	选择率(%)	n	构成比(%)	选择率(%)			
A.个人意愿	54.8	207	29.4	57.8	347	49.2	56.7	72	10.2	43.9	75	10.6	52.4	4	0.6	40.0	705	11.276	0.024
C.子女意见	41.7	143	26.6	39.9	223	41.5	36.4	96	17.9	58.5	75	14.0	52.4	0	0.0	0.0	537	40.487	0.000
B.老伴意见	34.7	138	30.9	38.5	276	61.7	45.1	24	5.4	14.6	9	2.0	6.3	0	0.0	0.0	447	1.169	0.000
D.亲属意见	10.4	30	22.4	8.4	53	39.6	8.7	22	16.4	13.4	22	16.4	15.4	7	5.2	70.0	134	47.041	0.000
G.政府政策	7.5	13	13.4	3.6	56	57.7	9.2	12	12.4	7.3	15	15.5	10.5	1	10.0	10.0	97	12.010	0.017
E.朋友意见	5.1	7	10.6	2.0	28	42.4	4.6	10	15.2	6.1	18	27.3	12.6	3	4.5	30.0	66	37.178	0.000
F.媒体宣传	1.6	7	35.0	2.0	6	30.0	1.0	1	5.0	0.6	6	30.0	4.2	0	0.0	0.0	20	9.330	0.053
H.居委会意见	0.5	2	28.6	0.6	2	28.6	0.3	1	14.3	0.6	2	28.6	1.4	0	0.0	0.0	7	2.534	0.639

第五,不同区域老年人选择养老方式时受影响的情况。新老六区老年人均将自己意见为主排在首位,老六区最多(60.0%),原市辖县排在第二位,为47.4%;受子女意见影响最大的老年居民是原市辖县的老年人(52.2%),较少的是老六区的老年人(38.1%);受老伴意见影响最大的是老六区的老年人(41.9%),较少的是原市辖县的老年人(25.8%);受亲属意

影响最大的是原市辖县的老年人（28.0%），较少的是新六区的老年人（4.9%）；受朋友意见影响最多的是原市辖县的老年人（21.0%），几乎是其他区域的 8 倍；受政府影响最多的是老六区的老年人，为 10.8%，最少的是原市辖县的老年人，仅为 1.8%（见表 5 - 6）。

二、老年人关注养老机构的首要是服务质量，其次是服务价格

（一）养老院的服务质量、价格与态度是老年人选择养老机构的重要因素

选择养老机构时，63.6% 的老年人居民主要考虑的是服务质量，46.8% 老年人关心服务价格，36.6% 老年人关心服务态度，29.8% 老年人关心地点远近，24.5% 老年人关心自然环境，17.0% 老年人关心养老院的人文环境，8.8% 老年人关心养老院的交通便利，6.9% 老年人关心养老院的硬件设施，4.0% 老年人关心机构归属，2.6% 老年人关心品牌信誉（见图 5 - 7、表 5 - 15）。

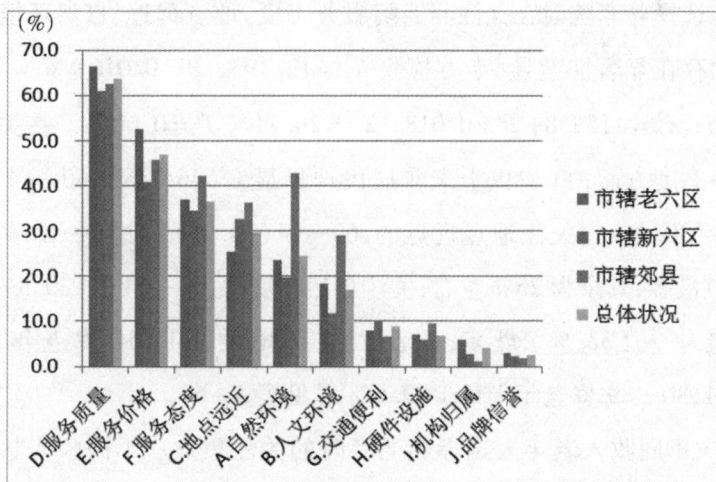

图 5 - 7　选择养老机构时老年人最关注的因素分布图

表 5 – 15　选择养老机构时老年人最关注的因素分布　　单位:%

选择养老机构的主要因素	市辖老六区	市辖新六区	市辖郊县	总体状况
D. 服务质量	66.4	60.9	62.6	63.6
E. 服务价格	52.7	40.8	45.9	46.9
F. 服务态度	36.9	34.5	42.1	36.6
C. 地点远近	25.5	32.6	36.2	29.8
A. 自然环境	23.7	19.7	42.9	24.5
B. 人文环境	18.3	11.8	29.0	17.0
G. 交通便利	8.0	10.3	6.5	8.8
H. 硬件设施	7.0	6.0	9.6	6.9
I. 机构归属	6.0	2.8	1.2	4.0
J. 品牌信誉	2.9	2.4	1.8	2.6

第一,不同年龄老年人选择养老院时的关注焦点。调查表明,不同年龄老年人在选择养老院时在关注养老院服务态度、地点远近、自然环境与人文环境方面存在显著性差异(卡方检验 $X^2 = 12.193$, $P = 0.016$; $X^2 = 12.319$, $P = 0.015$; $X^2 = 11.958$, $P = 0.018$; $X^2 = 26.714$, $P = 0.000$)。在关注养老院的服务态度方面,90 岁以上老年居民选择最多(46.7%),60—64 岁老人选择最少(30.4%);关注地点远近的,60—64(34.9%)与 70—79 岁老年人(32.3%)最多,其余为 25%左右;关注自然环境的,60—64 岁(30.3%)与 90 岁以上老年人(33.%)最多;关注人文环境的,60—64 岁老年人最多(24.9%),80—89 岁老年人最少(9.6%)(见表 5 – 6)。

第二,不同收入老年人选择养老院时的关注焦点。不同收入状况的老年人在养老机构选择方面,在关注服务价格、自然环境、人文环境与硬件设施等方面存在显著性差异(卡方检验分别为 $X^2 = 30.370$, $P = 0.000$; $X^2 = 31.791$, $P = 0.000$; $X^2 = 25.428$, $P = 0.000$; $X^2 = 20.514$, $P = 0.002$),在服务质量、服务态度、地点远近、交通便利、机构归属与品牌信誉方面未见显著性差异。更关注养老机构服务价格的是无收入的老年人(73.1%),收入超过 4000 元的老年人最少(20.7%);关注自然环境最多的是月收入在 4000元以上的老年人(37.9%),最少的是无收入的老年人(9.6%);关注人文环境最多的是月收入在 4000 元以上的老年人(27.6%),最少的是无收入的老年人(3.8%);关注硬件设施最多的是月收入在 4000 元以上的老年人(20.7%),最少的是无收入的老年人(1.9%)。收入在 4000 元以上的老年人更加注重养老院的自然环境、人文环境、交通便利与硬件设施等因素(见表 5-7)。

第三,不同健康状况老年人选择养老院时的关注焦点。不同健康状况的老年人在选择养老院时,在关注服务质量、服务价格、服务态度、自然环境、人文环境等方面存在显著性差异(卡方检验 $X^2 = 11.398$, $P = 0.010$; $X^2 = 16.593$, $P = 0.001$; $X^2 = 10.527$, $P = 0.015$; $X^2 = 22.511$, $P = 0.000$; $X^2 = 12.430$, $P = 0.006$)。在服务质量方面,有疾病但能完全自理的老年人关注度最高(68.6%),完全不能自理的老年人关注度最低(54.2%);在服务价格方面,完全不能自理的老年人关注度最高(58.3%),健康老人关注度最低(40.7%);在服务态度方面,完全不能自理的老年人关注度最高(43.8%),健康老人关注度最低(31.6%);在自然环境方面,健康老人关注度最高(30.8%),有疾病部分自理的老年人关注度最低(20.2%);在人文环境方面,健康老人关注度最高(20.9%),有疾病部分自理的老年人关注度最低(10.9%)(见表 5-8)。

第四,不同居住状况老年人选择养老院时的关注焦点。不同居住状况老年人选择养老院时在关注服务价格与自然环境方面,存在显著性差异($X^2 = 17.380$, $P = 0.002$; $X^2 = 11.261$, $P = 0.024$)。与亲戚一起居住的老年人更关注服务价格(80.0%),与子女及老伴住在一起的老年人则关注较少(39.2%);与老伴一起居住的老年人更关注养老院的自然环境(28.5%),与子女住在一起的老年人关注较少(17.7%)(见表 5-9)。

第五,不同区域老年人选择养老院时的关注焦点。所有区域老年人都更关注养老院的养老服务质量,老六区关注度更高一些;在服务价格方面,老六区的老人关注度更高,新六区要少一些;原市辖县老年人、新六区老年人关注地点远近与服务态度,比老六区分别高出 25 和 13 个百分点;原市辖县老年人更关注服务态度、自然环境,均为 42% 左右,在自然环境方面,几乎是老六区与新六区的两倍(见表 5－15),而且比其他更加关注地点远近与人文环境,地点远近比老六区多出 10%,人文环境是新六区的 2 倍多。

(二)不同老年人对养老机构的价格关注度不同

调查表明,在选择养老机构价格问题上,46.1% 的老年人愿意接受 1000元以下的标准,24.6% 的老年人愿意接受 1001—1500 元的标准,16.3% 的老年人愿意接受 1501—2000 元的标准,7.5% 的老年人愿意接受 2001—2500元的标准,3.8% 的老年人愿意接受 2501—3000 元的标准,1.5% 的老年人愿意接受 3001—4000 元的标准,只有 0.2% 的老年人愿意接受 4000 元以上的标准(见图 5－8、表 5－16)。在选择养老机构价格标准问题上,不同年龄、不同收入状况、不同居住状况的老年人选择具有显著性差异(卡方检验分别为,$X^2 = 46.782$,$P = 0.004$;$X^2 = 2.762$,$P = 0.000$;$X^2 = 37.709$,$P = 0.037$),不同健康状况没有显著性差异(见表 5－17、5－18、5－19、5－20)。

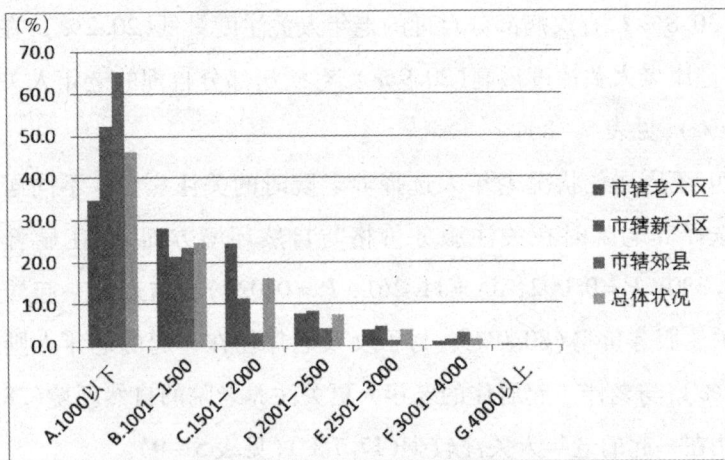

图 5－8　老年人对养老机构的价格的接受情况分布图

表5-16 老年人对养老机构的价格的接受情况分布   单位:%

选择养老机构的标准(元)	市辖老六区	市辖新六区	市辖郊县	总体状况
A. 1000 以下	34.8	52.4	65.3	46.1
B. 1001—1500	28.1	21.3	23.4	24.6
C. 1501—2000	24.5	11.4	3.0	16.2
D. 2001—2500	7.7	8.4	4.2	7.5
E. 2501—3000	3.8	4.7	1.2	3.8
F. 3001—4000	1.0	1.5	3.0	1.5
G. 4000 以上	0.2	0.2	0.0	0.2

表5-17 不同年龄老人选择养老方式受人影响情况

标准	选择率(%)	年龄分布															合计	卡方值	P值
		60—64			65—69			70—79			80—89			≥90					
		n	构成比(%)	选择率(%)	n	构成比(%)	选择率(%)	n	构成比(%)	选择率(%)	n	构成比(%)	选择率(%)	n	构成比(%)	选择率(%)			
A.1000 以下	46.1	192	32.5	51.9	161	27.3	43.6	149	25.3	419.	72	12.2	46.5	16	2.7	55.2	590	46.782	0.004
B.1001—150	24.6	83	26.3	22.4	108	34.3	29.3	79	25.1	22.2	38	12.1	24.5	7	2.2	24.1	315		
C.1501—200	16.3	54	26.0	14.6	59	28.4	16.0	70	33.7	19.7	22	10.6	14.2	3	1.4	10.3	208		
D.2001—250	7.5	21	21.9	5.7	23	24.0	.2	38	39.6	10.7	13	13.5	8.4	1	1.0	3.4	96		
E.2501—300	3.8	14	28.6	3.8	11	22.4	3.0	15	30.6	4.2	8	16.3	5.2	1	2.0	3.4	49		
F.3001—400	1.5	6	31.6	1.6	7	36.8	1.9	4	21.1	1.1	2	10.5	1.4	0	0.0	0.0	19		
G.4000 以下	0.2	0	0.0	0.0	0	0.0	0.0	1	50.0	0.3	0	0.0	0.0	1	50.0	3.4	2		

表5-18 不同收入老人选择养老机构价格标准情况

意见来源	选择率(%)	收入分布																	合计	卡方值	P值
		≤1000		1001—1500		1501—2000		2001—2500		2501—4000		>4000		无							
		n	构成比(%)	选择率(%)	n	构成比(%)	选择率(%)	n	构成比(%)	选择率(%)	n	构成比(%)	选择率(%)	n	构成比(%)	选择率(%)	n	构成比(%)	选择率(%)			
A.1000 以下	46.2	231	39.2	66.2	86	14.6	424	126	21.4	38.0	84	14.3	39.3	23	3.9	23.2	4	0.7	15.4	35 5.9 67.3 589	2.762	0.000
B.1001—1500	24.7	78	24.8	22.3	79	25.1	38.9	85	27.0	25.6	50	15.9	23.4	15	4.8	15.2	2	0.6	7.7	6 1.9 11.5 315		
C.1501—2000	16.1	20	9.8	5.7	22	10.7	10.8	77	37.6	23.2	45	22.0	21.0	30	14.6	30.3	4	2.0	15.4	7 3.4 13.5 205		
D.2001—2500	7.5	11	11.5	3.2	11	11.5	5.4	24	25.0	7.2	22	22.9	10.3	19	19.8	19.2	7	7.3	26.9	2 2.1 3.8 96		
E.2501—3000	3.8	5	10.2	1.4	1	2.0	0.5	16	32.7	4.8	9	18.4	4.2	12	24.5	12.1	5	10.2	19.2	1 2.0 1.9 49		
F.3001—4000	1.5	3	15.8	0.9	4	21.1	2.0	4	21.1	1.2	4	21.1	1.9	0	0.0	0.0	3	15.8	11.5	1 5.9 1.9 19		
G.4000 以上	0.2	1	50.0	0.3	0	0.0	0.0	0	0.0	0.0	0	0.0	0.0	0	0.0	0.0	1	50.0	3.8	0 0.0 0.0 2		

表5-19 不同健康状况老人选择养老机构价格标准情况

标准	选择率(%)	健康状况分布												合计	卡方值	P值
		健康,完全自理			有疾病,但能自理			有疾病,部分自理			完全不能自理					
		n	构成比(%)	选择率(%)	n	构成比(%)	选择率(%)	n	构成比(%)	选择率(%)	n	构成比(%)	选择率(%)			
A.1000以下	46.1	266	45.2	49.1	219	37.2	44.4	75	12.8	39.1	28	4.8	58.3	588	28.708	0.052
B.1001—1500	24.6	130	41.4	24.0	118	37.6	23.9	55	17.5	28.1	11	3.5	22.9	314		
C.1501—2000	16.2	80	38.6	14.8	86	41.5	17.4	35	16.9	18.2	6	2.9	12.5	207		
D.2001—2500	7.5	29	30.2	5.4	50	52.1	10.1	15	15.6	7.8	2	2.1	4.2	96		
E.2501—3000	3.8	27	55.1	5.0	12	24.5	2.4	10	20.4	5.2	0	0.0	0.0	49		
F.3001—4000	1.5	10	52.6	1.8	7	36.8	1.4	1	5.3	0.5	1	5.3	2.1	19		
G.4000以上	0.2	0	0.0	0.0	1	50.0	0.2	1	50.0	0.5	0	0.0	0.0	2		

表5-20 不同居住状况老人选择养老机构价格标准情况

标准	选择率(%)	居住状况分布															合计	卡方值	P值
		与子女及老伴一起居住			与老伴一起居住			与子女一起居住			一人独居			与亲戚一起居住					
		n	构成比(%)	选择率(%)	n	构成比(%)	选择率(%)	n	构成比(%)	选择率(%)	n	构成比(%)	选择率(%)	n	构成比(%)	选择率(%)			
A.1000以下	46.1	181	30.7	50.8	271	45.9	44.6	55	9.3	33.7	80	13.6	55.9	3	0.5	30.0	590	37.709	0.037
B.1001—1500	24.6	83	26.3	23.3	150	47.6	24.7	49	15.6	30.1	31	9.8	21.7	2	0.6	20.0	315		
C.1501—2000	16.3	46	22.1	12.9	110	52.9	18.1	33	15.9	20.2	17	8.2	11.9	2	1.0	20.0	208		
D.2001—2500	7.5	26	27.1	7.3	41	42.7	6.8	18	18.8	11.0	10	10.4	7.0	1	1.0	10.0	96		
E.2501—3000	3.8	15	30.6	4.2	26	53.1	4.3	5	10.2	3.1	2	4.1	1.4	1	2.0	10.0	49		
F.3001—4000	1.5	4	21.1	1.1	9	47.4	1.5	3	15.8	1.8	2	10.5	1.4	1	5.3	10.0	19		
G.4000以上	0.2	1	50.0	0.7	0	0.0	0.0	0	0.0	0.0	1	50.0	0.7	0	0.0	0.0	2		

第一,不同年龄老年人对养老机构服务价格接受情况。愿意接受1000元以下机构养老标准最多的是90岁以上老年人(55.2%),其次为60—64岁老年人(51.9%),最少的是70—79岁老年人(41.9%);愿意接受1001—1500元标准最多的是65—69岁老年人(29.3%),最少的是60—64岁老年人(22.4%);愿意接受1501—2000元标准的是70—79岁老年人(19.7%),最少的是90岁以上的老年人(10.3%);愿意接受2001—2500元标准最多的是70—79岁老年人(10.7%),最少的是90岁以上的老年人(3.4%);愿意接受2501—3000元标准最多的是80—89岁老年人(5.2%),最少的是65—69岁老年人(3.0%);愿意接受3001—4000元标准差别不大,最多为1.9%;选择4000元以上的主要是90岁以上老年人(3.4%)(见表5-17)。

第二,不同收入老年人对养老机构服务价格接受情况。愿意接受1000元以下标准最多的是收入低于1000元(66.2%)和无收入的老年人

（67.3%），最少的是收入4000元以上的老年人（15.4%）；愿意接受1001—1500元标准最多的是收入在1001—1500元老年人（38.9%），最少的是收入超过4000元的老年人（7.7%）；愿意接受1501—2000元标准最多的是收入在2501—4000元的老年人（30.3%），最少的是收入在1000以下的老年人（5.7%）；愿意接受2001—2500元标准最多的是收入在4000元以上的老年人（26.9%），最少的是收入在1000以下的老年人（3.2%）；愿意接受2501—3000元标准最多的是收入在4000元以上的老年人（19.2%），最少的是收入在1500元以下与无收入者（不到2%）；愿意接受3001—4000元标准最多的是收入在4000元以上的老年人（11.5%），其余均不到2%；只有3.8%收入在4000元以上的老年人愿意接受4000元以上标准，其余年龄老年人基本不接受（见表5-18）。

第三，不同健康状况老年人对养老机构服务价格接受情况。尽管不同健康状况老年居民在选择不同养老院标准方面没有显著性差异，但还是有些不同看法，如愿意接受1000元以下标准最多的是完全不能自理的老年人（58.3%），最少的是有疾病部分自理的老年人（39.1%）（见表5-19）。

第四，不同居住状况老年人对养老机构服务价格接受情况。愿意接受1000元以下标准最多的是独居的老年人（55.9%），最少的是与亲戚一起居住的老年人（30.0%）；愿意接受1001—1500元标准最多的是与子女一起居住的老年人（30.1%）；愿意接受1501—2000元标准最多的是与子女一起居住的老年人（20.2%），最少的是独居老人（11.9%）；愿意接受2001—2500元标准最多的是与子女一起居住（11.0%）和与亲戚一起居住的老年人（10.0%），其余均为7%左右；愿意接受2501—3000元标准最多的是与亲戚一起居住的老年人（10.0%），最少的是独居老人（1.4%）；愿意接受3001—4000元标准最多的是与亲戚一起居住的老年人（10.0%），其余均不到2%；基本没有人愿意接受4000元以上标准（见表5-20）。

第五，不同区域老年人对养老机构服务价格接受情况。接受1000元以下标准的养老机构服务价格的最多，均排在第一位，但以原市辖县老年人最多,达 65.3%,几乎是老六区的 2 倍;愿意接受 1001—2000 元标准最多的是老六区的老年人(53.6%),老六区为 32.7%,原市辖县为 26.4%;愿意接受 2001—2500 元标准最多的是新六区的老年人(8.4%),老六区为 7.7%,原市辖县最少为 4.2%;原市辖县老年人接受 2500 元以上标准的只有 4.2%,老六区为 5%,新六区为 6.4%;最少的是有疾病部分自理的老年人(39.1%)(见表 5 – 16)。

三、老年人最需要的是家政服务、家人照料与保健康复服务

(一)老年人最需要的养老服务是家政服务与保健康复服务

问卷调查结果显示,43.8% 的老年人最需要的养老服务项目为家政服务,40.0% 的老年人需要保健康复,32.4% 的老年人需要紧急救助服务,30.9% 的老年人需要日间照料服务,21.6% 的老年人需要文化娱乐服务,21.0% 的老年人需要送餐服务,16.6% 的老年人需要代购服务,8.3% 的老年人需要社交聊天服务,7.0% 的老年人需要家庭病床与护理和与陪护服务,7.0% 的老年人需要心理健康服务(见图 5 – 9、表 5 – 21)。

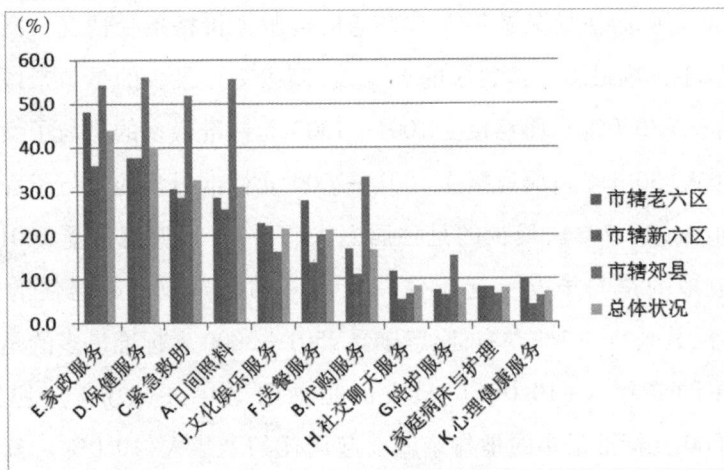

图 5 – 9　目前老年人需要的养老服务项目内容分布图

表 5－21　　目前老年人需要的养老服务项目内容分布　　　　单位:%

目前最需要的养老服务项目	市辖老六区	市辖新六区	市辖郊县	总体状况
E. 家政服务	48.1	35.8	54.3	43.8
D. 保健服务	37.6	37.7	56.1	40.0
C. 紧急救助	30.5	28.5	51.9	32.5
A. 日间照料	28.6	25.9	55.5	31.0
J. 文化娱乐服务	22.7	22.0	16.2	21.4
F. 送餐服务	27.9	13.7	19.9	21.1
B. 代购服务	16.8	11.1	33.2	16.6
H. 社交聊天服务	11.7	5.3	6.5	8.3
G. 陪护服务	7.4	6.4	15.1	7.9
I. 家庭病床与护理	8.1	8.1	6.6	7.9
K. 心理健康服务	9.8	4.1	6.0	7.0

第一,不同年龄老年人最需要的养老服务。不同年龄老年人在最需要的养老服务项目中选择日间照料、文化娱乐、送餐服务、代购服务、陪护服务、家庭病床与护理等项目上有显著差异(卡方检验 $X^2 = 9.718$, $P = 0.045$; $X^2 = 42.805$, $P = 0.000$; $X^2 = 43.211$, $P = 0.000$; $X^2 = 13.526$, $P = 0.009$; $X^2 = 31.856$, $P = 0.000$; $X^2 = 30.038$, $P = 0.000$; $X^2 = 26.407$, $P = 0.000$),在家政服务、保健服务、紧急救助、社交聊天服务、心理健康服务方面未见显著性差异。选择日间照料最多的是 90 岁以上老年人(66.7%),最少的是 60—69 岁老年人(27% 左右);选择文化娱乐最多的是 65—69 岁老年人(30.4%),最少的是 80 岁以上的老年人(8% 左右);选择送餐服务最多的是 80 岁以上的老年人(27% 左右),最少的是 65—69 岁老年人(15.8%);选择代购服务最多的是 60—64 岁老年人(25.1%),最少的是 70—89 岁老年人(11% 左右);选择陪护服务最多的是 90 岁以上老年人(20%),最少的是

60—64 岁老年人(3.2%);选择家庭病床与护理最多的是80—89 岁老年人(17.3%),最少的是60—64 岁老年人(4.3%)。所有老年人的家政服务需求一致(见表5-6)。老年人年龄越大,生活自理能力越差,就越需要人照看。有学者使用"中国城乡老年人口状况追踪调查"于2010 年进行了调查。调查数据发现,70 岁以下老年人对医疗保健、康复护理需求无显著差异,但75 岁以上老年人对医疗保健、康复护理需求的养老服务需求明显增加。[①] 这也与课题组的调查结果基本一致。

第二,不同收入老年人最需要的养老服务。不同收入状况的老年人在最需要的养老服务项目中选择紧急救助、日间照料、社交聊天服务、家庭病床与护理、陪护服务、心理健康等项目上有显著差异(卡方检验 $X^2 = 33.045$, $P = 0.000$; $X^2 = 73.369$, $P = 0.000$; $X^2 = 12.853$, $P = 0.045$; $X^2 = 15.765$, $P = 0.015$; $X^2 = 25.647$, $P = 0.000$; $X^2 = 17.543$, $P = 0.007$,见表5-13)。选择紧急救助最多的是无收入(42.3%)与收入在1000 元以下的老年人(41.7%),最少的是收入在4000 元以上的老年人(13.8%);选择日间照料最多的是无收入的老年人的(63.5%),最少的是收入在1501—2000 元的老年人(18.7%);选择社交聊天服务最多的是无收入的老年人(15.4%),最少的是收入低于1000 元的老年人(4.9%);选择家庭病床与护理最多的是无收入的老年人(19.2%),最少的是收入在1001—2500 在(5.4%)、2501—4000(5.9%)元的老年人;选择陪护服务最多的是无收入的老年人(25.0%),最少的是收入在1001—2000(5.7%)与2501—4000 元的老年人(5.0%);选择心理健康最多的是收入在4000 元以上的老年人(13.8%),最少的是无收入的老年人(1.9%)(见表5-7)。

第三,不同健康状况老年人最需要的养老服务。不同健康状况的老年人最需要的养老服务项目中,在家政服务、紧急救助、日间照料、送餐服务、

---

① 王琼:《城市社区居家养老服务需求及其影响因素——基于全国性的城市老年人口调查数据》,《人口研究》,2016 年第1 期。

文化娱乐、陪护服务、家庭病床与护理、心理健康等项目上有显著差异(卡方检验分别为 $X^2 = 13.645$, $P = 0.003$; $X^2 = 20.766$, $P = 0.000$; $X^2 = 1.173$, $P = 0.000$; $X^2 = 61.285$, $P = 0.000$; $X^2 = 21.127$, $P = 0.000$; $X^2 = 53.671$, $P = 0.000$; $X^2 = 62.307$, $P = 0.000$; $X^2 = 10.712$, $P = 0.013$),在保健服务、代购服务与社交聊天服务方面未见显著性差异。选择家政服务最多的是有疾病能够自理者(49.0%)与完全不能自理者(48.9%),健康老人最少(38.1%);选择紧急救助的健康老人最少(26.3%),有疾病部分自理者(42.5%)与完全不能自理者(40.4%)最多;选择日间照料最多的是完全不能自理者(66.0%),最少的是健康老人(16.9%);选择文化娱乐服务最多的是健康老人(30.9%),最少的是有疾病部分自理者(7.3%)与完全不能自理者(6.4%);选择送餐服务最少的是健康老人(14.9%),其余均为25%左右;选择陪护服务最多的是完全不能自理者(29.8%),最少的是健康老人(3.5%);选择家庭病床与护理最多的是完全不能自理者(23.4%),最少的是健康老人(3.3%);选择心理健康服务最多的是健康老人(9.6%),最少的是完全不能自理者(2.1%)(见表5-8)。

第四,不同居住状况老年人最需要的养老服务。不同居住状况老年人在选择家政服务、保健服务、日间照料、文化娱乐、送餐服务、陪护服务等最需要的养老服务项目上有显著差异(卡方检验分别为 $X^2 = 15.539$, $P = 0.004$; $X^2 = 18.200$, $P = 0.001$; $X^2 = 29.298$, $P = 0.000$; $X^2 = 16.840$, $P = 0.002$; $X^2 = 43.842$, $P = 0.000$);选择紧急救助、代购服务、社交聊天服务、家庭病床与护理、心理健康服务等方面未见显著性差异。选择家政服务的与老伴住在一起和独居的老年人最多,与子女住在一起的老人选择的最少;选择保健服务的老年人,与子女及老伴住在一起和只与子女住在一起的老年人选择的最多,与亲戚住在一起的老年人最少;选择日间照料的与亲戚住在一起的老年人最多,与老伴住在一起的老年人最少;选择文化娱乐服务的与子女及老伴住在一起的老年人选择最多,与亲戚住在一起的老年人最少;选择送餐服务的,与亲戚住在一起的老年人和一人独居的老年人选择最多,与老伴在一起的老年人选择最少;选择陪护服务的,与亲戚住在一起的老年人选择最多,与老伴在一起的老年人选择最少(见表5-9)。

第五,不同区域老年人最需要的养老服务。不同区域的老年人最需要的养老服务具有明显的区别。老六区老年人首选是家政服务,其他地区对家政服务的需求也比较强烈,排在前三位,而且原市辖县的需求更为强烈,达半数以上;所有区域的老年人都重视保健服务,均排在前两位,而且原市辖县需求最强烈,排在第一位;原市辖县老人需要的日间照料最多,达半数以上,几乎是其他区域的两倍,新老六区只有1/4的老年人选择日间照料(这与政府大力提供的服务有较大差距);选择文化娱乐服务原市辖县老年人相对较少;老六区老年人选择送餐服务的最多(28%),是老六区老年人的2倍;老六区老年人选择社交聊天与心理健康服务的最多,几乎是其他区域的两倍;原市辖县老年人选择代购服务的最多,达1/3,几乎是其他两个区域老年人的2倍;选择陪护服务原市辖县老年人最多,几乎是其他区域老年人的2倍(见表5-21)。

(二)老年人最需获得的居家养老服务是家政服务与家人照料

在居家养老所需服务选择中,超过半数老年人选择了家政服务(53.9%),48.8%的老年人选择得到家人或子女照料,29.0%的老年人选择政府补贴,21.9%的老年人选择家庭病床,17.3%的老年人选择社会志愿服务,15.8%的老年人希望邻里互助,11.0%的老年人选择政府提供的购买服务(见图5-10、表5-22)。本次调查结果表明老年人对政府提供的购买服务缺乏认识与认同,也许反映出政府在提供购买服务方面存在某些不足和问题。

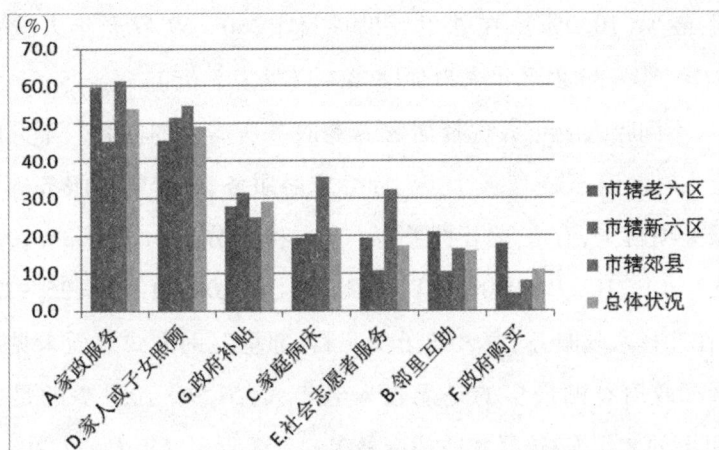

图 5-10　居家养老所需服务内容分布图

表 5-22　居家养老所需服务内容分布　　　　　　　　单位:%

居家养老所需服务	市辖老六区	市辖新六区	市辖郊县	总体状况
A. 家政服务	59.7	45.3	61.3	53.9
D. 家人或子女照顾	45.6	51.5	54.6	49.2
G. 政府补贴	27.8	31.6	24.9	29.0
C. 家庭病床	19.4	20.4	35.7	21.9
E. 社会志愿者服务	19.3	10.5	32.2	17.3
B. 邻里互助	20.8	10.3	16.4	15.9
F. 政府购买	17.8	4.5	7.9	11.0

第一,不同年龄老年人选择居家养老服务所需要的内容。调查表明,不同年龄老年人在选择居家养老所需服务的内容上,在家庭病床服务、社会志愿者服务、邻里互助项目上存在显著性差异(卡方检验分别为 $X^2 = 11.078$, $P = 0.026$; $X^2 = 15.781$, $P = 0.003$; $X^2 = 9.632$, $P = 0.047$);在家政服务、家人或子女照料、政府补贴、政府购买服务等项目上,未见显著性差异。在家庭病床服务项目中,80—89 岁老年人选择最多(28.7%),90 岁以上最少(13.3%);在社会志愿者服务项目上,80—89 岁老年人选择最多(22.3%),

90 岁以上最少(10.0%);在邻里互助项目上,60—69 岁老年人选择最多(18%左右),80—89 岁老年人最少(8.3%)(见表 5 - 6)。

第二,不同收入老年人选择居家养老服务所需要的内容。不同收入状况的老年人在政府补贴、家庭病床、社会志愿服务、政府购买服务等居家养老所需服务项目上,存在显著性差异(卡方检验分别为 $X^2 = 34.109$, $P = 0.000$; $X^2 = 14.716$, $P = 0.023$; $X^2 = 12.717$, $P = 0.000$; $X^2 = 25.922$, $P = 0.000$);在选择家政服务、家人或子女照料、邻里互助方式方面未见显著性差异。选择政府补贴最多的是无收入老年人(51.9%),最少的是收入在 4000 元以上的老年人;选择家庭病床最多的是无收入老年人(32.7%),最少的是收入在 2501 元以上的老年人(14%);选择社会志愿者服务最多的是 2001—2500 元的老年人,最少的是收入在 4000 元以上的老年人;选择政府购买服务最多的是无收入老年人(21.2%),最少的是收入在 1001—1500 元的老年人(5.9%)(见表 5 - 7)。

第三,不同健康状况老年人选择居家养老服务所需要的内容。不同健康状况老年人在家政服务、选择家人或子女照顾、政府补贴、社会志愿者服务、邻里互助、政府购买服务等居家养老所需服务问题上,未见显著性差异;在家庭病床服务项目上则存在显著性差异(卡方检验 $X^2 = 82.752$, $P = 0.000$),有疾病但部分自理的老年人更需要得到家庭病床服务(43.0%),健康完全自理的老年人选择家庭病床的最少(12.7%)(见表 5 - 8)。

第四,不同居住状况老年人选择居家养老服务所需要的内容。不同居住状况老年人在选择家政服务、家人或子女照料、家庭病床服务项目上,存在显著性差异(卡方检验 $X^2 = 11.078$, $P = 0.026$; $X^2 = 15.781$, $P = 0.003$; $X^2 = 9.632$, $P = 0.047$)。选择家政服务最多的是独居(62.2%)和与亲戚一起居住的老年人(60.0%),选择家人或子女照料最多的是与子女及老伴住在一起的老年人(55.5%),与亲戚一起居住的老年人最少(10%);选择家庭病床服务最多的是与子女住在一起的老年人(30.5%)和与亲戚住在一起的老年人(30.0%),其余为 20%左右(见表 5 - 9)。

第五,不同区域老年人民选择居家养老服务所需要的内容。老六区与原市辖县老年人首选家政服务,新六区老年人首选家人或子女照料达52%,新六区老年人选择家政服务比其他区域低15%左右;原市辖县老年人选择政府补贴的最少(24.9%),而且老年人更加需要家庭病床与社会志愿服务,远高于其他地区;新六区老年人选择邻里互助的最少,为10.3%,新六区老年人最多,为20.8%;老六区老年人选择政府购买服务的最多,为17.8%,是其他地区老年人的3—4倍;各区老年人均非常重视家人或子女的照料(见表5－22)。

四、老年人生活目前面临最大的困难是医疗费用高与退休金低

问卷调查结果显示,老年人目前生活中遇到的最大困难是医疗费用高(59.6%)与退休金不高(50.1%),其次为患慢性疾病离不开药(40.9%),24.3%的老年人认为孤独寂寞,20.6%的老年人担心生活没人照料,18.4%的老年人面临严重疾病致活动不便的困难;还有7.4%的老年人认为没有遇到任何困难(见图5－11、表5－23)。可见,医疗费用高、退休金不高等经济因素是目前老年人群面临的最大困难。这一点在与社区管理者的座谈和调查中也得到印证。

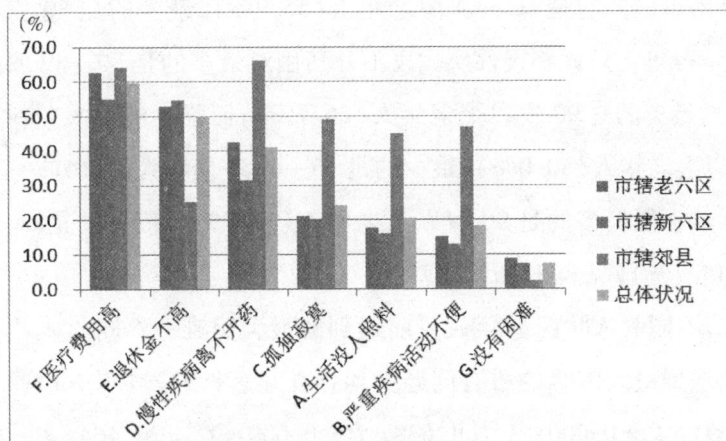

图5－11 老年人生活中遇到的最大困难选择分布图

表 5-23　老年人生活中遇到的最大困难选择分布　　　　单位:%

老年人生活中遇到的最大困难	市辖老六区	市辖新六区	市辖郊县	总体状况
F. 医疗费用高	62.7	54.9	64.1	59.6
E. 退休金不高	52.9	54.7	25.2	50.1
D. 慢性疾病离不开药	42.4	31.5	66.0	40.9
C. 孤独寂寞	21.0	20.0	49.2	24.3
A. 生活没人照料	17.8	16.1	45.0	20.6
B. 严重疾病活动不便	15.1	13.1	46.8	18.4
G. 没有困难	8.8	7.5	2.4	7.4

第一,不同年龄老年人目前遇到的最大困难。不同年龄老年人在目前遇到的最大困难方面显著性差异较大,在医疗费用高、退休金不高、慢性疾病离不开药、生活没人照料、严重疾病活动不便等困难方面,存在着显著性差异(卡方检验分别为 $X^2 = 10.607$, $P = 0.031$; $X^2 = 16.665$, $P = 0.002$; $X^2 = 15.191$, $P = 0.004$; $X^2 = 24.690$, $P = 0.000$; $X^2 = 21.676$, $P = 0.000$); 在孤独寂寞、没有困难方面未见显著性差异。面临医疗费用高困难最多的是60—64岁老年人(64.6%),最少的是80—89岁老年人(50.3%);面临退休金不高困难最多的是 60—64 岁老年人(55.9%),最少的是 80 岁以上老年人(37%—39%);面临慢性疾病离不开药困难最多的是 80—89 岁老年人(51.6%),最少的是 90 岁以上老年人(26.7%);面临生活没人照料最多的是 90 岁以上老年人(50.0%),最少的是 65—69 岁老年人(15.5%);面临严重疾病活动不便最多的是 90 岁以上老年人(36.7%),最少的是 65—69 岁老年人(14.7%)(见表 5-6)。

第二,不同收入状况老年人目前遇到的最大困难。不同收入状况老年人在目前遇到最大困难的所有问题上均存在显著性差异(卡方检验分别为 $X^2 = 33.691$, $P = 0.000$; $X^2 = 1.038$, $P = 0.000$; $X^2 = 22.464$, $P = 0.001$; $X^2 = 28.186$, $P = 0.000$; $X^2 = 26.956$, $P = 0.000$; $X^2 = 54.864$, $P = 0.000$;

$X^2 = 69.412$，$P = 0.000$）。面临医疗费用高困难最多的是无收入的老年人（78.8%），最少的是收入在4000元以上的老年人（20.7%）；面临退休金不高困难最多的是收入在1501—2000元的老年人（63.3%），最少的是收入在4000元以上的老年人（10.3%）；面临患慢性疾病离不开药困难的最多的是无收入老年人（65.4%），最少的是收入在2501—4000元的老年人（20.7%）；面临孤独寂寞困难最多的是无收入老年人（48.1%），最少的是收入在4000元以上的老年人（13.8%）；面临生活没人照料最多的是无收入老年人（40.2%），最少的是收入在2001—2000元的老年人（14.5%）；面临严重疾病活动不便困难最多的是无收入老年人（36.5%），最少的是收入在2501—4000元的老年人（6.9%）；表示没有困难的，最多的是收入在4000元以上的老年人（34.5%），无收入的老年人均有困难（见表5-7）。

第三，不同健康状况老年人目前遇到的最大困难。不同健康状况老年人在目前遇到最大困难的所有问题上都存在显著性差异（卡方检验分别为$X^2 = 16.160$，$P = 0.001$；$X^2 = 17.747$，$P = 0.000$；$X^2 = 1.652$，$P = 0.000$；$X^2 = 8.972$，$P = 0.030$；$X^2 = 32.109$，$P = 0.000$；$X^2 = 1.156$，$P = 0.000$；$X^2 = 31.579$，$P = 0.000$）。面临医疗费用高困难的，完全不能自理者（66.7%）与有疾病但能自理者（65.7%）最多，健康老人最少（53.9%）；面临退休金不高困难的，健康老人最多（54.5%），完全不能自理者最少（29.2%）；面临慢性疾病离不开药的，最多的是有疾病部分自理者（57.5%）与有疾病能够自理者（56.5%），最少的是健康老人（20.6%）；面临孤独寂寞困难最多的是完全不能自理者（31.2%），最少的是健康老人（20.4%）；面临生活没人照料困难的，完全不能自理者最多（35.4%），健康老人最少（14.3%）；面临严重疾病活动不便困难的，最多的是完全不能自理者（75.0%），最少的是健康老人（10.8%）；表示没有困难的老年人最多的是健康老人（12.1%），最少的是有疾病部分自理者（2.6%）（见表5-8）。

第四，不同居住状况老年人目前遇到的最大困难。不同居住状况的老年人在目前遇到最大困难问题上显著性差异较大，除没有困难选项未见显著性差异外,在医疗费用高、退休金不高、患慢性疾病离不开药、孤独寂寞、生活没人照料、严重疾病活动不便等困难方面,存在着显著性差异(卡方检验分别为 $X^2 = 16.447$, $P = 0.002$; $X^2 = 23.577$, $P = 0.000$; $X^2 = 9.515$, $P = 0.049$; $X^2 = 22.398$, $P = 0.000$; $X^2 = 34.262$, $P = 0.000$; $X^2 = 24.204$, $P = 0.000$)。面临医疗费用高困难最多的是与老伴住在一起的老年人(65.3%),最少的是与子女住在一起的老年人(52.4%)和独居者(53.8%);面临退休金不高困难最多的是与老伴住在一起的老年人(55.6%),最少的是与亲戚住在一起的老年人(30.0%);面临慢性疾病离不开药困难的,最多的是与亲戚住在一起的老年人(50.0%),最少的是与子女及老伴住在一起的老年人(35.5%);面临生活没人照料困难最多的是与亲戚住在一起的老年人(40.0%),最少的是与老伴住一起的老年人(16.5%);面临严重疾病活动不便困难最多的是与亲戚住在一起的老年人(50.0%),最少的是与老伴住在一起的老年人(14.2%);面临孤独寂寞困难最多的是独居老年人(37.8%),最少的是与老伴住一起的老年人(20.1%)(见表5-9)。

第五,不同区域老年人遇到的最大困难。所有区域老年人均将医疗费用高视为主要的困难,达半数以上,其中新老六区排在首位,老六区与原市辖县达63%左右;新六区老年人遇到的最大困难是退休金不高,达65%,比老六区高出15个百分点;原市辖县老年人将慢性病且离不开药视为首要困难,是老六区的两倍;退休金不高是新老六区第二大困难,达半数以上,因原市辖县本身多数人没有退休金,所以选择的人数不多;原市辖县老年人面临的孤独寂寞问题更为突出;是新老六区的2.5倍;原市辖县老年人认为生活没人照料与严重疾病生活不便的达45%左右,几乎是新老六区的3倍;仍有将近10%的新老六区老年人认为目前没有困难,原市辖县没有困难的只有2.4%(见表5-23)。

五、近半数老年人满意社区提供的养老服务

调查表明,在对社区提供的养老服务的满意度方面,老年人满意的为49.7%(其中28.2%为满意,比较满意的为21.5%),不满意的为11.6%(其

中6.3%不太满意,5.3%不满意),38.8%的老年人对社区养老服务满意度一般(见图5-12、表5-24)。不同年龄、不同收入、不同健康状况的老年人存在显著性差异(卡方检验分别为$X^2=36.086$,$P=0.003$;$X^2=88.277$,$P=0.000$;$X^2=32.741$,$P=0.001$)(见表5-25、5-26、5-27、5-28)。

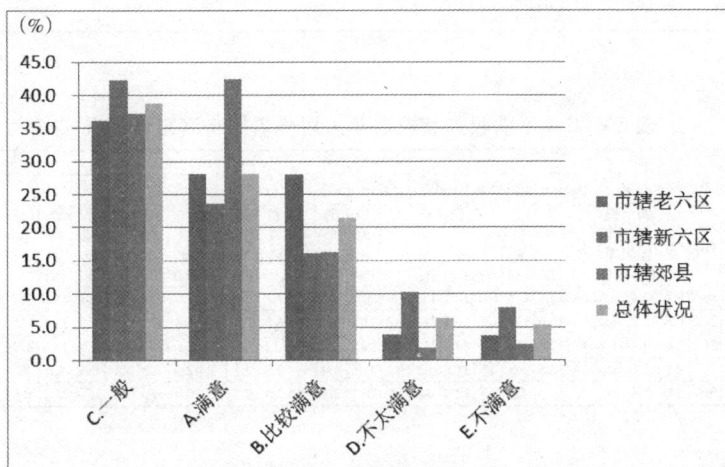

图5-12 老年人对社区提供的养老服务满意度分布图

表5-24 老年人对社区提供的养老服务满意度分布　　　　单位:%

社区养老服务满意度	市辖老六区	市辖新六区	市辖郊县	总体状况
C.一般	36.2	42.2	37.2	38.8
A.满意	28.2	23.6	42.4	28.2
B.比较满意	28.1	16.1	16.2	21.5
D.不太满意	3.9	10.2	1.8	6.3
E.不满意	3.7	7.9	2.4	5.3

表5-25 不同年龄老年人对社区养老服务满意度情况

| 标准 | 选择率(%) | 年龄分布 | | | | | | | | | | | | | | 合计 | 卡方值 | P值 |
| | | 60—64 | | | 65—69 | | | 70—79 | | | 80—89 | | | ≥90 | | | | | |
		n	构成比(%)	选择率(%)	n	构成比(%)	选择率(%)	n	构成比(%)	选择率(%)	n	构成比(%)	选择率(%)	n	构成比(%)	选择率(%)			
C.一般	38.8	145	29.6	39.3	156	31.8	43.5	132	26.9	37.6	52	10.6	33.5	5	1.0	17.2	490	36.086	0.003
A.满意	28.2	99	27.8	26.8	102	28.7	28.4	104	29.2	29.6	37	10.4	23.9	14	3.9	18.3	356		
B.比较满意	21.5	69	25.5	18.7	70	25.8	19.5	79	29.2	22.5	48	17.7	31.0	5	1.8	17.2	271		
D.不太满意	6.8	27	34.2	7.3	21	26.6	5.8	21	26.6	6.0	9	11.4	5.8	1	1.3	3.4	79		
E.不满意	5.3	29	43.3	7.9	10	14.9	2.8	15	22.4	4.3	9	13.4	5.8	4	6.0	13.8	67		

表5-26 不同收入状况老年人对养老服务满意度情况

| 满意度 | 选择率(%) | 收入分布 | | | | | | | | | | | | | | | | | | | | 合计 | 卡方值 | P值 |
| | | ≤1000 | | | 1001—1500 | | | 1501—2000 | | | 2001—2500 | | | 2501—4000 | | | >4000 | | | 无 | | | | | |
		n	构成比(%)	选择率(%)	n	构成比(%)	选择率(%)	n	构成比(%)	选择率(%)	n	构成比(%)	选择率(%)	n	构成比(%)	选择率(%)	n	构成比(%)	选择率(%)	n	构成比(%)	选择率(%)			
C.一般	38.7	119	24.4	34.5	66	13.6	33.0	147	30.2	45.1	99	20.3	46.7	35	7.2	36.8	8	1.6	27.6	13	2.7	25.0	487	88.277	0.000
A.满意	28.2	125	35.2	36.2	66	18.6	33.0	70	19.7	21.5	42	11.8	19.8	24	6.8	25.3	12	3.4	41.4	16	4.5	30.8	355		
B.比较满意	21.5	54	19.9	15.7	47	17.3	23.5	77	28.4	23.6	47	17.3	22.2	32	11.8	33.7	7	2.6	24.1	7	2.6	13.5	271		
D.不太满意	6.3	23	29.1	6.7	13	16.5	6.5	17	21.5	5.2	17	21.5	8.0	2	2.5	2.1	2	2.5	6.9	5	6.3	9.6	79		
E.不满意	5.3	24	35.8	7.0	8	11.9	4.0	15	22.4	4.6	7	10.1	3.3	3	3.0	2.1	0	0.0	0.0	11	16.4	21.2	67		

表5-27 不同健康状况老年人对养老服务满意度情况

| 满意度 | 选择率(%) | 健康状况分布 | | | | | | | | | | | | 合计 | 卡方值 | P值 |
| | | 健康,完全自理 | | | 有疾病,但能自理 | | | 有疾病,部分自理 | | | 完全不能自理 | | | | | |
		n	构成比(%)	选择率(%)	n	构成比(%)	选择率(%)	n	构成比(%)	选择率(%)	n	构成比(%)	选择率(%)			
C.一般	38.9	192	39.2	36.0	200	40.8	40.8	77	15.7	40.7	21	4.3	44.7	490	32.741	0.001
A.满意	28.0	183	51.8	34.3	122	34.6	24.9	35	9.9	18.5	13	3.7	27.7	353		
B.比较满意	21.5	93	34.3	17.4	119	43.9	24.3	51	18.8	27.0	8	3.0	17.0	271		
D.不太满意	6.3	38	48.1	7.1	21	26.6	4.3	17	21.5	9.0	3	3.8	6.4	79		
E.不满意	5.3	28	41.8	5.2	28	41.8	5.7	9	13.4	4.8	2	3.0	4.3	67		

表5-28 不同居住状况老年人对社区提供的养老服务的满意度

| 满意度 | 选择率(%) | 居住状况分布 | | | | | | | | | | | | | | | 合计 | 卡方值 | P值 |
| | | 与子女及老伴一起 | | | 与老伴一起居住 | | | 与子女一起居住 | | | 一人独居 | | | 与亲戚一起居住 | | | | | |
		n	构成比(%)	选择率(%)	n	构成比(%)	选择率(%)	n	构成比(%)	选择率(%)	n	构成比(%)	选择率(%)	n	构成比(%)	选择率(%)			
C.一般	38.8	136	27.8	38.6	235	48.0	39.2	70	14.3	43.5	46	9.4	32.6	3	0.6	30.0	490	16.415	0.424
A.满意	28.2	107	30.1	30.4	175	49.2	29.2	40	11.2	24.8	31	8.7	22.0	3	0.8	30.0	356		
B.比较满意	21.5	69	25.5	19.6	128	47.2	21.4	31	11.4	19.3	40	14.8	28.4	3	1.1	30.0	271		
D.不太满意	6.3	21	26.6	6.0	33	41.8	5.5	12	15.2	7.5	12	15.2	8.5	1	1.3	10.0	79		
E.不满意	5.3	19	28.4	5.4	28	41.8	4.7	8	11.9	5.0	12	17.9	8.5	0	0.0	0.0	67		

第一,不同年龄老年人对社区提供的养老服务的满意度。90 岁以上老年人满意度最高(48.3%),而 80—89 岁老年人认为满意的最少(23.9%);在比较满意的老年人群中,最多的是 80—89 岁老年人(31.0%),而 90 岁以上老年人最少(17.2%);认为一般的最多的是 65—69 岁老年人(43.5%),最少的是人 90 岁以上老年人(17.2%);不太满意最多的是 60—64 岁老年人(7.3%),最少的是 90 岁以上老年人(3.4%);不满意最多的是 90 岁以上老年人(13.8%),最少的是 65—69 岁老年人(2.8%)(见表 5 - 25)。

第二,不同收入状况老年人对社区提供的养老服务的满意度。满意度最高的是收入在 4000 元以上的老年人(41.4%),最少的是收入在 2001—2500 元的老年人(19.8%);比较满意最多的是收入在 2501—4000 元的老年人(33.7%),最少的是无收入的老年人(13.5%);认为一般的最多的是收入在 1501—2500 元老年人在(46% 左右)%),最少的是无收入的老年人(25.0%);不太满意最多的是无收入的老年人(9.6%),最少的是收入在 2501—4000 元的老年人(2.1%);不满意最多的是无收入的老年人(21.2%),最少的是收入在 2501—4000 元的老年人(2.1%)(见表 5 - 26)。

第三,不同健康状况老年人对社区提供的养老服务的满意度。满意度最高的是健康并完全自理的老年人(34.3%),最少的是有疾病但能部分自理的老年人(18.5%);比较满意最多的是有疾病但能部分自理的老年人(27.0%),最少的是健康并完全自理的老年人(17.4%)与完全不能自理老年人(17.0%);认为一般的最多的是完全不能自理的老年人(44.7%),最少的是健康并完全自理的老年人(36.0%);不太满意最多的是有疾病但能部分自理的老年人(9.0%),最少的是有疾病但能自理的老年人(4.3%);不满意基本相似在 4%—5% 之间(见表 5 - 27)。

第四,不同居住状况老年人对社区提供的养老服务的满意度。满意度最高的是与子女及老伴一起居住、与老伴住在一起、与亲戚住在一起的老年人(30% 左右),最少的是与子女住在一起、一人独居的老年人(24.8%、22.0%);比较满意最多的是与亲戚住在一起、一人独居的老年人(30.0%、

28.4%），最少的是与子女及老伴一起居住、与子女一起居住的老年人（19%
左右）；认为一般的最多的是与子女一起居住的老年人（43.5%），最少的是
与亲戚住在一起的老年人（30.0%）；不太满意最多的是与亲戚住在一起的
老年人（10.0%），最少的是与老伴住一起的老年人（5.5%）；不满意最多的
是独居者（8.5%），与亲戚住在一起的老年人没有不满意的（见表 5 - 28）。

第五，不同区域老年人遇到的对社区提供的养老服务的满意度。满意
度最高的是原市辖县的老年人（42.4%），最少的是新六区的老年人
（23.6%），两者差 19 个百分点；比较满意最多的是老六区的老年人
（28.1%），其他区域的老年人为 16.2%；认为一般的最多的是新六区的老年
人（42.2%）；不太满意最多的是新六区的老年人（10.2%），最少的是原市辖
县（1.8%）；不满意最多的是新六区的老年人，达 7.9%；总体上，原市辖县老
年人的满意率（满意与比较满意合计）最高达 58.6%，老六区满意率达
56.3%，新六区最少，为 39.7%（见表 5 - 24）。

六、街道（社区）管理者对社区居民养老的看法

由于街道（社区）管理者直接接触社区居民，特别是老年人，因此他们对
街区所辖区域的老年人的养老需求更加了解，对老年人遇到的实际问题的
感受也最深，他们的看法在一定程度上能够反映出老年人的养老意愿。在
社区管理者眼里，老年人养老意愿倾向于居家自助养老与社区分散养老（居
住在自家，依靠社区提供免费或有偿微利服务）。而老年人选择时考虑的主
要因素是经济承受能力、养老服务水平与状况、老人身体状况、子女意见等
因素。社区管理者所理解的"社区居家养老"的主要形式是，居住在自己家
里、个人生活以家庭为主、以社会为依托、以专业化服务为保障、参与活动到
社区中或者服务入户的居家养老模式。社区居家养老包括日常配餐、家庭
医疗、家政服务、代买代购、心理疏导和抚慰等内容。但调查表明，多数社区
反映，目前的服务范围与项目有限，远远满足不了居民需要，只能覆盖到一
少部分人群。

社区管理者认为，社区居家养老模式推行困难，很大程度上在于相关部

门不能把思想认识问题彻底转化为实际行动。社区养老服务应该与政府职能部门接轨,作为一项特定的行政任务,安排专门的人力、物力、财力,建立完善的服务体制。当前社区居家养老模式推行中遇到的难题首先反映在政策方面,需要尽快制定出为老服务项目运作的优惠政策。如果实现企业化运作,可以考虑税收减免政策,并建议为老服务项目应享受公益设施等相关减免政策。在管理者看来,现在养老服务覆盖面不大、资金不足是制约社区养老服务发展的一个大难题。而且养老服务成本较高也是让老年人群排斥社会化养老的重要原因。对于老年人而言,管理者建议他们应该改变观念,尽可能动员老人走出家门,融入社区,实现为老服务社会化。

调查还显示,几乎所有社区都有助老志愿者。这些志愿者一般以社区成员自愿组建,通过组织活动实现助老服务。有的社区还统一编入社区志愿者队伍管理中。但多数社区管理者也坦白,其所在社区中没有专门的养老服务人员,居委会编制里也没有专职养老服务人员设置。只有少数几个社区设有专门的养老服务人员,且一般是在居委会有一名为老服务社工。

我们所调查的社区,绝大多数都有社区养老服务提供,但老年日间照料中心提供的服务略有差别。比较集中拥有的项目有:志愿者服务、医疗保健服务、社区文化娱乐、家庭配餐、家政服务、社区食堂、日常生活照料等。在养老服务开展比较好的社区,基本上能满足目前老年人的需要。但街道(社区)几乎都没有开展虚拟养老院提供为老服务信息或服务的相关活动。

管理者对街道(社区)如何推动社区居家养老提出了一些建议:一是希望社区居家养老能够成为一项社会福利制纳入相关政策帮扶计划中。二是加大政策支持与资金投入,整合社区资源,规范制度建设,完善服务体系。涉及老年人生活需要的项目,尤其是服务标准化体系的建立、专业化队伍建设、专项资金投入等,都需要政府的大力支持。三是组建专业化养老服务队伍与志愿队伍,并提高其能力素质与服务水平。四是加大宣传,扩大居民参与,扩大服务范围与服务对象。管理者特别建议,尽可能吸纳下岗失业人员参与到养老服务中。

　　此外,《老年健康报》联合了健康中国新媒体以及新华网客户端"新华直通车",于 2020 年共同发起针对 60 岁以上老年人"老年人健康养老需求调查问卷"。问卷调查结果显示,老年人对健康信息、社区服务和就医服务等有着急迫的需求。特别是在就医过程中遇到困难成了老年群体亟须解决的问题。其中,老年人想要了解的健康信息方面,选择防病治病、养生保健、心理卫生等知识类的有 61.49%;选择生活消费、饮食营养、休闲娱乐生活类的有 58.2%;选择照护、养老、医保等政策类的有 57.46%;选择养老机构、求医问药、居家照护等服务类的有 51.19%。在老年人社区服务中,57.84% 的老年人选择健身、观影、棋牌、举办各种兴趣培训班之类的文化休闲活动;51.87% 的老年人选择保健康复、上门医疗、床旁护理、陪同就医、心理咨询等健康护理类的需求;47.04% 的老年人选择建立绿色急救通道类紧急救援等;42.54% 的老年人选择日间照料、送餐送药、整理家务、代买生活必需品生活辅助类的需求。而目前社区提供的老年文化休闲等活动还不能满足老年人需求。在老年人的居住方式调查中,选择居家独自一人或者与老伴居住比例最大,达 62.82%;选择居家与子女生活在一起的老年人有 32.54%;而选择白天去社区日间照料中心、晚上回家,入住养老院的老年人则很少。[①] 上述调查结果与课题组的调查有着较高的相似性。

---

① 《老年人健康养老需求调查报告发布》,《健康文摘报》,2020 年 12 月 4 日。

第六章 国外养老服务基本模式

　　西方发达国家最早进入老龄社会,由于生活在养老院的老年人与世隔绝,不利于其身心健康,因此为了让老年人回归社区与家庭,西方社会开始探索由专业人员上门提供全方位的社区居家养老服务,并在居家养老方面形成了比较完善的养老服务体系,积累了一定的经验。① 居家养老最早是英国政府为使老年人留在社区和家庭,鼓励家庭照顾老年人而采取的一种养老措施。由于居家养老是一种最经济的公共资源消费,国际上越来越重视居家养老模式的建构。第一次老龄问题世界大会形成的《老龄问题维也纳国际行动计划》(1982)指出:"应设法按一个社会价值和家庭的老年成员的需求来帮助、保护和加强家庭。"并强调,"应该设法让年长者能够尽量在自己的家里和社区独立生活",并且建议"社会福利服务应该以社区为基础,向老年人提供各方面的服务"。

　　《联合国老年人原则》(1991)确立了关于老年人地位5个方面的普遍性标准:自立、参与、照料、自我实现、尊严,强调"老年人应能通过提供收入、家庭和社会支助以及自助,享有足够的食物、水、住房、衣着和保健";"老年人应能尽可能长期在家居住"和"老年人应按照每个社会的文化价值体系,享有家庭和社区的照顾和保护"。② 联合国通过的《老龄问题宣言》(1992)强

---

　　① 由于"十三五"规划提出的是"以居家为基础、社区为依托、机构为补充的多层次养老服务体系",因此在国外养老服务介绍中,重点分析居家养老的服务模式。

　　② 《联合国老龄化议题》,http://www.un.org/chinese/esa/ageing/principle.htm。

调,"以社区为单位,让老人尽可能长期在家里居住"。但居家养老并不是以牺牲家庭成员特别是配偶和子女的幸福、降低自身生活质量为代价的。可见,西方推行居家养老是有前提的,是一定要配以社区照顾作为补充方式的。

第一节　美国是以医疗照顾为主、社区服务为辅的居家养老模式

美国相关机构预测,到 2050 年前,65 岁以上美国人口将翻一番,这将给美国社会带来巨大挑战。因此,美国一直在探索如何提供更好的养老服务模式和体系。

一、医疗照顾为主

美国政府实施的是对老年人全面的医疗照顾,简称 PACE(The Program of All – inclusive Care for the Elderly)。美国于 1997 年提出了 PACE 计划,旨在为 60 岁及以上老年人提供专门的医疗保险(Medicare)。在此基础上,提出了为体弱多病老人提供长期照顾的项目,以解决慢性病老年人需要进行长期照顾的困难。PACE 计划规定,参加者必须为 55 岁以上,且居住在 PACE 服务区内,同时被州政府的相关机构鉴定为体弱多病者,是符合入住护理院的老人。PACE 项目的经费主要来源于医疗救助和医疗保险,每月能够给符合条件的老年人支付相应的救助资金;符合医疗保险条件但不符合医疗救助条件的老年人,需要自行支付服务费中的差额部分。此外,PACE 计划还整合了由成人日常健康中心(ADHC)提供的各种医疗服务,由多学科专家组成团队实施个案管理,并且采取商业运营、政府监督的模式。适合到护理院居住的老年人,也可选择在社区接受长期照顾服务,这样可以使体弱多病的老年人居住在自己的社区,能保证过上有尊严、有质量、独立的生活。基于 PACE 的项目服务是一项全方位的照顾计划,可以为老年人提供所有医疗相关服务。其服务内容主要包括看护服务、急性照顾服务、住院治疗、初

级医疗照顾、护理院照顾等,此外还包括预防性的、治愈性的、恢复性的和护理性的服务等。

二、社区养老服务

在美国,政府基于社区为老年人提供一系列居家养老服务。养老服务内容包括成人日间照顾、病历管理、个人照料、家庭健康扶助、杂务服务等。美国政府在社区还为居家老人安装电子应急系统,以便处理紧急情况。在社区,普遍设立了为在自己家中居住的老人能够提供简单的日常生活和护理服务的家庭保健中心;能够提供养老午餐,还可以组织文化、教育、娱乐、旅游等活动的老人活动中心;能够提供免费教育以及老年人志愿者服务等。社区服务的项目一部分是免费的,有收费的服务项目则由个人付款或在各种保险计划中开支。

在美国,还有专门的退休社区。所谓的退休社区,是一种专门为退休老人提供的住所,是供美国老年人选择退休居住的一种方式。由于老年人自身的年龄以及身体健康状况,一般会根据自身情况做出决定是否在退休后选择退休社区的居住场所。美国退休社区的建设、规划是以人口结构变化为重要依据。从年龄结构来看,注重医疗服务的退休社区往往成为美国 80岁以上的老年人的主要选择;注重休闲生活的退休社区,往往受到 60—70 岁的健康老人青睐。

美国的退休社区形式多样,主要有以下五种:

第一种为退休新镇。主要集中在美国南部的一些州。由于南部地区日照情况较好,老年人能够享受充足阳光,且气候也较适宜,特别是新镇物美价廉,因此吸引了美国各地的老年人到此定居。其中最具代表性的是太阳城。太阳城有 2.5 万左右的住宅,居住人口已达 4.6 万左右人口,也成为世界最大的退休社区。退休新镇的各种服务设施一应俱全,能够满足不同老年人的健身、休闲、医疗等服务需求。退休社区一般有开放的,也有封闭的。封闭的退休社区都设有围墙,不允许外人随便出入。

第二种为退休村。主要是在已有的社区内,建设专门为老年人居住的住宅,其面积一般比退休城镇要小。对于入住退休村的老年人,往往有严格的条件限制,包括年龄、财政状况、教育程度等条件。退休村主要是利用社区已有的设施为老年人服务,而非具备自己的健身、医疗服务等设施。

第三种是退休营地。是一较特殊的退休社区,一般具有固定式的或移动式的两种建筑形式。固定式的社区是指在固定场所建设常规服务设施;移动式的社区是指老人可以利用自己家庭的房车作为居所,并租用一块地皮为栖息地。退休营地的建造一般会选择在自然环境好的国家公园或者是河流附近的位置。退休营地一般都设计了各种服务设施,能够专门供流动的家庭使用。退休营地还规定,18岁以下年轻人不得入住。退休营地的主要特点是居住在退休营地的成本比较低,而且能满足不喜欢定居在一个地方老人的需求。

第四种是老人照顾中心,即养老院。由于老人健康或其他原因,亲属一般会将其送至附近的老人照顾中心,以便老年人得到更好的照顾,这样可以减轻亲属的照顾负担。养老院主要是由各级政府、各赞助机构筹措资金兴建。其主要服务对象是年老多病或生活不能完全自理的老年人。养老院的服务设施齐全,包括厨房、公共食堂、洗澡间、简单的医疗设备等。养老院的服务也较周到,有专门的清扫卫生服务人员,还能够提供交通工具。老人照顾中心入住的老年人一般为周围社区的75岁以上的单身老年人,以妇女为多。

第五种是继续照顾退休社区。主要有终生照顾社区、接近终生照顾社区两种形式。继续照顾退休社区基本上属于临终关怀,多为80岁以上高龄老人,往往女性为男性的二倍。终生照顾社区一般拥有齐全的服务设施,包括生活、休闲、娱乐、宗教服务等,以保证所有老人能得到及时照顾。

在美国家庭中,由于子女没有赡养老人的义务,因此一些老年人身体状况堪忧且不能自理,往往会陷入无人照顾的困境。美国老年人一般乐于退休后卖掉自己原有的住宅,搬到规划建设的退休社区去居住,并享受宜人的自然环境。但随着医疗技术水平提高,特别是居民生活水平的提高,老年人普遍身体健康状况较好且活动能力强,因此老年人退休后仍渴望能像退休前一样过正常化生活,也更倾向于选择原来居住的社区或离子女较近的社区安度晚年。"自然退休社区"便成为多数老年人的选择。这是一种自然形成的老年人社区,是并非刻意为退休老年人规划设计的社区。在这种社区中,老年人退休后并不离开自己熟悉的生活环境。美国55岁以上老年人居住在自然退休社区的约有27%。自然退休社区一般分布在老城区、农村小镇、街区。"自然退休社区"包括"只留老人"或"居住在此社区直到退休"两种形式。"只留老人"社区的形成往往是因就业而形成。由于在当地社区,年轻人不易就业或就业满意度低,因此年轻人出走,只有老年人被留下,久而久之形成了自然退休社区。"居住在此社区直到退休"的形成原因是老年人流动性较差,并不因年轻人出走而形成。居住在此直到老的社区老人,一般经济条件比较优越,且居住环境较好,因此吸引老年人居住在此度余生。

但由于自然退休社区不是为退休老年人专门设计居住的社区,相应的问题也凸显出来,如,有的社区缺少医疗、护理等服务设施,有的社区甚至老年人基本生活所需的辅助性设施也不具备。面对困局,有的州政府通过财政手段支持老年人服务设施建设,涵盖了很多内容,包括老年病人护理、社会项目管理服务、家庭护理服务等。社会项目管理服务方面,为老年病人提供金融、法律援助、心理健康咨询等服务;监督紧急救援系统,以保证老年病人及时获助;通过评估家庭护理服务,进一步提高护理服务水平,使老年人能够在一个体面、卫生的环境中安度晚年。社区项目管理服务,主要是通过有效利用公共资源、增加社区凝聚力,提高老人生活品质。特别是针对自然退休社区服务设施难以满足老年人需求问题,一些私营公司抢占商机,以建造居家援助式老年公寓等方式,满足有一定经济基础的老人需求。

此外,美国还有一种服务老年人的"居家援助式老年公寓"。在20世纪80年代后,美国政府出台了关于社会福利法案,明确了政府在社会服务中的角色,并减少了联邦政府给州政府资金援助,这在一定程度上冲击了非营利养老院的经营。小的社会服务机构若想生存下来,就不得不设法获得其他资金援助,私人资金帮助由此应运而生。因此,原来的非营利经营机构,开始转变成了私营的养老机构,而其中居家援助式老年人公寓就是典型的私营养老机构。"居家援助式老年公寓"是在政府资金投入不足,不得不依靠私人资金经营发展背景下诞生的。"居家援助式老年公寓"主要针对的是75岁以上且有生活能力的老年人而建造和设计的社区。这种社区没有像养老院一样的完善医疗设备,也不提供全天候医疗服务。"居家援助式老年公寓"的特点是,居住在此社区的老年人开支相对较小,且拥有较大自由度。如,在居住方面,"居家援助式老年公寓"提供单独的卫生间和厨房套间;老年人可以自己开火做饭,也能让服务人员安排,因此自主性和灵活性较强。由于"居家援助式老年人公寓"具有独特性,也受到老年人的欢迎,所以出现了供不应求的局面。

综上,美国社区养老中,政府在社区养老中不断转变自身角色,发挥了引导作用,促进了社区养老事业发展。同时,由于政府财政危机,靠政府支撑的社会福利难以为继,非营利社会服务只好转向市场。而营利性机构通过资本化运作,在市场中获得份额,满足了部分人的养老服务需求。于是,在美国就形成了社会养老服务由政府兴办的非营利机构和私人公司经营的营利机构共同参与的多元化养老服务体系。

近年来,美国养老开始了电商化尝试。《福布斯》就介绍了一家专门为美国老年人服务的电商公司经营模式。美国新出现的养老护理公司Honor,其目标是"努力将老年人家庭护理全面现代化。我们的目标是令自己的父母能尽可能长时间地生活在自己家中"。由于婴儿潮一代集体步入老龄生活,美国老年人口呈爆炸性增长。而大多数老人希望尽量住在自己家,原因之一是大多数护理方案无法令人满意,且价格相对较高。而美国家庭护理业有150万名护工,主要工作包括协助老人起床、淋浴、吃饭,同时提醒他们按时服药。美国大多数护理员为独立的合同工,其他则受雇于约5万所的家庭护理机构,主要为兼职,工作时间不稳定。护工平均时薪9.5美元,远低于家政服务员或临时保姆。但从业人员流动频繁,护理的质量低。Honor公司旨在为老年人口提供尽可能尊重的、人性化的和积极的服务,并有机会让护工的工作成为更专业、待遇更好的工作,为护工赢得更多尊重。

Honor 实际上是一个在线市场。护工们可以在线上注明其资质、技能,以及能提供服务的时间、能接受的工作地点。老年人在线上注明其所需的服务类型、希望能够接受的服务时间及个人信息,如,只懂汉语,或家中养猫,或住在高层单元等。Honor 再进行相应的护工和老人匹配,并将匹配结果提供给老年人及其家人以进行审核。Honor 将为老人提供易于使用的触屏式定制设备,以方便老年人将自己的最新需求或状况告知护工,护工可以在到家前做好充分准备。该设备还可以用来记录所接受服务种类、服务时长等,也可以让老年人对护理质量进行评分。同时,获得授权的亲属也可以查看相关信息及监控护理情况。Honor 面临的最大挑战就是如何打造护工社群,而这是苹果商店经验能够发挥作用的地方。通过开发雇员档案,对员工提供完善的培训,并就如何与客户交流创设目标。Honor 计划向护工支付约每小时 15 美元薪资,比目前的平均时薪高出了 50%。而 Honor 面临的挑战可能与优步等其他市场平台相似。Honor 公司首先在旧金山湾区试运行,再进行全国范围内推广。①

第二节　英国社区照顾的居家养老模式

人口老龄化是英国面临的现实危机。英国国家统计局预测,2030 年之前,英国人口将急剧增长,增长比例达目前全国人口的 5.5%(360 万人)。②英国国家统计局的最新预测表明,到 21 世纪中叶,英国 60 岁以上老年人将占人口近三分之一,英国 75 岁以上人口数量可能增加近一倍,达 1000 多

---

① 《面对人口老龄化的养老产业如何发展》,http://ex. cssn. cn/jjx/jjx_gzf/201509/t20150929_2479064_3. shtml。

② 英国国家统计局:《2030 年英国人口预计超 7000 万,半数移民,中国或成最大来源国》,htps://www. sohu. com/a/200841482_99948980。

万人。①

英国是最早提供社会福利的国家。尽管英国具有完善的福利制度,但也无法承受因老龄化不断加剧带来的压力,仅靠家庭养老难以支撑。20 世纪 50 年代,社区照顾兴起,经多年发展,社区照顾遍布英国社区。不仅如此,为使老年人能过上体面生活,英国政府还以法令形式承诺,要对老年人提供服务与供养,并明确了社区照顾的目标为:在家的辐射区域照顾老人。从 20 世纪 90 年代始,英国将养老问题纳入社区,对老年人采取社区照顾模式,为老年人提供社会服务,服务的主要目标是使老年人能在家或像家一样的环境中得到帮助。社区照顾以政府投入为主,很多服务设施是由政府资助;提供的服务或免费或收取低廉费用,而收费标准由地方政府决定。社区照顾资金来源主要来自政府,而社区、家庭和个人支出很少,是在老年人能承受的范围内,其不足部分由政府承担。对接受家庭照顾的老年人,为使家庭能够在照顾老年人的同时有一定经济保证,政府会发给老年人与住院同样的津贴。

社区照顾是指社区内各成员通过形成合力为需求者提供照顾,以改善社区居民的生活质量。社区照顾包含"社区内照顾"和"社区照顾"两个概念。② "社区内照顾"是利用社区中既有的服务设施等社区资源,由专业工作人员在社区内对孤老或生活不能自理的老年人开展开放式院舍照顾,其特点是老年人能够随时走出院舍,可以进入其生活的社区;"社区照顾"是指由家人、邻居、朋友、社区志愿者为有需要的老年人提供各种家庭服务,其特点是老年人可以不脱离其熟悉的社区,能够过正常人的生活。

社区照顾服务内容主要包括生活照料、物质支持(如,提供食物、安装设施、减免税收等)、心理支持(如,提供护理、治病、传授养生之道等)、整体关怀(如,发动周围资源给予支持、改善生活环境等)。生活照料又包括家庭照

---

① 英国国家统计局:《到本世纪中叶英国 60 岁以上的老年人将占到人口的近三分之一》,http://www.199it.com/archives/954166.html(2019.10.22)。
② 杨蓓蕾:《英国的社区照顾:一种新型的养老模式》,《探索与争鸣》,2000 年第 12 期。

顾、居家服务、老年人公寓、托老所等照料方式。对居住在自己的家中,却又不能完全自理的老年人,社区照顾可以提供上门做饭、送饭、打扫居室衣物、理发、洗澡、陪同上医院、购物等居家服务;对于社区内有生活自理能力却身边无人照顾的老年人,社区照顾可以提供生活设施齐全并可获救助"生命线"的老年人公寓;对生活不能自理或卧病在床的老年人,社区照顾可以提供在家接受亲属的全方位照顾的家庭照顾;如果因家人临时外出或度假,这些无人照料的老年人能够送暂托所或老年院,由专业的机构工作人员代为照顾或不超 1 个月的托老所。

在英国的社区照顾中提供服务的主要由经理人、主要工作人员与照顾人员组成。经理人为某一社区照顾的总负责人,主要掌管资金分配、人员聘用及工作监督;主要工作人员负责照顾社区内一定数量的老年人,发放养老金,了解老年人需要及解决一些重要问题;照顾人员是受雇直接从事老年人生活服务的人,多为老年人的亲人和邻居,政府给予服务者提供一定的服务补贴。此外,英国的老年人还可以享受诸多"衣食住行"方面优惠政策,如,政府给予 65 岁以上老年人住房税减免和纳税补贴,可以提供国内旅游车船票的减免等。

英国养老改革的两条主线是:第一,注重政策引导,英国政府通过颁布法令,以保障社区照顾能够得以开展。第二,养老服务体系完整。在英国,政府、组织和个人都积极参与社区照顾机构的兴办。社区照顾机构既有营利性质,也有是非营利性质,但都是社区照顾服务的提供者,形成了由多主体供给的服务机制。社区照顾的服务人员既包括政府的雇佣人员,也包括志愿服务者。第三,政府主导,充分发挥政府兜底作用,英国政府对社区照顾在财政上给予了强有力的支持,由政府出资主导社区照顾服务设施建设和完善。第四,依靠社区,英国的社区照顾主要是以社区为依托,通过在社区内建立各种服务设施,并发挥社区亲缘地缘的优势,最大限度地与老年人的日常生活相融合。第五,发展补充养老金计划,削减公共养老支出,并鼓励发展补充养老计划。政府通过提供税收优惠,支持补充养老计划。英国的公共养老体系主要包括国家基本养老金(BSP)和与收入关联养老金计划(SERPS)的两个计划。国家基本养老金(BSP)计划覆盖全国居民,可以提供相当于全国平均工资的15%养老待遇;收入关联养老金计划(SERPS)则覆盖了无职业养老金计划的居民,可以提供相当于居民收入最高的20年中平均工资的20%养老金待遇。由于政策和措施得当,英国大多数企业与个人参加了补充养老计划。英国补充养老计划广泛实施,有效弥补了政府公共养老金待遇水平下降的不足。

第三节　瑞典社会福利与自治团体相结合的居家养老模式

瑞典也是较早建立了比较完善的社会化养老制度的国家。瑞典法律规定:赡养和照料老人完全由国家来承担,子女和亲属没有赡养和照料老人的义务。政府为居家养老的老年人提供家政服务,并在一定程度上实现按需分配,服务的次数和范围根据老年人的需要而定,有的一天要提供好几次服务,有的一个月只提供一次服务。而居家养老的老年人只要有需要,都可以向当地主管部门提出申请,经过主管部门评估,得到确认后做出同意与否的决定。瑞典地方政府负责提供的家政服务以福利性为主,但也收取一定的费用。收费标准根据接受家政服务老人的实际收入而确定。因此,当老人要求提供家政服务时,需要提供包括养老金以及退休后仍兼职的工资收入及其他资本性收入等个人收入的信息。如果老人拒绝提供个人收入信息,家政服务则按远远高于市场收费标准的最高标准收费。地方自治团体提供的服务以及活动资金一般由国家财政与老年人自己各承担50%。

瑞典居家养老服务主要由地方自治团体实施。地方自治团体负责制定服务计划,提供家庭入户服务,为老年人提供福利性的住宅。依据提供的主体不同其内容就不完全一样。政府提供的家政服务包括看护、送饭、个人卫生、安全警报、陪同散步等所有日常生活需要的服务;地方自治团体提供的服务包括建立日间老人活动中心,打扫卫生、送餐到户、菜肴烹制,组织老人开展体育健身、文娱活动,为老人组织电影晚会、舞会、交友会等。

第四节 德国以保险制度支撑的与养老方式相匹配的养老设施建设的养老模式

根据德国联邦政府统计局的统计数字,2011 年底,德国 60 岁以上老年人口为 2178 万,已占总人口的 26.6%。根据德国第 12 次人口预测,预计到 2030 年,65 岁以上老年人口将增至 2850 万,80 岁以上老年人增长比例将更大。绝大部分德国老年人愿意在年老时居住在原有社区环境中。

德国老年人的养老模式可以分为三种:第一种为居家养老,也就是老年人居住在家中,生活能自理,不需要护理;第二种是社区养老,也就是老年人居住在家中,生活部分能够自理,但需接受移动护理服务,或者由家人护理;第三种是机构养老,也就是老年人入住养老院或护理院,接受护理、康复治疗。

针对上述三种养老方式,德国的养老设施建设主要包括三方面:住宅适老化建设、社区护理系统建设和养老机构(养老院或护理院)建设。第一,住宅适老化建设。德国鼓励的是设计、建造多代居住社区,严格按照新建住宅强制性的无障碍设计要求进行,包括社区公共部分采取无障碍设计,满足适合老人体力及精神需求的环境设施建设,对既有住宅进行无障碍、适老化改造等。德国相关法律规定,满足居家护理条件的老人住所,护理保险机构应该给予每户住宅改造资助金 4000 欧元(2015 年)。第二,社区护理系统建设。德国的社区护理服务系统一般由专业机构提供,大型医疗保险机构则提供监督和质量保障,老年患者共享服务网点和急救站。第三,养老院设施建设。德国养老院的建设和运营是由慈善机构、民间组织与政府共同承担的。养老院以单间为主,且建筑面积较大。根据合理规划布局,且提供服务范围不同,可以细分为养老院、养老公寓和护理院。德国的养老院运营基本上是以出租物业加上购买服务形式为主,很少有大规模的销售型养老地产项目。主要原因为德国人口总数基本稳定,住房市场无大量新增需求。而且健康老年人更倾向于居住在熟悉的社区。

因此,新开发的养老住宅多以多代居形式,使老人轻度护理需求能通过社区及流动护理服务得到满足。虽然德国拥有完整的养老体系和一流的护理与医疗服务,但随着德国老年人口比例不断增长,养老设施需求增长突出,且费用非常昂贵,护理需求则日益强烈。德国老年人一般会选择居住在家中,由家人或专业护理的机构提供流动性的护理服务。德国人只有在健康状况不得已的情况下会入住养老机构。也有部分经济情况优越的健康老人,能够较早入住高级养老公寓,可以享受舒适的居住环境以及优质服务。虽然德国整体经济发展虽然趋于放缓,但其养老产业投资却很活跃,收益也良好。

德国的养老制度主要靠三大保险予以支撑,即养老保险、医疗保险和护理保险。三种保险都是法定保险。所有就业人员原则上都需缴纳。缴纳保费额度一般根据工资收入提取一定的比例。尽管每个人缴纳保费的绝对数额相差很大,但每个人获得的医疗服务与护理服务水平是一样的。德国是世界上最早建立起养老保险制度的国家,也是在世界上最早建立起护理保险制度的国家,成为许多国家借鉴的样板。德国从 20 世纪 90 年代初就开始起草护理保险相关法律。1994 年,德国联邦议会通过了《护理保险法》,并于1995 年生效实施。《护理保险法》规定了"护理保险跟从医疗保险原则",也就是所有医疗保险的投保人均要参加护理保险,保险费率按照投保人的收入计算。护理法实施后,德国护理行业的就业人数和培训水平有了较大提高,养老院护理工作人员接近汽车工业就业人口总数。

第五节　新加坡中央公积金为基础、全社会动员的居家养老模式

新加坡虽然是一个年轻的国家,但已成为世界人口老龄化最快速国家之一。数据显示,新加坡老龄人口比例已由建国初的 2.5% 升至 2019 年的 12.39%;超过 65 岁的已达 43 万(即每 9 人中就有 1 位 65 岁以上老人),预计到 2030 年增加至 90 万,即新加坡的老龄人口将超全国人口总数的五分之一(每 5 人中就有 1 位 65 岁以上老人)。新加坡人均预期寿命从 1965 年 65 岁延至现在的 83 岁,为全球第四。面对社会老龄化严峻挑战,新加坡政府倡导"乐龄"养老,建立了政府引导、制度保障、社会参与、居家为主的养老模式。"乐龄"是新加坡对 60 岁以上老年人的尊称,其寓意为希望老年人的老年生活能过得安乐祥和。新加坡官员提出"年长者没理由不能和年轻人一样,成为经济和社会发展的主要推动力。与其担忧'银色海啸'(silver tsunami),我们倒不如关注这当中的一线希望(silver lining)"[1]。新加坡政府专门设立人口老化跨部门委员会,包括了就业、经济保障、社会融入、住屋、社会和谐以及健康护理等六个小组。

立足国情,新加坡国家政策主要将老龄化策略聚集在七大方面:退休保障、就业、医疗保障、终身学习、志愿服务、城市基础设施以及老龄化相关研究。对于老年个体,以其身心健康为基本原则,财务规划要开源节流。新加坡政府既注重市场经济的引入,又倡导传统家庭价值理念,形成了以中央公积金制度为基础,通过各种税收优惠,鼓励个人规划晚年生活的养老体系。同时还建立了财政支持帮助,个人、家庭、社区要各尽其责的养老模式。

新加坡具有完善"乐龄"养老的政策体系。新加坡的社会保障体系是以

---

[1] 《面对人口老龄化的养老产业如何发展》,http://ex.cssn.cn/jjx/jjx_gzf/201509/t20150929_2479064.shtml。

中央公积金制度（CPE）为基础的。公积金制度具有强制缴纳和高覆盖率等特点，有效解决了老年人养老的经济问题。凡受雇用的新加坡公民和永久居民，都可以获得中央公积金保障。公积金账户分为普通账户、专门账户及医疗储蓄账户。会员可以根据规定提取普通账户的公积金，用于购置组屋、信托股票、人寿保险和支付子女教学费用等；而专门账户是公积金成员的养老储蓄；医疗储蓄账户是用于公积金成员及直系亲属的住院、门诊及缴纳疾病保险等支出。在年满55周岁时，公积金成员将自动建立退休账户，其资金也来源于专门账户；成员年满62周岁时，可由退休账户支取养老金。包括"家属保障计划""家庭保护计划"。"家属保障计划"是一项定期的人寿保险，目的是为公积金的会员及家属终身残疾或死亡时能够提供应急资金；"家庭保护计划"是一种强制性的保险，目的是保证会员具备归还"建屋局"贷款的能力。由于新加坡中央公积金体系建立在其就业养老制度的基础上，面临收支平衡的压力，且缺乏社会统筹与互济功能，因此新加坡政府对养老金结构不断调整。

为保障养老金足额累积，新加坡政府逐年调高公积金最低存款标准，并进一步限制部分成员提款规模；为应对人均期望寿命不断增长，中央公积金管理局推出了公积金终生入息计划，确保长寿老人能够终生享受基本养老收入；针对部分公积金会员因收入过低而导致退休账户存款不足，新加坡政府还出台了就业入息补助计划，通过政府对低收入成员提供补贴来确保退休账户的缴足存款；为拓宽中央公积金筹资渠道，政府启动补充养老金制度；对于退休后被重新雇佣老人，政府向雇主提供特别的就业补贴，并降低其公积金缴纳额度等。

在新加坡，老年人可以获得机构、社区、居家养老服务。新加坡的机构养老包括社区医院、慢性病医院、养老院和临终关怀机构。社区医院能够提供护理服务、医疗服务和康复服务等项目，对象主要是从急性医院出院且需要进行短期护理的患者；慢性病医院则能够为慢性病患者提供长期医疗及护理；养老院为那些无人照护或家人无法提供照护的老年人提供长期护理服务;临终关怀医院能够为绝症患者提供疼痛管理及治疗服务。养老机构和社区中心还能够为老年人提供医疗和护理服务。新加坡政府还特别重视提高老年人的生活品质,在每座组屋都精心设计了老年人和儿童活动区域。老年人无须禁锢在家中,可以在活动区域休息,享受开阔自然的环境。对于不能或不愿做饭的老人,可选择在组屋楼下的食阁用餐。同时,从家门口到车站,都有封顶绿廊,为老年人出行提供了极大方便。

新加坡社区养老方式包括了"居家养老"、让社区提供护理服务的原地养老和"老有所终,壮有所用,幼有所长"社区自助养老的养老方式。新加坡社区养老是以社区日间护理、康复(日托)中心为基础的医疗服务,中心多设置于社区内,老年人可以在社区中心得到社区康复服务、社会日托服务、痴呆日间护理服务等。由于新加坡的社区是以选区为基础的,因此选区内的公民咨询委员会、市政理事会和居民委员会共同承担社区养老任务。

新加坡的居家养老以家庭为基础提供养老服务,主要是由居家姑息照护机构、居家护理机构和综合诊所提供家庭护理、医疗保健、老年餐桌、家庭姑息照护、护送和居家个人照护等服务,服务对象多为体弱多病的居家老人。同时,新加坡政府重视培养全民的家庭观念,倡导全社会要关爱、孝敬老年人。为此,新加坡政府大力提供并鼓励年轻人与父母同住的赡养父母、照顾老人的方式。与此相配套,为避免"空巢家庭"涌现,出台了鼓励年轻人赡养父母和照顾老人的优惠买房政策。作为福利供给居民的组屋,其在建造时就引入了几代同堂设计理念。组屋以客厅相连接,两户既分又合,方便老人与晚辈既能和谐又能照应。乐龄公寓一般有着像家一样温馨的感觉,每个乐龄公寓的二层设有邻里联系站,老年人可以在此参加活动、结交朋友。对于愿意购置此类房屋的家庭,政府提供现金减免的特殊优惠,以鼓励子女与父母同住。对愿意和父母亲居住在一起的或购买的房屋与父母亲居住地较近的年轻人,经有关部门审核与批准,可一次性减少其 3 万新元。这类房屋一般兴建在成熟的社区中。目前新加坡的已婚子女和父母合住在同一组屋或同一组屋区住户已经有 41% 左右。

还有一种是"日托养老"。对于家人无暇照顾的老年人,新加坡建立了"三合一家庭中心",将托老所与托儿所有机结合起来,进行老少集中管理。这既解决了年轻人的后顾之忧,又能够满足老年人的精神需求;既照顾了学龄前儿童和小学生,又兼顾到老年人。"三合一家庭中心"的服务内容主要为满足基本护理需求,如,日常生活的支持、伤口管理、营养管理、药物管理,还可以进行运动、游戏及音乐、节庆等活动。此外,政府通过社区举办乐龄俱乐部加强与民众联络,丰富老年人文化生活及社会活动。活动资金主要来自中央公积金,政府也投入部分资金。随着婴儿潮后期诞生的年长者出现,由于其教育程度高、经济能力较强,特别是更重视自身独立和隐私,往往不愿意与已婚儿女同住,因此产生了不同类型层次的退休村。虽然建屋局为独居年长者建立了智慧系统,但年长者更重视心理需要,这是非资讯科技的能力所及。因此,如何通过人文关怀,提高年长者的生活质量,从而形成老有所养、老有所依的温情"人瑞社会",成为目前考虑的主要问题。

2002年,新加坡推出了"乐龄健保计划",为重度失能的老人提供基本护理保障。"乐龄健保计划"缴费资金主要来源于其公积金的医疗保健储蓄账户。投保者可以使用自己及配偶或直系亲属的医疗保健储蓄基金。"乐龄健保计划"是一项"选择退出"的计划,凡年满40周岁但未满69周岁的新加坡公民和永久居民,除自愿退出外,均自动受保,而且参保者一旦开始缴纳保费,只要其患有严重残疾,均可以提出保障要求。2007年,乐龄健保400计划推出。新加坡卫生部将于2021年开始接管现有130万份乐龄健保计划的保单,以便利保户升级至终身保护。

新加坡还鼓励"乐龄人士"老有所为,通过就业,保持与社会互动,从而保持良好心态和体魄。新加坡政府2012年颁布了《退休与重新雇佣法令》。该法规定,年满法定退休年龄,健康且工作表现良好的员工,可以有权获得雇主重新雇佣,直到其65岁。2017年通过了修正法案,进一步将重新雇佣年龄的顶限推迟至67岁。新加坡政府还为老年人提供就业培训,鼓励老年人乐意回归职场和社会。数据显示,新加坡几乎所有符合规定的老年人,都获得了重新雇佣。这一举措不仅丰富了老年人的退休生活,也为其以后生活获得了更多的保障。对于年老或丧失工作能力的老年人,政府提供保障,使其能老有所养、老有所依。新加坡的中央公积金、组屋套现补贴计划,给予了老年人财务保障。拥有组屋的居民,可通过回购屋契或出租方式,获得额外收入。

此外,新加坡还实行免费临终关怀。临终护理起源于 1985 年。当时,一名医生看到有需要临终关怀病人,与两名助手以志愿者身份开始照顾这些病人,开启了新加坡临终护理事业。新加坡第一家也是最大临终护理机构(即 HCA 慈怀护理)成立。这是一家慈善机构,主要是对病症末期的患者提供舒适的服务,通过专业的、多学科的综合治疗团队,为患者提供临终关怀。团队由医生、护士、顾问、社会工作者以及经培训的志愿者组成,提供的是完全免费的临终关怀服务,且任何人都可到慈怀护理度过余生。新加坡的卫生部为慈怀护理中心提供 60%—70% 资金,而社会捐助的资金占 20%—30%,其余资金 10% 来自筹款。目前,新加坡已在全国建成了 6 家护理中心。即使是为末期失能患者提供服务,护理中心仍秉持居家护理为主方式,而且多数临终关怀护理通过家访完成。护理中心的设备也可以带到患者家中使用,只需支付 100 新币押金即可。

第六节　日本以法律为保障的家庭护理保险的居家养老模式

日本是亚洲最早进入老龄化社会的国家,日本的老年人口占比已超25%。[1] 截至 2019 年 10 月,包括外国人在内的在日总人口降至 1.2616 亿人,65 岁以上老年人口占比达 28.4%。作为全世界最高寿国家,日本的养老

---

[1]《面对人口老龄化的养老产业如何发展》,http://ex.cssn.cn/jjx/jjx_gzf/201509/t20150929_2479064_2.shtml.

模式已相对成熟。① 日本也是全球老龄化进程最快、高龄人口比例最高的国家。早在 20 世纪 60 年代始,日本就十分重视社区养老服务,经过不断的发展和完善,现在日本基本形成了较为完善的法律与政策体系。日本先后出台了有关社区养老法律和政策十部左右,主要有《老人福利法》《高龄老人保健福利推进 10 年战略计划》《老人保健法》《介护保险法》《社会福利士及看护福利士法》《关于社会福利服务基础结构改革》《福利人才确保法》等,构成了社区养老服务的政策支持与立法保障系统。1963 年日本颁布《老人福利法》(被称为"老人宪章"),这是日本开始推行社会化养老的开端。《老人福利法》第一次对社区养老服务的内容做出了规定。随后出台的《老人保健法》针对老年人医疗保健服务,又做了更进一步规定。1989 年实施的《高龄老人保健福利推进 10 年战略计划》,再一次明确了社区在养老服务中的主体地位。2000 年 4 月实行的《介护保险法》规定,年满 40 岁公民都应该交纳看护保险费,以解决年老后看护问题,而地方政府则充当承保人角色。公民希望得到社会护理时,要到当地政府呈交申请,由行政管理机构通过调查来确认需要护理的程度,最后按照规定批准相应的保险赔偿费。一般公民用这笔费用可以自由地选择服务机构。这种方式是能够充分调动社会力量和资源的一种服务方式,既可以满足老年人需要,并减轻财政负担,又成功引入了市场机制,使服务效率和质量得到提高。《福利人才确保法》从法律上对福利人才培养及其经济、社会地位予以保障,是社区养老服务持续发展的保障,保证了社区养老服务人才供给。

目前日本社区养老组织形式主要有以下四种:第一,以政府力量为主导,服务人员一般由政府与民政人员组成。第二,政府资助下的民间组织,如社会福利协会等。第三,志愿者及组织,主要是由家庭主妇、大学生及健康老人组成。第四,企业式养老服务。其中第三、第四属于非营利组织

---

① 《2020 年中国养老行业发展现状、市场规模及中外养老模式对比分析》,https://www.iimedia.cn/c460/76544.html。

（NPO）。

1998 年日本颁布的《特定非营利活动促进法》，推动了日本 NPO 蓬勃发展，其中大部分集中在对老年人及残疾人等弱势群体提供帮助。日本的养老服务内容丰富。在相关政策、法律保障和政府大力支持下，日本社区养老服务汇集了各方力量，向老年人提供各种保健、医疗、福利等综合性服务，更好地适应不同身体状况老年人的需要。其主要内容包括：一是到老人家中提供多种服务的上门服务，包括照料老人日常生活、帮助做家务，以及定期上门会诊等。二是日托服务，白天将老人接到社区的老人护理中心等机构照顾，待晚饭后再送老人回家。三是短托服务，针对因疾病或其他原因无法居家护理的老人，让老年人短时间入住社区设施（原则上 1—3 个月）。四是长期服务，可以为社区老年人提供 3 个月以上护理服务。五是老年保健咨询和指导服务，定期举办一些健康讲座、24 小时咨询服务等服务。

在日本，"老老介护"成为居家养老普遍现象。"老老介护"是指老年人照料护理老年人，通常是配偶或子女。据日本主管社会养老服务的政府机构统计，65 岁以上老年人家庭中，老人互相护理比例超过 54%。其中，有的是 65 岁以上老人照料护理自己的老伴，也有 65 岁以上老人照料护理八九十岁的高龄父母或岳父母。对被照料的老年人来说，由于看护者和被看护者长年生活在一起，两者熟悉彼此生活习惯，更加便于照顾对方。在日本，老年人更倾向于如何过好每天的日子。"老老介护"对社会来而言，可减少养老院及护理人员数量，也能够减少政府对养老设施资金投入。但"老老介护"的看护者因长年照顾老人，往往承受巨大的生理和心理压力。特别是日本少子化及独居等现象加剧，"家庭护理时代"正遭遇前所未有的挑战。相比起年金、医疗、住宅等生活基础条件，老年人心理与精神上的满足也同样要被重视。

为缓解这一问题，除社会福利和国家政策外，日本开始了社区援助。因为有老年人熟悉的街坊邻居，具有认同感和归属感，社区成为老年人寄托情感的地方，老年人在社区更容易找到生活乐趣。在社区中，老年人并非是完全的被照料者,在力所能及的基础上,老年人可以进行自我照顾,甚至为社区做出自己的贡献,发挥余热,不仅可以减轻社会养老负担,还能提高老年人的晚年生活质量,减轻老年人依赖感或被社会排斥感。加强社区援助,不仅可以使老年人生活得更加安心,也使部分能够自理的老年人在社会发挥自己的积极作用。年轻一代也因此看到老年人积极回馈社会的姿态,也会对自己将来的老年生活有一定的憧憬,有助于全社会养老体系和氛围的构建。

社区老年人服务中心一直是为老年人提供养老照顾的主要渠道。日本的养老制度十分重视家庭作用,强化家庭安全保障系统的功能,注重维持民间的自助精神和活力,尽可能减轻家庭和企业负担。随着老年人身体机能退化,以往居住环境会存在一定的不适应性。日本在建造住宅时,较注重房屋空间可变性。当老年人腿脚不方便时,能够根据自己的特定需求进行房间的结构调整。特别是日本十分重视养老方面的相关立法。日本将家庭与家庭赡养关系作为前提条件,出台了家庭和亲属赡养的强制法律,如老人福利法、生活保护法、老人保健法、残疾人福利法等。日本的居家养老特别注重家庭成员的关爱和赡养。而且在法律制度上,日本承认家庭或亲属之间既定的赡养关系,如,国民年金法、健康保险法、厚生年金等。

自 2000 年,日本政府开始实施护理保险制度,进一步推进家庭保健、护理、医疗和福利的一体化,实现"脱离医院,让老人回归社区和家庭"的目的。日本护理保险制度规定,40 岁以上国民必须加入并缴纳护理保险金,在老年人 65 岁后,可接受护理险所提供的服务。无法自理或患有痴呆的老年人,无需去医院治疗,可在家接受护理。日本护理保险制度是由厚生劳动省牵头,由地方政府的高龄福祉部门主管,各地的居家护理支援中心、社会福祉联合会等官方或者民间团体负责来具体实施。由于护理保险属强制性医疗保险,因此日本的养老相关服务一般是由医疗保险基金支付。家庭赡养、经济支持往往也是日本老年人居家养老的资金来源。

护理保险所提供的服务主要包括:专门老人福利院、把老年患者长期护理场所从普通医院转至家庭、老人保健设施和疗养型综合体等。在老年人生活不便时,能够有人照料;老年人有病时,能及时得到医疗和护理,还可以通过专业人员上门提供定期医疗护理、康复指导,以延缓老年人衰老进程,促进和维持老年人健康状况,以节约医疗费用。同时,日本还建立了政府支持的友爱访问员的派遣制度,通过社区志愿者(即健康的老年人)提供长期的志愿服务,负责每周探视居家老人。

日本依据社区养老组织形式不同,其资金来源也不同。一是由政府建立的养老服务机构,大约占总体服务机构 60%—70%,其所需资金来自财政拨款;二是得到政府部分资助的社会福利法人、社会福利协会、社会福利商社等民间组织提供的服务,其收取很低廉的费用;三是由大学生、社区妇女或年轻老年人组成的志愿者服务,其主要以免费为主,有的是收很低的费用;四是企业以保险的方式获取资金,以低收费服务于老年人,其资金主要来自老年人自身或老年人的家庭。①

此外,面对日益加深的老龄化现状,日本政府还积极鼓励老人"再就业"。日本的《高龄雇佣保险法》加大了对大量雇佣高龄者的企业奖励,对老年人工资低于其 60 岁退休时工资的高龄受雇者,给予一定的补助。日本政府也采取了鼓励延长企业职工退休年龄的措施,以引导老年人从"老有所养"转为"老有所为"。此外,政府也会提供部分的无偿服务,还有志愿者提供的服务。

---

① 贾晓九:《日本的老年人社会福利》,《社会福利》,2002 年第 6 期。

第七章　中国香港、澳门地区的养老服务基本模式

第一节　中国香港的居家养老、院舍养老和离港养老

香港的养老服务(长者年龄为 65 岁及以上)经过半个多世纪的发展完善,已经积累了一些成功的经验。当前,香港主流的养老模式可归纳为居家养老、院舍养老和离港养老三种,以前者为主,后两者为辅。

居家养老模式是香港目前的主要养老模式,其特点是长者居住在家中,由小区和家庭提供照顾或支持。香港约 90% 的长者为家庭住户,在家养老服务除了家庭成员履行养老义务外,主要依靠政府公共服务和养老社会服务进入家庭。小区居家养老模式主要是指长者居住在自己小区的家中,日常照顾或支持主要由政府和非政府组织提供。小区长者服务模式主要包括改善家居及小区照顾服务、综合家居照顾服务(主要是体弱个案)、长者日间护理中心日间护理等三大类型,提供家务助理服务、饭堂服务、洗衣和浴室服务、康乐和社交服务、电话服务、探访服务和老年人自助工场服务等八项服务。长者在家养老是指家庭居家养老,主要是指家庭有较好的居住条件且家庭成员有能力对长者进行照顾的养老模式。该模式由家人或聘请家庭佣人对长者进行照顾,属于中产或以上家庭。随着核心化的小家庭数量不断增长,家庭居家养老模式逐步退化,家庭条件较好的长者有选择高级私营

院舍养老模式的倾向。

院舍养老模式的主要服务对象是为 65 岁及以上的老年人。安老设施又分为长者宿舍、安老院、护理安老院和护养院等四种类型的院舍。香港政府对安老服务投入很大，社会福利署 2015—2016 年度投入 68 亿港元，在 2016—2017 年度投入 74 亿港元，比上年度增加 8.5%。2018 年支出了 25300 万港元以加强对长者的照顾，包括资助安老宿位、增加长者日间护理服务名额、增加疗养照顾补助金及照顾认知障碍症患者补助金的拨款，加强为体弱长者和患有认知障碍症的长者提供支持。尽管如此，想排队等候进养老院的老年人还是非常多。由于宿位供不应求，排队需达 3 年之久。[①]

离港养老模式主要是指长者离开香港，返回广东、福建等内地家乡安享晚年。目前约有 7.6 万名长者居住在内地，约占香港长者总人数的 7.8%。自 2013 年 10 月 1 日起，特区政府正式实施"广东计划"，允许在广东养老的长者无须回港居住亦可领取长者津贴，预计有 3 万长者受惠。香港政府将向分别位于深圳和肇庆、由香港非政府机构营运的两家安老院购买宿位，接受符合资格的香港长者申请入住。

香港养老金筹集及营运的支柱主要为：第一支柱是私人管理的强制性公积金。特区政府于 2000 年 12 月实施"强制性公积金计划"（简称"强积金"），由雇员和雇主各自按照雇员月薪的 5% 供款到雇员的个人强积金户口。第二支柱是政府通过"综援"和"长者津贴"等为有需要的长者提供经济支持的社会保障安全网，协助其应付基本需要。根据香港社会福利署统计，截至 2013 年 11 月 30 日，已有超过 15 万长者领取综援。第三支柱是私人储蓄、投资及年金等。

政府、商界和 NGO 等在养老服务中各自明确角色定位。一是私人市场提供了许多安老宿位等长者服务，补充了政府提供宿位的不足，缩短了长者轮候时间。二是在社会保障系统中，尤其在强积金计划中，作为雇主的商界

---

① 资料来源：《天津市政协专题协商会会议资料》，2020 年 8 月。

承担了强制缴费的义务。三是商界还积极资助各类非政府组织（NGO），减轻了政府的财政负担。而 NGO 和一些慈善组织最早介入社会福利领域（其中东华三院介入该领域已有 100 多年历史），具有专业程度高、应变能力强等特点，通过政府资助或政府购买服务等形式及社会力量承担了大量养老具体工作，也为社会提供了较完善的社会福利服务，受到社会各界的充分肯定。

香港的养老服务法律保障比较完善。香港社会福利署早在 2000 年就推行了"安老服务统一评估机制"对安老院舍进行评估和监管。此外，强制性公积金政策，也从法律角度为长者养老定制了第一张"安全网"。香港安老服务有较高的专业水平，一方面是得益于专业制度指引，另一方面则得益于专业化从业人员加入服务行列，实行以专业团队照顾长者（通常由医生、社工、护工、物理治疗师、职业治疗师、言语治疗师和保健员等组成）。此外，香港安老服务设施的空间布局与老年人口密度及建筑用地分布有着直接的关系，香港地区人口的高密度和建设用地的高成本使安老服务设施在空间规划上必须选择集约高效的模式。通过养老设施空间结构的合理布局、功能配置的充分优化、服务资源的有效利用，可以形成一个便捷高效的有机复合体。集约高效的建筑布局具有以下三个特征：空间立体化，通过对不同功能空间的竖向组织，采用竖向布置核心空间，形成大小不同的分区，实现建设用地的高效利用；功能复合化，多种类型服务设施的集约化建设，包括将接待中心、日间康健中心、长者小区服务中心、长者之家等功能空间进行复合；利用高效化，因用地面积紧张而采取的紧凑型布局方式，结合使用方式及特点进行空间组合，提高使用效率。

此外，香港推行强积金制度。强积金制度是一项退休保障政策。该政策强制 18 至 65 岁的香港就业人口必须参加，并根据雇员入息 5%，由雇主及雇员共同供款，总计 10%。一般情况下，雇员到 65 岁后或有个别原因，才能够取回供款，以便退休之用。自 2000 年 12 月实施以来，为社会带来明显的转变，大约已增加至约八成半的总就业人口获得退休保障，其中约七成半参加了强积金制度。强积金制度是一个由私营机构管理、与就业相关的强制性供款计划,为市民提供基本的退休生活保障。

近年来,香港开始推行年金计划。这是由香港年金有限公司或资本市场承保,当缴付人缴付保费后,年金公司向缴付人提供稳定的保证每月年金金额,年金会从起缴日后的下一个月份起,终身保证每月年金金额将直接存入缴付人指定的银行账户,并在有生之年维持不变,将一笔现金转化成稳定及终身的现金流。香港还推行了"天伦乐优先配屋计划",鼓励较年轻的家庭照顾年长父母或亲属,以计分制形式优先提供家有长者的公营房屋申请者,促进家庭和谐共融;在社区制定老年大学中心等非牟利机构或组织,把愿意向老年大学等长者机构提供志愿服务作为申请落户的一个计分项目,鼓励更多年轻人和专业人士丰富长者的生活和向他们提供服务。此外,香港的安老按揭(逆按揭)计划也受到老年人欢迎。自置物业是中国人根深蒂固的传统观念。香港推行安老按揭计划既能打破困局,又可以向长者提供固定的生活费用。安老按揭计划旨在让55岁或以上的人士利用他们在香港的住宅物业作为抵押品,向贷款机构获取安老按揭贷款。虽然物业已抵押予贷款机构,但借款人仍是物业业主,可继续安居在原有物业直至百年归老,但老年人每月可以收取一定的生活费。

此外,香港特区政府近年还以"乐龄科技"为切入点,鼓励创新科技于健康养老产业的应用。所谓"乐龄科技",是一个横跨多个专业的界别,通过运用科技、设计及开发与长者相关的产品或服务,以提升长者福祉、生活质量,以及独立生活和自理的能力,同时为其家庭、照顾者、护理员和护理机构提供支援。例如,2018年初,特区政府辖下的社会创新及基金成立"乐龄科技平台",联动供需两方的参与机构及人士,推动乐龄科技的开发和应用,并促进本港乐龄科技生态系统的发展。在此基础上,2018年12月又设立"乐龄及康复创科应用基金",资助安老及康复服务单位购置、租借和试用科技产品,以改善服务使用者的生活质量,并减轻护理人员及照顾者的负担和压力。

香港的著名高新产业区——香港科技园,近年也积极鼓励乐龄科技的发展,"健康老龄化"为科技园重点发展科研领域,园区内超过100家科技公司积极研发跨科技领域的创新产品及方案,包括辅助设备、预测应用服务、早期诊断设备、穿戴式智能产品及健康监测平台等。此外,园区内设立一间"智慧生活@科学园——家居安老体验馆",展示各类家居安老相关的科技产品。但由于香港市场始终有限,因此需要大规模进行应用时,就缺乏适合的发展空间,所以香港积极与内地寻求合作,而且合作有非常大的空间。

第二节 澳门创新养老合作模式,注重激活民间资本力量

根据澳门统计暨普查局的最新数据显示,截至2019年底,澳门中老年人口占本地人口比已达到11.9%。① 为此,澳门特区政府近年来十分关注人口老龄化所带来的社会问题,不断推出体现社会关怀的各种政策与措施,尤其是敏锐地发现目前本澳在应对长者多元的产品及服务需求方面欠缺相关的配套及产业化成果,所以推出了一系列的措施及行动计划,主要体现在以下六个方面:

一是澳门特区政府透过多种资助措施,推动本地民间机构与政府合作,共同构建起涵盖院舍服务、日间护理及家居照护的长者服务体系。其中家居服务包括了为行动不方便的长者提供送膳、家居清洁、洗澡、洗衣、陪诊、协助外出办理事务等服务。截至2019年底,澳门安老院舍的宿位数目已达约2400个,日间护理中心服务名额已达约340个,家居照顾及支持服务则有6队,可基本稳定本地长者对服务的需求。

二是针对体弱长者的出行难题,澳门社会工作局还通过资助民间机构推出了"上落出行服务计划""非紧急医疗爱心护送服务"及"穿梭复康巴士

---

① 资料来源:《天津市政协专题协商会会议资料》,2020年8月。

服务",为有需要的长者提供上落楼、往返医院、卫生中心或社交出行的出行护送服务。

三是为特别照顾居住于旧式楼宇(无升降机)里的长者,特区政府已经规划推出一批有电梯的长者公寓,预计三年后落成,能够提供两千多个单元。公寓由政府出资兴建,落成后计划由民间机构管理,符合资格的长者可以申请租住。

四是在推动澳门智慧养老产业的发展方面,澳门经济局通过实施《中小企业援助计划》《中小企业信用保证计划》《企业融资贷款利息补贴》等支持措施,向从事养老智能产品相关业务的企业,比如销售智能机器人的企业提供援助。

五是澳门特区政府在《五年发展规划(2016—2020年)》中明确提出要借鉴外地经验,结合澳门社会发展的实际情况,推动"银发产业"的有序发展,并在《2016至2025年长者服务十年行动计划》中进一步提出要研究开办长者社会企业,并考虑为聘用长者的企业提供工作津贴计划。

六是长者服务十年行动计划中还提出在金融产业中推动设立"逆按揭计划",让有需要的长者能选择以自住物业抵押申请贷款,以每月获得足够的生活费,并可继续安居于该物业直至百年归老,保障退休生活质量。

澳门还通过创新养老合作模式、激活民间资本力量,从单一政府主动转变为区域政府间互动、多方主体参与合作的共建共享的养老模式。无论企事业单位(特别是已布局养老产业的金融机构)、社会组织(如提供养老护理服务的社工组织),抑或具备专业技术技能的养老专业人才以及公众,均能够在养老服务行业中发挥各自优势,汇聚发展合力。此外,澳门还十分重视老龄产业的培育和发展,在市场准入、资源分配以及税率等方面给予鼓励性优惠政策,设立粤港澳养老合作基金,推动民间资本参与公共养老服务业。通过强化保障机制衔接,优化从业人员水准。一方面,澳门积极与珠海合作探索澳门老人异地养老保障体制衔接。参考美加、欧盟及长三角等区域间政府合作模式,在粤港澳大湾区设立粤港澳养老合作专责小组,加快实现社会福利和社会综合援助的三地互认,整合三地医疗资源,搭建区域数据平台,实现养老资讯资源共享。另一方面,探索制定养老服务行业从业人员水准评价标准,优先出台养老服务行业急需标准,优化水准分级培训模式,把社会工作领域标准建设做法推广到养老服务标准制定领域,实现养老服务产业标准国际化。

此外,澳门也探索了"养老金融"服务,构建全领域产业集群。发挥澳门、香港金融服务和广东产业规模的领先优势,共同开发特色养老金融产品,协助推进居民个人养老账户的资产配置优化。同时,澳门还积极参与粤港澳大湾区优质生活圈建设,联合内地、香港相关职能部门共同打造具有区域特色的养老用品制造中心,推动形成"港澳研发＋广东制造＋大湾区销售"的研、产、销全领域产业链,探索打造新的经济增长点。

第八章　完善养老服务体系，提高老龄服务事业水平的总体思路

尽管我国各地养老服务体系已经基本建立，但尚存在许多待完善之处。针对运转中存在的问题，本研究提出对策与建议。要从解决好当前制约健康养老服务发展的"堵点""难点""痛点"入手，牢固树立"健、医、养"融合发展理念，大力发展以居家养老为主的养老服务体系，加快推进养老服务基础设施达标和服务能力建设，鼓励社会资本投入养老服务领域，推进老年健康产业良性发展。因"医养结合"已经成为我国养老的最基本的服务模式，因此该问题单独列章分析。

第一节　构建养老服务需求评估体系，最大限度满足老年人多元化需求

面对未来严峻的养老形势，必须提前布局养老服务体系，制定养老服务的战略目标。而构建养老服务需求评估体系应该是我国养老服务体系中重要的基础部分，它直接影响着我国养老服务事业的发展方向。政府部门在将养老事业纳入经济和社会发展整体规划之中的同时，要充分了解老年人的切实需要，建立全方位、专业化的社会化养老服务体系。养老服务体系必须面对老年人的全面需求，既包括基本的养老服务需求，也包括多元化的其他养老需求。根据老年人实际需求，借鉴世界其他国家和地区的经验，结合

以"421"为代表的家庭结构日渐成为社会主流的国情,建立在实证调查基础上,本书提出以下对策与建议。

一、充分认识养老服务需求评估在养老服务体系中的重要性

养老需求评估在养老服务体系中占据重要地位,根据老年人的不同服务需求构建具有中国特色的养老服务体系意义重大。建立养老需求评估体系是我国养老服务事业发展的必然要求,因此有必要制定颁发养老服务需求评估的相关规定,尽快构建一个符合中国老年人需求实际、操作简便、惠及全体老年人的系统、科学、规范、有效的养老服务需求评估体系。

第一,构建养老服务需求评估体系有助于保障有限的养老资源得到公平公正的分配。养老服务需求是一种公共需求,因此养老服务的提供更要强调其福利性、公益性与公平性。建立科学、客观的养老需求评估体系,对老年人养老服务需求进行评估,将养老服务资源优先分配给最需要的老人,并根据老年人需求提供有针对性的服务,保障老年人合法权益,有助于在养老服务中形成公平机制,引导养老服务资源的公平与合理配置。

第二,构建养老服务需求评估体系有助于提高养老服务需求与供给的匹配程度,使有限的资源发挥最大功能。老年群体是异质性很强的群体,每个人都有不同的养老需求和养老意愿,因此合理配置养老资源,为老年人提供符合其切身需要的社区养老服务具有重要的现实意义。在目前养老社会服务资源有限的情况下,除了大力发展社会化养老服务以外,考虑什么样的老人应该优先得到服务外,还要针对不同情况,提供相应的服务,这就涉及养老服务需求评估问题。通过养老服务需求评估,根据老年人的不同需求,提供居家养老、机构养老等不同服务,使老年人得到最适合的服务项目。根据需求意愿鉴别老年人所需的养老服务项目,为老年人提供个性化养老服务,有助于提高养老服务效率与效益,提高社会满意度,也能够节约社会资源。

第三,构建养老服务需求评估体系有助于为养老服务政策与制度的制定提供科学的参考依据。对养老服务需求进行评估,根据老年人服务需求

意愿提供养老服务，是科学开展养老服务、提高养老服务效率与满意度的前提。国家在制定老年人的社会保障、福利、公共卫生等政策时充分考虑到庞大的老年群体的特殊需求，各地根据本地区的经济社会发展实际情况，以供需矛盾为切入点，围绕城市老年人服务需求，不断完善我国养老服务体系，有助于政府提高决策水平，使决策更加科学化、精准化。对养老服务需求进行评估有助于我国养老服务事业提高社会化和专业化发展水平，提高养老服务质量。

第四，构建养老服务需求评估体系有助于充分调动和发挥社会多方力量参与养老服务的供给，改变养老服务需求多样化而供给单一的现状。正是由于我国庞大的老年人群以及多元化的老年人需求，能够激发社会提供养老服务的热情，分解政府的沉重负担。通过养老需求评估，有助于细分养老服务市场，挖掘有偿养老服务的潜在需求，使公办与私立养老机构、社区居家养老服务以及其他多元化的养老服务得以持续发展，不同的老年人需求得到充分满足。如，对养老机构的养老服务需求包括对养老机构的了解程度、入住养老机构的需求、养老机构的服务价格与标准、期望得到的机构养老服务的种类等；对社区养老服务需求包括日常照料需求、医疗保健需求、精神慰藉需求以及社会参与需求等。

第五，构建养老服务需求评估体系有助于落实并保护《老年法》规定的老年人的权益。1996 年通过、2012 年修订（2013 年 7 月 1 日起施行）的《中华人民共和国老年人权益保障法》第五、三十、三十九、四十一条明确规定：国家建立和完善以居家为基础、社区为依托、机构为支撑的社会养老服务体系；国家逐步开展长期护理保障工作，保障老年人的护理需求；各级人民政府应当根据经济发展水平和老年人服务需求，逐步增加对养老服务的投入；政府投资兴办的养老机构，应当优先保障经济困难的孤寡、失能、高龄等老年人的服务需求。这些法律规定为开展和加强我国养老服务需求评估体系的构建提供了充分的法律依据。①

二、建构科学的养老服务需求评估指标体系

随着老年人对社会养老的需求日渐强烈,对老年人的养老需求进行客观公正的评估,成为提高养老服务质量、发展我国养老福利事业的迫切需要。如前所述,对老年人的养老服务需求进行评估,首先必须建立一套科学、规范、可操作的指标体系,并且指标体系构建应覆盖所有老年人群,而非专门针对有入住养老机构的老年人。指标体系的构建,既要认真吸收人口学、经济学、社会学、心理学、公共政策学、社会工作等学科的相关理论,也要充分考虑实际操作层面的各种要素。考虑到各省市的实际情况不同,各省市可以建立自己的养老服务需求评估指标体系。

建立指标体系要以"有类别、分层次、可测量"为原则,最终目的是依据老年群体的需求提供相应的养老服务,提高养老服务资源的利用效率与服务效率。如何在指标设计上充分考虑老年群体的个性差异和需求服务的多样化,以及怎样综合考虑指标要体现指标体系的简明性、可得性、可操作性和具有代表性,既借鉴国际上相关标准,又要使指标的设定能有效针对我国老年人的实际情况,是需要进行深入研究并不断在实践中摸索的。

(1)养老需求评估指标体系构建应该体现出层次性与类别性,满足不同老年人的养老需求偏好。从"层次性"来看,基于不同年龄、收入、健康状况以及居住状况等个体特征对老年人养老服务需求的影响显著,本书前面提出可以从四个层次设计指标以了解老年人的养老服务的需求状况:一是老年人的基本背景材料,包括老年人的年龄、收入、居住情况等。二是老年人具体的养老服务需求,包括老年人养老服务方式需求的评估,以及对家庭、社区、养老机构、政府和市场提供的不同养老服务方式的各种内容需求的了解。三是老年人的健康状况,如日常生活自理能力、日常生活活动能力等。

---

① 《中国人民共和国老年人权益保障法》,http://baike. baidu. com/link? url = w6MpwVi－TXyx-JuUPL7dNaKZ4Vm7Hg3fNKqqk8i4vNtxmPL7iYjGov3X__CUNRhdy0gmuE7NVPYy－LprClF3kqa,2015－05－05。

民政部 2013 年发布了《老年人能力评估》行业标准，[①]评估指标涵盖了老年人日常行为能力、精神卫生情况、感知觉情况、社会参与状况等，应该是这一层次指标设计的主要依据。四是老年人对养老服务的需求还受其消费观念和子女消费意愿、政策环境、宣传等因素影响，可以设计这一层次指标。此外，在养老需求评估体系中还应该附上老年人子女的相关资料，包括家庭住址、工作单位、联系方式等。

（2）从"类别性"来看，可以从对提供服务的不同主体角度，对老年人的养老服务需求进行评估，具体可以分为：一是家庭养老的服务需求的评估，主要以自助型家庭养老的老年人为评估对象，了解其需要提供的养老服务类型、服务内容以及服务标准。这一类型的评估主要用于市场的有偿微利服务、社区经营服务、志愿服务以及对部分人的政府购买服务。二是机构养老服务需求的评估，主要以有入住养老机构的老年人为评估对象，用于养老机构提供的养老服务和服务等级。这一类型还可以进一步分为两大类：其一是作为入住公办养老院的依据，按照民政部提出的养老服务评估的标准进行；其二是作为入住民办养老院或其他养老机构提供多元化服务的标准。三是社区养老服务需求评估，主要以在社区养老的老年人为评估对象，根据社区老年人的实际需求，开展助餐、助浴、助洁、助行、助医、助急以及心理慰藉等多种社区居家养老服务。

三、有效运用需求评估方法，确立评估程序

（一）有效运用需求评估方法

用科学的测量方法，理性、客观地反映老年人的生活状态、养老服务需求，构建科学、规范、可操作的养老服务需求指标衡量体系，可以提高老年人的生活质量，并使政府提供的服务取得强有力的说服力。《关于推进养老服务评估工作的指导意见》提出，养老服务的评估要将定性分析和定量分析相

---

① 民政部：《老年人能力评估（行业标准）》，http://www.sdmz.gov.cn/articles/ch00237/201407/c164695c-e9eb-4234-87d0-888388a3d699.htm.2014-07-10。

结合,积极探索将评估指标与可通过面谈、走访等方法观察反映的指标相结合,逐步建立科学、全面、开放的评估指标体系。养老服务需求评估同样需要结合定性和定量研究方法,分析老年人的服务需求与目前供给之间的差距,从而为政府应对人口老龄化带来的养老难题提供科学依据和政策建议。在指标设计过程中,要运用科学有效的方法。常用的需求评估方法包括文献法、抽样调查方法、问卷法、深度访谈法以及德尔菲法、层次分析法,并利用统计分析的方法,对问卷调查结果进行分析。其中,通过运用德尔菲法等方法,能够在充分调研基础上构建一套评估指标体系;在评价过程中,通过运用层次分析法,能够将指标细化并得出相应结论。因此,养老服务需求评估可以重点运用德尔菲法与层次分析法,确定各级指标权重,建立综合评价模型。

德尔菲法(Delphi)又称专家调查法,起源于20世纪40年代,是一种非见面形式的专家意见收集方法和"一种高效的、通过群体交流与沟通来解决复杂问题的方法"。德尔菲法作为一种科学的专家意见评价法,最先用于市场的预测,取得良好的效果,随着其自身不断地完善,目前已经被广泛地应用于经济、社会领域等多方面的评价。德尔菲法作为一种专家调查法,是在专家个人判断法和专家会议法的基础上发展起来的一种直观判断和预测的方法。养老需求评价目标确定与初选指标集确定后,向有关专家提出具体的评估问题,然后由专家做书面或口头回答。每个专家按要求做出回答后,进行意见汇总,列成图表,进行对比,再分发给各位专家,让专家比较自己同他人的不同意见,修改自己的意见和判断。一般要经过2—4轮的意见收集和信息反馈。在向专家进行反馈时,只给出各种意见,不说明发表各种意见的专家的具体姓名。这一过程重复进行,直到每一位专家不再改变自己的意见为止。

层次分析法(Analytic Hierarchy Process,简称AHP),是美国运筹学家萨迪(T. L. Saaty)教授于20世纪70年代初提出的。AHP是从系统的观点出发考虑决策的问题,将项目风险及应对措施等难以量化的因素,进行重要性、影响力、优先程度的量化分析,为科学决策提供依据。因此,AHP是对定性问题进行定量分析的一种简便、灵活而又实用的多准则决策方法。它的特点是把复杂问题中的各种因素通过划分为相互联系的有序层次,使之条理化,又将这些因素按支配关系分组形成递阶层次结构,根据对一定客观现实的主观判断结构(主要是两两比较),把专家意见和分析者的客观判断结果直接而有效地结合起来,将每个层次元素两两比较的重要性进行定量描述。最后,利用数学方法计算反映每一层次元素的相对重要性次序的权值,通过所有层次之间的总排序计算所有元素的相对权重并进行排序。

AHP是通过两两比较的方式确定各个因素的相对重要性,然后综合决策者的判断,确定决策方案相对重要性的总排序。层次分析法适用于多目标决策,用于存在多个影响指标的情况下,评价各方案的优劣程度。当一个决策受到多个要素的影响,且各要素间存在层次关系,或者有明显的类别划分,同时各指标对最终评价的影响程度无法直接通过足够的数据进行量化计算的时候,就可以选择使用层次分析法。该方法自1982年被介绍到我国以来,以其定性与定量相结合地处理各种决策因素的特点,以及系统灵活简洁的优点,迅速在我国如城市规划、经济管理、科研评价等社会经济领域得到广泛的重视和应用。因此,其在养老服务需求评估中,也会同样有助于养老服务政策、制度、方案的决策。

德尔菲法的优点在于专家仅凭对评价指标的外延和内涵的理解即可做出相应判断,使用范围广,但不足之处在于,专家对指标的认识容易受主观性制约。因此,选择专家要充分考虑专家的代表性。AHP法的主要特点是定性与定量分析相结合,将人的主观判断用量化形式表达出来并进行科学处理,适合养老研究领域的复杂情况,但当构成要素较多时,会给专家的判断带来不利影响。在德尔菲法定性分析的基础上,应用层次分析法建模,能够结合两者优势,从而为项目决策过程中方案的选择提供重要的依据。①

(二)确立科学评估的程序

养老服务需求评估指标选择应该遵循如下程序:

(1)确立指标。第一,指标预选。本着科学性、系统性、准确性、可操作性和易度量性等原则,通过对国内外相关文献研究,参考有关养老服务需求方面的研究成果,在充分调研、查阅大量资料的基础上,综合我国老年人养老需求的特点,对需求评估内容进行分析、分解,预选出符合指标体系构建目的和原则的一定数量、具有代表性的指标,构成预选指标集。可以初步建立若干个一级指标,若干个二级指标,及若干个三级指标。第二,咨询专家。通过采用德尔菲法,即专家以匿名方式发表意见,对预选出来的指标集形成专家咨询调查问卷草案,再通过多轮函询,经过反复征询、归纳、修改,最后由调查人员对专家提出的意见和结果进行整理、统计和分析,汇总专家的意见后,依据专家咨询所得结果,得出大多数专家同意选取的指标。

(2)确定指标权重。运用德尔菲法和 AHP 法相结合的形式确定指标权重。在第一轮专家咨询时,要求专家对参考权重提出修改意见,根据专家意见进行分析整理,制定第二轮专家问卷相应的指标参考权重,并进行第二轮咨询,根据专家意见,得出德尔菲法所确定值。在第二轮专家咨询时,利用问卷得出专家对各级指标的相对重要性进行赋值,运用 AHP 分析法建立层次分析模型,构建构造判断矩阵,通过计算确定指标权重,并检验其逻辑一致性。通过德尔菲法和 AHP 法所得出的两个值进行结合,得出评价指标权重的最终确定值。

(3)确立养老需求综合评估体系(模型)。根据我国文化背景下老年人的特点以及其养老服务需求多元性、异质性的客观规律,运用线性加权综合评价方法,以加权平均型的评价模型为基础,最终建立养老需求评估模型。

---

① 刘光富、陈晓莉:《基于德尔菲法与层次分析法的项目风险评估》,《项目管理技术》,2008 年第 1 期。

四、倡导多元化的养老服务需求评估主体与养老服务供给

（一）倡导多元化的养老服务需求评估，加强评估主体的培训

老年人的养老需求由谁来评估实际上也会影响养老服务的实际供给。养老服务需求评估的主体应该多元化。在多元主体中，政府作为养老服务政策、制度的制定者，最重要的不是直接参与养老服务需求的评估。政府的主要任务是制定养老服务需求评估的原则，指导养老服务需求评估的工作，监督养老服务需求评估是否客观公正，科学有效地运用好养老服务需求评估的结果。可以采取"政府购买服务、社工介入等方式，积极鼓励社会力量参与，合理确定本地区养老服务评估形式"[1]。在购买养老评估方面，主要包括老年人能力评估和服务需求评估的组织实施、养老服务评价等。[2] 国务院于2013年也对政府购买服务做出明确规定：凡适合社会力量承担的，都可以通过委托、承包、采购等方式交给社会力量承担。

政府向社会力量购买服务的内容为适合采取市场化方式提供、社会力量能够承担的公共服务。教育、就业、社保、医疗卫生、住房保障、文化体育及残疾人服务等基本公共服务领域，要逐步加大政府向社会力量购买服务的力度。承接政府购买服务的主体包括依法在民政部门登记成立或经国务院批准免予登记的社会组织，以及依法在工商管理或行业主管部门登记成立的企业、机构等社会力量。[3] 养老服务需求评估属于公共服务领域，符合政府购买服务的要求。尽管目前我国社会力量参与养老服务事业还略显不足，一些承接购买服务的主体的水平也参差不齐，但一些专业化的社会力量承接养老服务需求评估的工作总体上有利于我国养老服务体系的建设。一

---

① 《民政部关于推进养老服务评估工作的指导意见》（民发〔2013〕127号），http：//www. mca. gov. cn/article/zwgk/mzyw/201308/20130800498738. shtml，2013－08－01。

② 《财政部、发展改革委、民政部、全国老龄办关于做好政府购买养老服务工作的通知》（财社〔2014〕105号），http：//www. mca. gov. cn/article/zwgk/fvfg/shflhshsw/201409/20140900695656. shtml. 2014－09－03。

③ 《国务院办公厅关于政府向社会力量购买服务的指导意见》（国办发〔2013〕96号），http：//www. gov. cn/zhengce/content/2013—09/30/content 4032. htm。

是各省市要积极引入高校、科研机构参与,建立一个公正、专业的养老服务需求第三方评估机构,由其出具评估意见,确定对老年人提供相应的不同养老服务。二是各省市民政部门要会同其他相关部门成立养老服务需求评估指导小组,对养老服务需求评估进行组织、指导、协调与监督。三是构建养老服务需求评估的基层组织网络。充分发挥社区代表大会、居委会、社区老年协会的作用,协助有关机构完成入户访谈、问卷调查等任务。四是尤其需要注意的,老年人养老服务需求的评估中一个不容忽视的主体是老年人自身。本书的问卷调查显示,老年人选择养老服务方式时以自我意愿为主的排在第一位;同时老年人的子女与老伴对老年人选择何种养老服务方式也起着重要的影响作用。因此,政府、社区与社会机构提供养老服务时首先要考虑的是老年人的个人意愿以及其亲人的看法。构建养老需求评估的组织网络,对评估人员进行培训专业就显得十分必要。

(二)倡导多元化的养老服务供给,满足老年人差异化需求

1. 倡导多元化的养老服务供给

现代社会需要提供社会化、产业化、专业化的养老服务。政府财力不足时,满足老年人多元需求,就要充分发挥市场的力量、社会的力量(民众、社区、社团、非营利性机构等),鼓励多元主体的积极介入,并引入市场机制,从而保证养老服务提供的质量、数量和效率。据前瞻产业研究院发布的《2015—2020年中国养老产业发展前景与投资战略规划分析报告》显示,2014年年末,我国每一千名老年人拥有养老床位约有27张,这一比例远低于发达国家50‰至70‰的平均水平。同时,服务项目偏少,养老服务设施功能不完善、利用率不高,还不能满足需求。① 尽管民政部新闻发言人陈日发提出,2015年我国将力争各类养老床位达到663万张,每千名老人拥有养老床位数达到30张,日间照料服务基本覆盖100%城市社区和50%以上的农

---

① 姚磊:《中国老年人口数世界第一,社会化养老服务需求巨大》,http://www.qianzhan.com/analyst/detail/220/150619-25893cc4.html,2015-06-19。

村社区，①且不论能否真正实现，仅就我国老年人的需求而言，仍然存在巨大差距。如果仅仅依靠政府来解决，在很长时期内都难以满足我国老年人的养老服务需求。

目前老年人多元化的养老需求呈金字塔型。依据老年群体对养老模式需求的人数多少，我们将养老模式区分为：自助性家庭养老（即自助性居家养老模式，这是目前老年人选择最多的模式，主要是身心健康、完全能够自理、与配偶或子女同住，能够发挥余热的低龄老年群体）；由社区提供有偿微利服务的社区居家养老模式；由政府牵头、企业运作的宜居社区集中养老模式；机构养老模式（包括公办养老院与民办养老院）。根据上述不同群体的养老需求，政府应发挥引导作用，开发多种渠道，提供人性化管理和特色化服务，满足不同老年人的需求。

养老服务作为一种社会福利，政府责无旁贷的是服务供给的主体。面对我国老年人多元化、异质性的养老服务需求，政府必须承担起责任，满足老年人的需求。但是政府不是养老服务提供的唯一主体。养老服务的主体是多元化的，政府在多元主体中主要起的作用是兜底服务。对当代社会政策产生重要影响的福利多元主义（welfare pluralism）强调，福利的规则、筹资和提供由不同的部门共负责任，共同完成。其代表人物罗斯认为，国家在提供福利上的确扮演着重要的角色，但绝不是对福利的垄断。放弃市场和家庭，让国家承担完全责任是错误的。市场、国家和家庭作为单独的福利提供者都存在一定的缺陷。为此，三个部门应该联合起来，相互补充，扬长避短。② 福利多元主义另一位代表人物约翰逊（Johnson）则将福利主体分解为非正式部门、自愿部门、商业部门和政府部门。非正式部门包括亲属、朋友与邻居，自愿部门包括睦邻组织、自助或互助团体等，两者的区分是组织化

---

① 民政部：《2015 年力争每千名老人拥有养老床位数 30 张》，http://news. youth. cn/gn/201501/t20150126_6434354. htm 2015 - 01 - 26。

② 彭华民、黄叶青：《福利多元主义：福利提供从国家到多元部门的转型》，《南开学报》，2006年第 6 期。

程度。^① 目前世界普遍的趋势是,认同福利提供的主体是多元化的,政府只是多元中的一元。

虽然我国提出,凡适合市场化方式提供、社会力量能够承担的,根据养老服务的性质、对象、特点和地方实际情况通过政府购买服务方式提供方便可及、价格合理的养老服务,但也特别强调,政府购买养老服务应该在突出公共性和公益性,按照量力而行、尽力而为、可持续原则的同时,还应注重按需提供服务原则提供多元化服务。目前民政部规定的养老服务购买,重点在生活照料、康复护理和养老服务人员培养等领域。^② 实际上,在我国老龄人口中,低龄老年人居多。以天津市为例,第六次人口普查结果表明,天津市低龄老年人比例最高,达 56.57%。其中 60—64 岁年龄段的老龄人口最多,约占老龄人口总数的 1/3,为 34.56%。低龄老年人比例高,表明存在可以挖掘的老年人口红利,同时也意味着老年人的养老观念在变化,完全依赖政府解决自己养老问题的老年人在逐步减少,认同养老也需要自己承担与付出的人在增加。尤其是健康的低龄老年人,更愿意选择自助型的养老方式。调查表明,老年人首选的就是自助型家庭养老方式。

2. 通过多元供给,满足老年人差异化需求

在本书设计的养老需求指标中,考虑了多元主体提供的服务,包括了家庭成员、市场、政府、社区,还包括了志愿服务等。本书的问卷抽样调查表明,不同年龄、收入状况、健康状况与居住状况的老年人的养老需求存在显著性差异。养老需求评估应该根据调查所反映老年人的养老服务需求与意愿,提供有针对性、相对精准的服务。政府与社会应该根据老年人的多元化需要,提供多元化的养老服务方式。

---

① 韩央迪:《从福利多元主义到福利治理:福利改革的路径演化》,《国外社会科学》,2012 年第 2 期。

② 《财政部、发展改革委、民政部、全国老龄办关于做好政府购买养老服务工作的通知》(财社〔2014〕105 号〕,http://www.mca.gov.cn/article/zwgk/fvfg/shflhshsw/201409/20140900695656.shtml. 2014-09-03。

第一，自助型家庭养老方式目前仍然是我国绝大多数老年人的首选。这种养老方式或者是完全依靠自家子女与老伴照顾，或者是老年人自己身心健康，能够自我照顾。这部分老年人实际上是通过自我服务或家庭成员的服务，自行解决了老年人的养老问题。这是一种通过家庭成员之间的互助与自助行为，使老年人的生活得到保障的机制。尽管我国传统的家庭养老面临严峻挑战，中国老年人的养老观念在不断与时俱进，但目前我国绝大多数老年人首选的仍然是自助型家庭养老方式（抽样调查表明，选择这一养老方式的老年人占75.1%）。不同年龄、收入的老年人没有显著性差异，但不同老年人的健康状况与居住状况具有显著性差异。其中，健康并完全自理的、与子女及老伴一起居住的老年人选择自助型家庭养老最多（分别为82.2%、83.5%），完全不能自理的老年人、与亲戚一起居住的老年人选择这一养老方式的最少（分别为50%、20%）。因此，政府要针对我国的现实情况与老年人养老意愿，尽可能提供针对老年人的、多元化的公共服务。

调查表明，绝大多数健康完全能够自理、与子女及老伴一起居住的老年人选择了自助型家庭养老方式，特别是还有50%的完全不能自理的老年人以及1/5的与亲戚一起居住的老年人也选择了这一传统的养老方式，实际上他们是为政府与社会分担了部分养老责任与压力，甚至还在为社会与家庭做贡献。作为政府与社会，也有责任帮助这部分老年人以及他们的家庭提供适合他们需求的服务项目，尤其是针对完全不能自理的老年人的服务，使这部分老年人的老年生活更加便利，生活质量得到进一步提高。然而随着我国家庭规模小型化，家庭养老的供给能力急剧减弱。特别是独生子女一代如何照顾老人，成为重要的社会问题。对于身体健康或者子女多的家庭来说，自助服务完全能够解决养老问题，不会给家庭带来更多的负担。但对于规模小型化的家庭，一旦老人身体健康出现问题，这种养老服务方式就面临巨大挑战。

第二，老年人的第二选择是社区分散居家养老方式（占29.5%）。这种养老方式是目前我国提倡的以居家为基础、社区为依托、机构为支撑的养老服务体系,老年人居住在自家,由社区提供有偿微利的养老服务。由于我国社会养老机构从数量上、质量上都难以满足现在的老年人养老服务需求,最可行的发展趋势还是社区养老。社区居家养老服务的内容应该包括三个层面:一是以老年人日常生活照料为主的服务,是一种层次较低的、仅维持生存式的居家养老服务;二是包括生活照料和精神慰藉两个方面,使老年人在社区生活和精神双重服务下安享晚年;三是满足老年人日益增长的美好生活需要。而目前我国绝大多数社区养老服务仅停留在最低层面。不同年龄与居住状况在选择社区分散居家养老方式时,没有显著性差异,不同收入与健康状况的老年人具有显著性差异。其中,完全不能自理的老年人、无收入的老年人选择社区分散居家养老方式更多一些(分别为 37.5%、38.5%),健康并完全自理的老年人、收入在 4000 元以上的老年人选择少一些(分别为 23.8%、17.2%)。

老年人的居家养老服务最主要的需求是家政服务与家人照料。基于我国正在大力推进社区居家养老,因此本书有关居家养老服务内容单独设计指标,以充分反映老年人的社区养老服务需求。调查结果显示,老年人更愿意依靠家庭成员提供照料(48.8%);老年人需要更多的是家政服务(43.8%),特别希望社区能够提供日常的也是家政服务(53.9%),30.9%的老年人需要日间照料服务,21.0%的老年人需要送餐服务,16.6%的老年人需要代购服务;40.0%的老年人希望得到保健康复服务,32.4%的老年人需要紧急救助服务,21.9%的老年人在社区希望得到家庭病床的服务,7.0%的老年人需要医院家庭病床与护理和与陪护服务;15%左右的老年人希望得到社会志愿服务与邻里互助;21.6%的老年人需要文化娱乐服务,8.3%的老年人需要社交聊天服务,7.0%的老年人需要心理健康服务;对于政府直接提供的服务,老年人并没有寄予全部希望,希望得到政府补贴的不到 1/3(29.0%),希望得到政府提供购买服务的约 1/10(11.0%)。本次调查结果表明老年人对政府提供的购买服务缺乏认识与认同,也许是宣传方面存在问题,或者反映出政府在提供购买服务方面存在某些问题。

　　第三,养老机构也是老年人愿意选择的主要养老服务方式。其中,公办养老院服务方式同样是老年人的第二选择,占29.5%;选择民办养老院(老人公寓)的为14.1%。不同年龄的老年人在选择公办养老院上,没有显著性差异,但不同收入、健康状况、居住状况的老年人在选择公办养老院项目上存在显著性差异。其中,有疾病并部分自理者、无收入者、与亲戚一起居住的老年人选择公办养老院最多(分别为42.5%、42.3%、50.0%),健康并完全自理的老年人、收入在4000元以上和1000元以下、与子女或老伴一起居住的老年人选择少一些(分别为25.1%、24%、25.5%左右)。此外,不同年龄、收入、健康状况、居住状况的老年人在选择民办养老院时都有显著性差异,其中,65—69岁与90岁以上老年人、有疾病但部分自理者和完全不能自理者、收入低于1000元者、独居老年人选择民办养老院的多一些(分别为17%左右、22%左右、20.3%、24.5%);60—64岁和70—89岁、收入2501—4000元、健康完全自理、与子女及老伴一起居住的老年人选择民办养老院最少(分别为12%左右、5.0%、9.0%、9.8%)。老年人选择养老机构最关注的是服务质量与服务价格。尽管选择民办养老院的人(14.1%)比选择公办养老院的少了一半(29.5%)但实际上只有4.0%的老年人关心机构归属问题,老年人主要关心的是养老院的服务质量(63.6%)、服务价格(46.8%)以及服务态度(36.6%);还有部分老年人关心养老院地点远近(29.8%)、自然环境如何(24.5%)、养老院的人文环境(17.0%)以及养老院的交通是否便利(8.8%)和硬件设施情况(6.9%);目前阶段极少有人关心养老机构品牌信誉(2.6%)。

　　第四,兼顾老年人的其他养老需求,提供多元化的养老服务方式。调查显示,有7.2%的老年人选择了宜居社区集中养老的养老方式,还有3.2%的老年人愿意接受"以房养老"倒按揭的养老方式。

　　宜居社区集中养老的养老方式是专门为老年人设计,居住相对集中,只租不售,统一管理,能够给老年人提供家政服务、医疗保健和饮食服务等住宅区集中式的居家养老。老年宜居社区集中养老是继居家养老、机构养老服务后,又一新型的养老服务模式。2012 年底新修订的《中华人民共和国老年人权益保障法》,把老年宜居环境建设纳入其中。在第六章专列宜居环境,共四个条文概括规定了老年宜居环境建设的总体要求;规定了政府加强老年宜居环境建设的主要任务;在具体环境建设上,重点规定了无障碍环境建设;从城乡规划、涉老工程建设标准、宜居社区建设等方面都作出具有一定前瞻性的制度安排。①

　　各地积极探索社会资本投入养老服务业,制定配套的支持政策,推动社会力量兴建老年宜居社区,满足养老服务多样化、多层次需求。以天津市为例,通过对养老现状进行调查研究(国家统计局天津调查总队发布的《天津市老龄服务业发展需求的调查研究》结果显示:有 19.0% 的老年人愿意去老年社区居住②),参考国内外先进养老社区运营理念与成功经验,天津市将机构养老、居家养老、集中养老三种养老模式相结合,构建了全新的养老服务方式,并规划建设老年宜居社区 10 处。其中,宝坻区的云杉镇、武清区河西务镇的卓达太阳城等老年宜居社区已实现入住。静海区为全国养老服务业综合改革试点单位,按照"配套齐全,户型要小,出租经营"的原则,探索可复制、可推广的居家养老新模式,在老年宜居社区建设等方面进行了改革探索,建设康宁津园老年宜居社区。这是由政府引导,由天津市旅游集团开发建设的全国首个大型养老机构。这种老年宜居社区采用会员制养老方式,满足养老服务多样化、多层次需求,突出了全龄化、全模式、全程持续照护,为老年人提供自理、介护一体化的养老服务。老年人以"家"为单位入住,拥有完全独立的单元房。楼栋管家、专业秘书、生活服务员为会员提供生活服务、快乐服务和健康管理等服务。设立三级医疗式健康管理体系,会员"小病不出楼、常病不出园、大病直通车",提供医疗健康护养一体化服务。如,幸福社区,总建筑面积约 44 万平方米中,幸福社区建筑面积约 24 万平方米,

---

　　① 《中国人民共和国老年人权益保障法》(2013 年 7 月 1 日起施行),http://www.mca.gov.cn/artide/gk/fg/ylfw/202002/20200200024078.shtml.
　　② 《2015 年天津建设 10 处老年宜居社区,近两成老人愿住》,《天津日报》,2013 年 9 月 25 日。

设计老年公寓 2000 余套,亲情社区建筑面积约 20 万平方米。亲情社区为商品住宅开发项目。幸福社区包括老年公寓、护养院、医院、康复理疗中心、文化娱乐健身、中央厨房、幸福食堂、超市、温泉会所等,适老化设施完善,可为老年人提供自理、介助、介护一体化的持续性养老服务。

目前,在天津已经正式对外开放的老年宜居社区内,超六成是年龄在 60 岁左右的市民,大多预订两三套养老房,与父母一起居住养老,方便照顾,可以解决年轻老人养老还要为父母养老的问题。这种"家族式养老"可能会成为一种新的养老趋势。调查显示,不同年龄、不同健康状况的老年人选择宜居社区集中养老方式没有显著性差异,不同收入、不同居住状况老年人有显著性差异。其中,收入在 1000 元以下和无收入者、与亲戚一起居住的老年人选择宜居社区集中养老方式的多一些(分别为 11% 左右、40.0%),与子女及老伴一起居住的老年人、收入在 1001—2000 元的老年人选择的更少一些(分别为 5.0%、3.5% 左右)。

"以房养老"是一种以房屋继承或抵押等方式获得养老金。2013 年,国务院印发《关于加快发展养老服务业的若干意见》(国发〔2013〕35 号),提出将有规划地试点"老年人住房反向抵押养老保险"①。这是由老年人将自己的房产抵押给银行获得贷款,作为养老的费用。试行"以房养老",在社会上引起了广泛的热议。尽管老年人选择"以房养老"倒按揭养老方式的极少,但是毕竟还有 3.2% 的老年人愿意选择这种养老方式。鉴于我国老年人口基数大,因此这部分老年人的需求也不能小视。调查显示,不同年龄、健康状况的老年人没有显著性差异,不同收入、居住状况的老年人具有显著性差异。其中,收入低于 1000 元、与亲戚一起居住的老年人选择"以房养老"相对多一些(6.0%、20%),无收入、与子女及老伴或与子女一起居住的老年人基本没有人选择(分别为 0、1.7% 左右)。但在试行"以房养老"的过程中,

---

① 《国务院关于加快发展养老服务业的若干意见》,http://www.gov.cn/zhengce/content/2013—09/13/content_7213.htm。

各地陆续出现了一些人打着"以房养老"旗号,诈骗老年人钱财的案例,必须引起高度重视。

五、积极借鉴养老服务需求评估的有益经验

养老需求评估在养老服务中占据重要地位,发达国家都有完善的评估体系。国外对养老服务需求评估研究起于对生活质量的关注和评价。生活质量概念的提出源于 20 世纪五六十年代,美国加尔布雷斯、罗斯托等学者发现用传统的国民生产总值(GNP)难以衡量社会的发展和谐与人民生活水平,于是提出了生活质量(Quality of Life)这一概念,以反映社会的总体发展水平。随后建立了 PQLI(物质生活质量指数)、ASHA(美国社会健康协会指数)、HDI(人类发展指数)等指标体系来衡量生活质量。[①] 国外对养老服务需求研究集中在 20 世纪 70—90 年代,老年人个体因素如老年人的人口学、家庭情况、经济状况、身体情况等对机构养老服务需求有影响,突出了老年人性别、年龄、是否有人照顾及身体状况等因素对机构养老服务需求的影响。

老年人 ADL 测量手段研究是研究的奠基之石。研究者主要借助各种 ADL 量表,综合构造出一个指数来反映老年人 ADL 状况。20 世纪 70 年代初,Lawton、Brody、Barthel 以及 Katz 等多位学者对于老年人 ADL 的测定进行了深入研究并制定了一系列可操作性的量表,如 Katz 分级法(1963)、Barthel 指数(1965)、Frenchay 指数(1983)以及 FIM 机能自立度测定(1985)等。[②]美国 M. P. Lawton 教授提出以量表测量"身体自理性能力",将人的活动能力概念化,认为人的活动能力由低到高大致可分为维持生命、人体机能健康、智能认知、身体性自理、手段性自理、状态对应和社会作用 7 个层次,其中"维持生命"是人类最原始单纯的活动能力,其他的则为逐步提高的高级复

---

① 孙鹃娟:《对我国老年人生活质量的理论思考——从国外生活质量研究中得到的启示》,赵宝华主编:《提高老年生活质量对策研究报告》,华龄出版杜,2002 年,第 148~149 页。

② 王瑞华:《日常生活活动能力(ADL)的测定》,《中国医刊》,1994 年第 4 期。

杂行动能力。[①] 凯茨(K. Katz)根据 Lawton 等人的活动能力的理论,于 1963 年开发出 ADL 量表(Active of Daily Living),用于测定日常生活能力,评估生存质量。[②] 这是目前世界上使用最广泛的从日常起居的基本生活活动层面的评价量表,但只适合高龄体弱老年人;1982 年 Kats 将测量扩大到社区老年人范围,纵向了解老年人生活自理能力。为了评价老年人在现代社会环境中所需要的日常生活活动能力,Lawton 等人又开发了 IADL,即工具性日常生活活动能力评价量表,[③]指在现代社会生活中依靠手段、工具一个人独立进行的基本生活活动和社会活动,如从事家务、打电话、购物等。

James 等从全美老年人长期护理需求调查数据库中选取 3837 名信息完整的老年人,分析医疗救助计划和经济因素背景下老年人对机构养老服务需求的影响因素,结果发现由医疗救助计划提供入住养老机构费用的老年人,多是子女人数少、无配偶、生活不能自理及存在认知缺陷等的老年人。Oliver 从养老机构服务质量评估方面指出,质量乃是评估一种服务是否优秀、是否有价值,这种评估是有价值取向,是从比较一些评估标准而得来的,而且是经过长时间累积而形成的。[④]

曾被称为欧洲养老机构最多的国家——荷兰,开发出养老服务需求评估体系(AWBZ),包括居家养老评估和机构养老服务评估,目的是保证老年人的长期照料和治疗的需要。政府根据评估资助老年人养老院、疗养院、残疾人照料和居家照料的费用,保证了低收入老年人老有所养,维护了老年人之间的平等,使照料服务更为透明。[⑤] 政府通过第三方评估,安排那些生活不能自理或部分不能自理的老年人入住照护院或护理院。这些老年人平均

① 孙鹃娟:《中国老年人生活质量研究》,知识产权出版社,2007 年。
② Kate S, Branch LG, Branson MH, Papsidero JA, Beck JC, Greer DS: Active life expectancy, N Engl J Med, 1983, p. 309.
③ 张建国、张盼铖、施雪琴、孔伟强:《ADL 在老年人体质测评中的应用》,《中国体育科技》,2010 年第 5 期。
④ Oliver, Richard L Satisfaction: A Behavioral Perspective on the Consumer, McGraw – Hill ,1997.
⑤ 王静:《论上海探索构建养老服务需求评估体系的定位和作用》,复旦大学硕士学位论文,2005 年。

年龄均在 85 岁左右,大都已丧失日常生活能力。荷兰的老年人家居照料服务组织根据老年人的需要提供各种服务,主要有护理康复服务、个人照料服务、日常家务服务、打扫卫生服务、临终关怀服务等。鉴于荷兰老人一般不和成年子女同住,大多数老年人倾向于居家服务,追求自己喜欢的生活,三分之二的老年人是通过居家养老获得照料服务的。荷兰政府对那些生活能够自理又需要照料的老人,采取多种形式为他们提供各种帮助。一是建造老年安全公寓。老年人们需要自己支付房租,但对低收入者,政府根据具体情况予以不同的补贴。二是鼓励、发动自愿服务人员,为老年人开展各种服务。全国约有 30% 的人在从事各种志愿服务。三是政府拨款免费向老年人提供各种生活、康复用具。四是政府还制定了许多政策,鼓励家庭成员尊老、敬老、养老。政府规定,每月给有老人的子女提供几天有薪假期,用于服侍自己的父母亲。五是为老年人创造健康养生条件。[①]

1985 年,日本东京都老人综合研究所专家组在长时间调查研究的基础上,开发了比较适合日本和东方老年人的活动能力量表——"老研式活动能力指标"。该指标除测定吃饭、穿衣、上厕所等 ADL 项目外,还开发了比 ADL 更高层次的活动能力的测定量表。具体包括:能一个人外出乘公共汽车,能购置日常用品,能自己做饭,买东西能自己付款,能在银行、邮局存取钱,能写简单的文件、收据,能看望病人,看报、看书、杂志,关心有关健康的报道和节目,走访朋友,与朋友商谈事宜,主动与青年人搭话、交谈等。[②]

六、科学、有效运用养老服务需求评估结果,提高需求与供给的匹配度

养老服务需求评估的根本目的在于评估结果的运用。评估结果的使用也要遵循服务于老年群体和提供服务的多元主体原则,力求养老服务供需平衡。一是对具有不同需求的老年人进行分类服务,能够最大限度地促进养老资源的合理分配,提高养老服务的公平与效率。因此,评估结果首先是

---

① 晓地:《人性化的荷兰养老照料体系》,《中国社会报》,2015 年 4 月 13 日。
② 马利中、沈妍:《从 ADL 看上海市老年人日常生活自理能力》,《人口》,2000 年第 2 期。

应用于满足老年人的养老服务需求。二是应用于国家制定养老服务政策与出台相关措施。作为养老服务的重要基础数据,政府一定要加以充分利用,并以此作为完善并落实老年人社会福利政策的重要依据,为符合条件的老年人提供相应的服务与补贴。三是应用于养老机构对有入住需求的老年人的资格与条件的审核,以及照料护理的等级评定。四是应用于居家养老服务项目的确定与提供,根据老年人的切实需求提供匹配的服务内容。五是应用于市场供给,为养老服务市场的开发、决策与发展服务。毕竟随着我国经济社会发展,有部分老年人需要高端的养老服务。通过了解并挖掘这部分老年人的需求,撬动市场的活力,使我国养老服务体系均衡发展。此外,充分利用养老服务需求评估的结果,可以应用于老年群体的健康管理,避免卫生服务资源的浪费,也使数据资源得到充分挖掘。可以联合卫生部门,通过老年人的健康档案,与各大医院联网,对老年人身体状况及时更新,针对老年人身体状况采取对应的服务方式,真正达到医养结合。此外,要充分利用大数据服务平台,通过软件开发,构建统一的养老服务信息平台,形成养老服务需求评估信息管理系统。通过计算机技术对老年群体的不同养老服务需求进行细分,建立老年人个案管理档案数据库,实行信息化动态管理。

第二节　加强养老服务体系配套的法规及制度建设,完善组织管理体系

一、加强养老服务体系配套的法规及制度建设

党的十八届四中全会提出,要坚持立法先行,发挥立法的引领与推动作用。积极应对人口老龄化,加快发展养老服务业,必须依靠法治破解难题,营造有利于养老事业发展的法治环境。作为社会问题,老龄化受到诸多因素的作用和影响,而社会政策发挥了关键作用。[①] 要进一步健全与完善老龄

[①]　陈社英:《21世纪的中国与老龄化:研究与实践的挑战》,《人口与发展》,2011年第2期。

事业发展的法律法规和制度,使老龄事业走上法制化轨道。一方面,通过国家层面的立法,保障养老服务事业顺利推进;另一方面,通过在省级、经济特区、拥有立法权的较大的市,特别是在全国养老服务业进行综合改革的试点地区,积极创新立法探索实践,并总结提炼政策成果,制定具有地域特色的地方性法规、政府规章等。通过制定一系列鼓励养老机构发展的政策措施以及规范运行的法规制度,为养老服务体系良好运转与发展创造更好的外部环境。

制定《老年人权益保障法实施细则》,完善精神赡养方面的具体规定,同时需要各地根据地方实际情况制定《老年人权益保障法的实施办法》。

一是尽快将现有立法和实践成果上升为行政法规,出台一系列惠老法规与政策,为养老服务健康快速发展提供法律支撑,保护老年人的合法权益。美国有专门的《美国老人法》,日本有专门的《老人福利法》《老人保健法》等。① 借鉴美国、日本、英国等国家的立法经验,我国也要加快相应的立法进程,推动将制定促进养老服务业发展的行政法规列入立法的研究计划。国家层面对有关全局性、政策性等问题,通过政策创制、标准制定以及解释答复等形式,给予支持和帮助。

二是要通过加快养老法律法规建设,形成良好的养老机构运行机制。尽快出台相关法律,明确住养人、托养人(送养人)、保证人之间法律关系及法律地位,目前规定相应的责任与义务;规定养老机构安全保障的义务范围以及免责范围,保护养老机构合法地位。

三是建立强制性保险制度。发达国家都有相关的法规,如日本有《护理保险法》,1994 年德国通过《护理保险法》,使长期照料社会保险成为并列于健康、意外、年金以及失业保险的第五种社会保险,"填补了社会保险体系中的最后一个漏洞"②。要借鉴国内的有益经验(如上海等),鼓励社会保险机

---

① 杨团等:《总报告:融入社区健康服务的中国农村老年人照护服务研究》,《湖南社会科学》,2009 年第 1 期。

② 蔡铭:《浅析德国社会保障制度及对我国的启示》,《就业与保障》,2011 年第 7 期。

构介入,将入住养老机构老人的护理费与医保报销接轨,如住养老人的医疗费、床位费、护理费可纳入医保报销范围,而其他如伙食费、水、电费等生活费用仍由住养人自行负担。在老人经济承受能力有限的条件下,充分利用医保费用能够提供的空间,可以减轻老年及家属的经济负担,令老年人安心养老,儿女专心工作,进而促进社会和谐稳定。①

四是建立健全志愿者参与养老服务的相关规章,规范养老机构接受社会捐赠的相关管理制度。五是落实《养老护理员国家职业标准》,制定、完善相应的地方养老服务与护理人员的准入制度及其他各项规章制度,规定其法律地位及福利待遇,制定职业道德规范。完善居家养老服务地方标准,出台带有指导意义的养老院与社区养老服务的统一收费标准。

二、完善组织管理体系,厘清各方职责,规范养老服务体系

政府要把养老服务事业作为构建和谐社会的系统工作来抓。机构养老与社区居家养老服务工作的开展并非只是民政部门的工作,涉及部门非常广泛,需要其他部门紧密配合。需要地方财政部门给予财力和政策上的支持,需要卫生部门通过社区卫生服务站为老人看病提供方便,需要文化部门协助开展各种有利于老年人身心健康的活动,等等。因此,仅靠民政部门难免力不从心。

可以借鉴美国经验。1965 年,美国为执行《美国老年法》中的各项服务方案,专门成立了养老管理机构——老人局 AOA,该局是美国卫生与福利部HHS 的下设机构。② 从未来发展的视角以及社会治理创新的角度,本书建议,在尽早成立一个专门负责老龄事务管理的机构或组织,统一规划和管理,以逐步满足未来 20 年多数城市三分之一人口的需求。在目前尚未成立专门机构阶段,一定要加强部门之间的协作,要各负其责,有时需要共同管理,工作不能相互推诿。此外,政府要找准自己的位置,为养老服务提供政

---

① 此部分将在医养结合分析中详细讨论。

② 详见美国官网:http://www.allgov.com/agency/Administration_on_Aging。

策支持。为尽快破除养老服务业发展瓶颈,激发市场活力和民间资本潜力,促进社会力量逐步成为发展养老服务业的主体。2017 年民政部、发展改革委等 13 部委联合印发了《关于加快推进养老服务业放管服改革的通知》,提出进一步调动社会力量参与养老服务业发展的积极性,营造公平规范的发展环境。还提出了流程简化优化、管理依法合规、服务便捷高效、政策衔接有效等基本原则。特别强调了各项扶持政策相互衔接、落地管用,增强政策针对性操作性,切实解决重点难点问题,提高服务创新能力。① 要紧紧围绕政府职能改革,在养老服务提供方面,以放管服为切入点,为养老服务体系良性运转做好保障。同时要提倡社会各界积极关注养老事业,鼓励社会团体、企事业单位和个人向社区居家养老服务站捐资、捐物或提供志愿服务。

进一步完善社区居家养老组织管理体系,提高养老服务质量和服务水平。社区作为居家养老服务的直接提供者,对居家养老服务和老年群体的管理负有直接的责任和义务。因此要建立以社区为基础的居家养老服务组织体系,规范社区居家养老服务工作的开展。如前所述,天津市红桥区已开始建立区、街、社区三级社区养老网络。此外,也要加强社区养老服务的效果评估,以促进社区居家养老服务的良性发展。为了加强养老机构的规范化管理,还要充分发挥行业管理委员会和行业协会的作用。应赋予养老机构行业协会更多的职能,制定养老机构的行业标准,逐步健全养老机构全行业的自律机制,从而实现养老机构的健康、协调、可持续发展。还要提高养老服务业市场化程度,推进养老企业向规模化发展,形成高质量养老产业链条群。创造条件吸引各类资本投资养老企业,形成规模化、跨区域发展且有实力的大型养老企业,不断推出以养老服务为主营业务的上市公司。

---

① 《关于加快推进养老服务业放管服改革的通知》(民发〔2017〕25 号),http://www.mca.gov.cn/article/zwgk/mzyw/201702/20170200003170.shtml。

第三节　重新审视养老机构定位,使广大老年人公平享有养老服务资源

养老服务体系"以养老机构为支撑"也好,机构养老起补充作用也好,都说明了养老机构是养老服务体系的重要组成部分。但依据课题组的调查结果,从使广大老年人公平享有养老服务资源的角度,养老机构的补充作用的定位更为确切。如前所述,老年人对养老机构的服务需求比政府与社会所能提供的养老机构相差较大,而且多元化的机构服务提供不足。因此,要多措并举增加养老床位。

一是通过政策引导机构调整床位的比重,发挥养老兜底的保障功能。调整养老机构床位的运营补贴,引导机构调整床位比重,重点收住失智、失能、孤寡、危重病老人、临终关怀老人,侧重介助、介护床位的补贴,从而实现养老服务兜底保障作用。

二是利用现有民营医院重新整合改造,增加养老床位。通过对民营医院重新整合改造,建立"医养结合"型养老机构,增加养老床位数量,有效解决养老机构医养资源缺乏问题。

三是整合现有资源发展养老机构,增加养老床位。完善社区老年日间照料中心(站)建设,积极探索公建民营的运营机制改革新模式,共同开展各类专业化养老服务,健全服务项目,充分发挥现有日间照料中心功能。

四是积极推动民营养老机构建设。全面整合闲置的快捷酒店、办公用房等可用于建设养老机构的社会资源,用于建设民营养老机构,增加养老床位。探索实施社区嵌入式养老院服务新模式。按照政府主导、社会兴办、政策扶植、多方参与的发展思路,顺应老年人在社区就近养老的意愿,积极探索社区嵌入式家庭养老服务模式,鼓励扶植社会力量和社会组织探索建设社区嵌入式小型养老机构,利用"互联网+",营造虚拟养老院环境,打造没有围墙的养老服务模式。

对于具有迫切需求且人数有限,但又难以得到满足的机构养老模式,应采取多种形式进一步发展。尽管目前各地的财力有限,不能满足人们入住养老机构的需求,但可以采取如下方法,进一步扩大机构养老规模,以满足百姓需求:第一,对既有的养老机构进行改造、扩建,增加床位。第二,调整布局,加快新建区级养老院建设。第三,逐步试点在街镇一级建立或完善国办养老院。在调查中我们发现,百姓最为信得过的仍是国办养老院,目前最难进的也是国办养老院。加强街镇一级养老院更有助于落实政府提倡的养老院延伸服务到社区的活动(如天津市南营门鹤寿养老院就使延伸服务落到了实处)。第四,鼓励发展、扩大民营养老机构。作为一支重要的补充力量,民营养老院越来越发挥重要作用。第五,根据调查中发现的问题,可以整合资源,将现有地段医院、街区级卫生院改造为卧床老人养老机构。在不影响其原有功能的前提下,不需过多资金投入,做简单调整与修整即可。但要建立相关的管理制度与规范。这样既可以提高养老床位总数,缓解养老机构床位紧缺状况,也方便老人就近入住,提高养老护理质量,还可以解决就业问题。第六,加快转变养老服务机构运营补贴发放方式,由"补砖头""补床头"向"补人头"转变,依据实际服务老年人数量发放补贴。① 第七,鼓励养老机构和服务企业实现连锁化、规模化、品牌化发展。

第四节　创新社区养老服务途径,延伸机构养老服务,提供多元化服务

居家养老在养老服务体系中为基础性的要素,社区居家养老是以最小的成本解决老年人口量多问题的主要途径,90% 的老年群体应该成为养老服务体系中的核心服务对象。针对养老社会服务资源缺口大,存在资源闲

---

① 《关于加快推进养老服务业放管服改革的通知》(民发〔2017〕25 号),http://www.mca.gov.cn/article/gk/wj/201702/20170215003171.shtml。

置和浪费现象,甚至垄断现象,特别是养老护理与照护资源,更是多数老年人稀缺的养老资源,因此应该集政府与社会力量,为90%的老年人提供多元化的养老服务。应该充分发挥现有社区居家养老模式的优势,满足老年人社会交往与精神文化需求。大力发展社区健康养老服务。提高社区为老年人提供慢性病管理、日常护理、康复、中医保健、健康教育、咨询等服务的能力,鼓励基层社区医疗机构将护理服务延伸到老年居民家庭。要搭建起一个以政府为统领的社区综合养老服务平台,各种养老服务资源都要"下沉"到社区,使广大老年人都能够享有养老资源。"资源下沉"需要政府给予养老服务事业以政策引导和支持,这是政府作为养老服务的责任主体的底线责任;以社区为平台,搭建社区养老服务组织化体系,推进养老服务网络体系建设;以居家为基础,重塑孝道文化,承担起居家老年人的基本生活照料与精神陪伴等责任;以企业及非营利性组织为支持,为社区养老提供专业化服务,强调养老服务的社会责任。①

　　加快由政府牵头、企业运作的宜居社区集中养老模式的推广与建设。这是具有发展前景的一种养老模式。但需要注意的是,这种模式在全市布局要尽可能均匀,不能离老人子女距离太远。进一步完善由社区提供有偿微利服务的居家养老模式,政府应该在政策上给予大力扶持,在财力与人力方面给予大力支持。多元化的养老服务除了政府、社区与企业提供的养老服务外,还应该包括互助服务、协议服务、志愿者服务、虚拟服务、养老机构延伸服务等。

　　互助服务是利用部分孤寡老人有闲置房屋的特点,由低龄健康老人与空巢、独居老人结对子,或若干邻里老人结成互助小组,互相帮助,实现"白天有人照料,夜间有人陪伴"。如,和平区新兴街道三位老人,自愿搭伴住在一起,富余的房屋出租,收入用于老人的日常生活,三位老人们互帮互助,其

---

① 景天魁:《创建和发展社区综合养老服务体系》,《苏州大学学报(哲学社会科学版)》,2015年第1期。

乐融融。

协议服务是通过社区组织发动驻区单位,与社区困难老人签订承包服务协议,定人、定时、定内容开展服务。如河西区、红桥区等区为本区空巢老人、困难老人安装爱心门铃,与楼栋长或邻里签订帮扶协议,结成帮扶对子,"一助一""一帮一",老人有困难通过爱心门铃求助解决。河东区发挥驻区学校、部队和企事业单位等优势,组织签订为困难老人服务协议书,目前签订的各类养老服务协议书涉及的老年人有 8 万多,占全区老年人近 60%。

虚拟服务等是通过便捷有效的信息沟通渠道和方式搜集养老服务信息,为老年人提供及时的服务。在网络飞速发展的今天,养老服务的信息化、数字化、网络化成为养老事业发展的必然趋势。各地按照建设"数字中国"的总体规划和要求,逐步建立健全区、街、社区养老服务信息管理系统,并纳入政府职能部门数据库管理,即时向社会提供养老服务需求和资源供应信息。建立完善机构养老信息服务网络,依托养老服务信息平台、为老服务热线电话、居家呼叫养老服务系统等便捷有效的信息沟通渠道和方式搜集更多的养老服务信息,为老年人提供及时、周到、热情的服务。以天津市为例,市老龄办与中国电信天津分公司共同打造天津市虚拟养老院为老服务信息平台。该平台首先在西青区进行试点,通过建立居家养老服务信息网络,整合医院、商家、家政、司法、水电气等协作单位,当老年人遇到困难需要帮助时,只需按座机或手机的相应键就能得到相应的服务。另外,还建立了"为老服务呼叫网络"。该网络由市老龄办主办,"8890 网络服务中心"提供支持平台。网络实行会员制。老年人只要拨打 88908890 电话,就可以根据自己的需要,由专业的公司和人员提供家庭保姆、医院陪护、家居保洁等11 大类的系列服务。服务企业对已登记注册的老年会员,可以在部分服务市场价格的基础上给予适度的优惠。8890 工作人员对服务企业进行服务跟踪、督促、协调与评估。

社区养老志愿者服务是社区积极组织志愿者,对那些行动不便、生活困难、需要生活服务的老年人,根据不同情况和差别化需求,采取定期或不定期上门义务服务，如帮助老年人打扫卫生、洗衣服、做饭、买菜，陪老年人聊天等。以天津市为例，天津市各类志愿者队伍1800多支，注册社区志愿者有40万人，积极开展为老服务活动，已经成为志愿者服务的重要内容。

养老机构延伸服务是依托养老机构专业护理能力强、服务水平高的优势，为居住在家、生活不能自理的老年人提供服务。如，天津市和平区劲松养老院、开发区泰达国际养老院等一批民办养老机构，以为社区老年人配餐送餐为切入点，逐步拓展护理、康复等服务项目。

此外，"适老化改造"是居家养老中不可缺少的一环。《健康中国行动（2019—2030年）》提出："优化老年人住、行、医、养等环境，营造安全、便利、舒适、无障碍的老年宜居环境。推进老年人社区和居家适老化改造，支持适老住宅建设。"①要加快社区"适老化"改造，拓展"适老化"改造内容。实施老旧小区无障碍改造计划，出台政策支持社会力量对社区和居家设施进行适老化改造。推广北京经验，北京已对5000户老年人家庭进行了适老化改造，而且对托底保障、困境保障和重点保障的老年人家庭进行适老化改造还将继续加大力度。"适老化"改造不仅包括老人的住所的厕所改造、增加扶手，在楼道口增加坡道扶手等，还包括在养老照料中心或养老服务驿站根据需求配置爬楼机，为老旧小区中上下楼困难的老、残人士提供助行服务。②

第五节　加大政策补贴力度，广开资金来源渠道

完善政府和社会资本投入机制。各级政府要根据经济社会发展状况和老年人口增长情况，建立稳定的老龄事业经费投入保障机制。

一是建立稳定的医疗保障筹资机制。建立筹资水平稳定的自然增长机制，改变基本医疗保险制度由于人口老龄化趋势和医疗水平的不断提升，造

---

① 健康中国行动推进委员会：《健康中国行动（2019—2030年）》，http://www.gov.cn/xinwen/2019-07/15/content_5409694.htm。

② 沙雪良：《三类老人家庭将进行适老化改造》，《京华时报》，2016年9月9日。

成的资金压力。建议政府拓展医疗保险个人账户的使用渠道和商业健康保险的税收优惠空间,探索通过对医疗保障不同层次的保障水平设计。建立商业保险的补充项目,大力促进商业保险的发展。尝试建立个人医疗专项储蓄账户和投资基金,通过个人收入所得税减免金融机构专业化理财管理服务。

二是养老机构属于为社会做贡献的微利机构。为了保障其高效运行,政府在财力方面应给予进一步的优惠和补贴,吸引社会力量进入养老服务基础设施和服务领域。对国办养老机构,应加大补贴力度,在养老基本设施和服务方面加大投入。对民办养老机构,应尽可能减免其各种费用以降低运营成本,使其把精力放在提高服务质量、完善机构管理上。鼓励社会资本创办养老机构,并给予一定政策倾斜。支持整合改造闲置社会资源,激发养老市场活力,进一步提高社会办养老机构运营补贴额度,研究制定营利性养老机构运营扶持政策,引导各类社会资本投入养老服务业,天津市红桥区的做法值得借鉴:对新建营利性民办养老服务机构正式运营达3年的,区政府每年给予适当运营补贴;凡符合规划的,优先安排养老服务机构建设用地。

三是社区养老服务在我国是一种新兴的养老模式,只有依靠政府引导、扶持与资助,才能够迅速发展壮大起来。"投资主体多元化、服务内容多样化、适应老年人需求、社会化养老服务体系"得以运转,需要广开资金来源渠道。政府财政要进一步落实并加大社区居家养老服务经费的投入。在收入再分配中适当加大社会保障资金支出比例,建立对居家养老项目整体财政预算制度。

四是仅靠志愿者献爱心是不足以支撑起整个社区养老系统的运作,没有专业的服务企业加入社区养老中,难以有效提升居家养老服务工作。因此要积极拓展社区养老市场化运作的模式与方式,鼓励有条件的企业、社会组织发展社区养老事业,可以在政策、资金等方面给予一定倾斜。如,天津市红桥区就在驻街企事业单位较多的邵公庄街建立了街企共建社区养老模式,引导驻区企事业单位积极参与社区养老服务公益事业。

五是鼓励有较高经济收入的老年人自费购买高层次的社会养老服务,这样既可以有效发挥个人资本的作用,又能使这部分老年人享受高质量的晚年生活。另外,倡导社会各界对养老事业进行慈善捐赠,形成财政资金、社会资本、慈善基金等多元结合的投入机制。

第六节　发展适老金融服务,强化老年人保障

要加快制定金融对养老领域相关的支持政策,提高金融在养老领域中投资的比重,拓宽养老领域融资渠道,降低融资的成本。通过撬动金融杠杆,以促进养老产业多样化发展。明确金融养老产品的管理方式、政策支持、风险控制等。加快发展商业养老保险,是完善社会保障体系、助力老有所养的重要组成。2017 年,李克强主持召开了国务院常务会议,专题讨论"确定加快发展商业养老保险的措施,完善社会保障体系助力老有所养"。会议指出,"加快发展商业养老保险,可以进一步完善社会养老保障体系、促进养老服务业多层次多样化发展,有利于适应人口老龄化和就业形态新变化,满足人民群众日益增长的养老保障需求"。会议确定:"一是支持商业保险机构为个人和家庭提供个性化、差异化养老保障,积极提供企业和职业年金计划产品和服务。大力发展老年人意外伤害、长期护理、住房反向抵押等商业养老保险,逐步建立长期照护、康养结合、医养结合等养老服务保障体系。探索发展针对无子女、'空巢'家庭等特殊群体的综合养老保障计划。二是确保商业养老保险资金安全可靠运营,实现保值和合理回报。鼓励商业养老保险资金以投资新建、参股、托管等方式兴办养老机构,支持发展适应养老机构经营管理风险要求的责任保险。三是加大政策扶持,落实好国家支持保险和养老服务业发展的相关财税政策,加快个人税收递延型商业养老保险试点,支持商业养老保险机构有序参与基本养老保险基金投资管理,为商业养老保险资金参与国家重大项目和民生工程等建设提供绿色通道和优先支持。加大监管力度,督促保险机构提高服务质量,维护消费者合

法权益,切实防控风险"①。鉴于目前形势与未来发展趋势,本书认为有必要单独设立养老福利彩票,以应对日益增长的养老资金需求。

要通过政府政策扶持、市场化运作,推动金融资源向养老服务领域倾斜和配置。通过规范和引导商业银行、保险公司等金融机构开发适合老年人的理财、保险产品,满足老年人金融服务需求。

一是通过政府引导,加大金融对养老消费市场及企业支持力度。尽管老年人的消费群体巨大,但目前我国养老消费市场尚不能满足老年人多层次、多样化的养老消费需求。要加大金融对养老市场支持力度,推进养老行业深入改革,更加有效提高养老市场服务效率,从而促进养老服务质量的提升。不断扩展针对养老提供的金融服务内容,如,介入社会保障、养老保障与福利计划、企业年金等;发行针对老年群体提供的特定服务的银行卡类非现金支付工具;方便老年人便利支付的方式等。

二是推动购买商业养老保险发展。按照2017年国务院发布的《关于加快发展商业养老保险的若干意见》要求,多方面推动商业养老保险发展,让商业养老保险成为个人和家庭商业养老保障计划的主要承担者。目前,中国人寿保险、泰康保险等大的保险公司都涉足这一领域,并取得成效。

三是鼓励商业保险机构创新健康保险产品。鼓励商业健康保险机构参与到城乡居民大病保险以及今后一系列的养老、健康保险的服务中来,开展疾病管理、健康风险评估、健康生活干预等服务。强化商业保险专业化风险管控,将大病的支付方式改革作为大病保险推广实施的前提条件,在政策法规中加以明确。

四是充分发挥债券、信贷、保险、融资租赁等在养老领域金融产品创新作用,有针对性地推广差异化、个性化的养老创新型金融产品,包括养老保障管理产品、养老金产品、养老产业基金、养老目标证券投资基金、商业银行

<hr>

① 《李克强主持召开国务院常务会议 部署促进人身保险扩面提质稳健发展的措施等》,http://www.gov.cn/xinwen/2020-12/09/content_5568536.htm。

理财产品等,突出与其他性质产品的差异化,突出养老金融的长期属性。

此外,完善长期护理保险制度,不断扩大长期护理保险制度试点地区。随着年龄的增长,老年人成为慢性病和失能的高发群体。对于慢性病,多数老年人还可以依靠医疗保险获得基本保障;对于失能导致的长期护理费用,大多数老年人却无法依靠养老金来支付。为解决这一问题,2016 年 6 月,人力资源和社会保障部办公厅印发了《关于开展长期护理保险制度试点的指导意见》(人社厅发〔2016〕80 号),决定在全国 15 个城市开展"长期护理保险制度"的试点。2020 年 9 月,国家医疗保障局会同财政部印发了《关于扩大长期护理保险制度试点的指导意见》(医保发〔2020〕37 号)提出,"探索建立长期护理保险制度,是党中央、国务院应对人口老龄化、健全社会保障体系作出的战略部署。近年来,部分地方积极开展长期护理保险制度试点,在制度框架、政策标准、运行机制、管理办法等方面做了有益探索,取得初步成效"①,并增加了 14 个城市扩大试点。2021 年 8 月,《长期护理失能等级评估标准(试行)》出台②,我国长期护理保险制度基础不断夯实。③ 长期护理险将有效降低失能老人的养老成本。长期护理保险的目标、内容是为那些身体不能自理的失能老人,以提供生活照护为主的服务。目前各试点地区对长期护理保险理解有一定的差异,特别是在覆盖筹资、人群、支付方式、保障内容和经办管理等方面也不尽相同。

在中央文件指导下,各地开始了长期照护保险试点,参保的人群一般分为以下几类:一是仅覆盖城镇职工,如黑龙江省齐齐哈尔市、河北省承德市、浙江省宁波市、湖北省荆门市、广东省广州市、四川省成都市等;二是覆盖城镇职工与城镇居民的,如吉林省长春市;三是覆盖所有居民的,但城乡居民

---

① 《国家医保局 财政部关于扩大长期护理保险制度试点的指导意见》(医保发〔2020〕37 号), http://www.gov.cn/zhengce/zhengceku/2020－11/05/content_5557630.htm。

② 《国家医保局办公室、民政部办公厅关于印发长期护理失能等级评估标准(试行)》的通知(医保办发〔2021〕37 号),http://www.gov.cn/zhengce/zhengceku/2021－08/06/content_5629937.htm。

③ 《〈长期护理失能等级评估标准(试行)〉出台 我国长期护理保险制度基础不断夯实》,http://www.mca.gov.cn/article/xw/mtbd/202108/20210800036013.shtml。

之间保障水平有差异,如山东省青岛市、江苏省南通市和苏州市;四是覆盖了所有 60 岁以上老人的,如 2016 年上海市覆盖了所有 60 岁以上老人。但对于目前已经退休的,特别是退休养老金偏低的失能、半失能老人能得到多大支持,还不明朗。

第七节　加快智慧养老发展步伐,满足老年人个性化养老需求

信息技术与养老服务结合发展空间巨大。可以说,智慧养老是养老产业发展的方向,能让老年人有更多的获得感和幸福感。因此要积极开展"互联网 + 养老"平台建设,更好发挥社区为家庭服务提供支撑。2014 年,民政部、国家发展改革委、工业和信息化部等六部门下达《关于开展养老服务和社区服务信息惠民工程试点工作的通知》,提出明确的目标是推进互联网、物联网等信息技术在养老服务和社区服务领域的广泛应用,更好地满足养老服务和社区服务需求,释放信息消费潜力。[①]《民政事业发展第十三个五年规划》也提出支持企业和机构运用移动互联网、云计算、大数据、物联网等技术手段与养老服务深度融合,创新居家智慧养老服务提供方式。推广居家养老服务网络平台,提供紧急呼叫、家政预约、健康管理、物品代购、餐饮递送、服务缴费、康复辅具等适合老年人的服务项目。[②] 2017 年出台的《智慧健康养老产业发展行动计划(2017—2020 年)》更加明确了智慧养老的概念与发展方向,指出智慧健康养老是利用物联网、云计算、大数据、智能硬件等新一代信息技术产品,能够实现个人、家庭、社区、机构与健康养老资源的

[①] 《民政部、发展改革委等六部门关于开展养老服务和社区服务信息惠民工程试点工作的通知》(民函〔2014〕325 号), http://www.mca.gov.cn/article/zwgk/fvfg/shflhshsw/201412/20141200749933.shtml。

[②] 《民政部、国家发展改革委印发民政事业发展第十三个五年规划》(民发〔2016〕107 号),http://www.sdpc.gov.cn/gzdt/201607/t20160706_810528.html。

有效对接和优化配置,推动健康养老服务智慧化升级,提升健康养老服务质量效率水平。到 2020 年,基本形成覆盖全生命周期的智慧健康养老产业体系,建立 100 个以上智慧健康养老应用示范基地,培育 100 家以上具有示范引领作用的行业领军企业,打造一批智慧健康养老服务品牌。①

各地要积极借势国家政策,力推互联网 + 养老服务,为推动养老服务提供信息和技术支撑。第一,打造全方位的智能化养老服务平台,开展养老大数据的深度挖掘与应用,充分利用现有老人健康信息,与老年人口信息平台对接,并整合信息资源,实现信息共享。利用老年人基本信息档案、电子健康档案等,依托互联网、大数据、云计算,将老年人的健康保健信息与医疗卫生服务资源相结合,把社区养老服务与社区医疗卫生服务有效衔接,为开展医养结合服务提供信息和技术支撑。第二,要强化信息支撑,将智慧养老的互联网思维与传统养老模式相结合,推进社区服务信息化建设,老人养老需要什么,可通过"互联网 +"平台快速得到解决。第三,组织医疗机构开展面向养老机构的远程医疗服务。积极探索基于互联网的医养结合服务新模式,提高医养服务的便捷性和针对性。第四,积极借鉴国外有益经验,真正使互联网与养老服务深度融合。欧美国家移动互联网行业迅猛发展,很多手机应用软件解决了老年人生活的痛点。一些专门为老年人设计互联网产品的公司,产品和服务都是为了解决老年群体生活的痛点,使老年人的生活更有质量更有尊严。如 Honor 家庭护理公司通过类似优步等打车手机应用软件等网络技术,对接了"闲置护理资源"和有需要的老龄家庭,可实时连线护理者和老人子女,护理者能为居家养老人员提供做饭喂饭、洗衣穿衣、洗澡等服务,并通过享受价格补贴,使 1000 多位护理者获得比市场均价更高的薪水。② 第五,力争更多地区与企业能够成为国家"100 个以上智慧健康养老应用示范基地""100 家以上具有示范引领作用的行业领军企业",为智慧

---

① 《智慧健康养老产业发展行动计划(2017—2020 年)》,http://www.gov.cn/gongbao/content/2017/content_5222955.htm。

② 关于互联网 + 医养结合的对策,详见医养结合部分。

养老进行积极探索,进一步拓展"互联网+"养老服务的内容。

第八节　加强宣传力度,完善养老人才体系,提升养老服务水平

《健康中国行动(2019—2030年)》提出:"每个人是自己健康的第一责任人,提倡主动学习健康知识,养成健康生活方式,自觉维护和促进自身健康。""提倡老年人知晓健康核心信息;老年人参加定期体检,经常监测呼吸、脉搏、血压、大小便情况,接受家庭医生团队的健康指导。"①加强正面宣传、科学引导,通过编制老年人喜闻乐见的文艺作品,以有效方式引导老年人了解和掌握健康养老知识,推动老年人践行健康生活方式。提供设立健康形象大使,评选老年人的"健康达人",以起到示范引领作用。要加大老龄事业发展的宣传力度,使百姓充分了解政府倡导的养老模式。为澄清认识,在今后宣传中,可将"居家养老"明确界定为由社区提供服务的居家养老模式;将"老年宜居社区集中居家养老"模式独立出来。另外,通过宣传也可以提高老年护理与服务人员的社会地位,为养老服务体系有效运转奠定较好的基础。

第一,扩大养老服务人员队伍。品德优良、专业知识丰富、技术娴熟、素质较高的养老服务队伍是养老机构运营的基本前提。应出台措施,鼓励在岗人员长期从事老人护理工作,以维持队伍的稳定性。支持职业院校设立养老服务相关专业点,扩大人才培养规模;培养老年学、人口与家庭、人口管理、老年医学、中医骨伤、康复、护理、营养、心理和社会工作等方面的专门人才。充分发挥开放大学作用,开展继续教育和远程教育,进一步提升养老服务从业人员整体素质。依托职业院校和养老机构等,加强养老护理人员培

---

① 健康中国行动推进委员会:《健康中国行动(2019—2030年)》,http://www.gov.cn/xinwen/2019-07/15/content_5409694.htm。

训，对符合条件参加养老照护职业培训和职业技能鉴定的从业人员，按规定给予补贴等措施。

第二，提升养老服务人员经济与社会地位。面对日益严重的"护工荒"，一定要提前安排筹划。一是出台相关政策，适当放宽认定或评定条件，通过职业技能认定或纳入专业技术职称系列，提高其社会地位。二是实行护理员注册登记制度，由政府按月直接发放补贴性工资到个人，并免除其社会养老保险个人应缴部分。按物价水平，确定护理员月收入，将有助于鼓励那些有志于养老事业的人员从事护理工作。三是开发渠道，创新培养模式。可以适当放宽招生政策，鼓励相关大中专院校开设养老护理等专业，并签订合同，使其服务于老龄事业，从学历上保证护理员的社会地位。

第三，提升社区养老服务队伍的素质。一是在继续鼓励下岗职工加入社区养老服务队伍的同时，鼓励部分农民工加入居家养老服务队伍中。加大上述人员的培训经费投入，使其能够受到专业化的培训服务。二是推行养老服务持证上岗制度，严格岗前培训。要按照职业标准对现有服务人员进行相关知识（包括医学、医药、心理学及至社会学的知识）与技能进行培训。三是在专业、专职人员奇缺的现实条件下，至少每1—2个社区配备1个专业、专职人员，以指导其所辖区域的养老服务，使社区居家养老落到实处。四是进一步发挥养老服务志愿者组织和人员的积极作用（如天津市盛达园的"为老服务队"），鼓励社区单位员工、居民在业余时间利用体能、专业技能、文艺特长等为老年人提供各种形式的养老服务。五是积极争取社会工作等专业大学生的加入，为社区居家养老服务工作更好发展提供充实的人才储备。

第九节　鼓励低龄健康老年人发挥余热，积极挖掘老年人口红利

习近平总书记指出，"老年是人的生命的重要阶段，是仍然可以有作为、

有进步、有快乐的重要人生阶段。有效应对人口老龄化,不仅能提高老年人生活和生命质量、维护老年人尊严和权利,而且能促进经济发展、增进社会和谐"①。目前我国老年人群主要选择的养老模式为家庭养老,调查显示,健康老人达83%。这对于政府有限的、紧缺的养老资源而言无疑是件好事。但是养老问题不仅是个人问题,更是社会问题与政府问题。不能因为老年人自己选择了家庭养老模式,就将养老问题推向家庭,完全交给个人。目前低龄老年人大都为我国社会主义建设贡献了大半辈子,他们的养老问题,政府绝不能视而不见。对于目前仍然是健康的低龄老年人,政府一方面要不断提高其养老保障水平,提高老年人的退休金,使其生活水平不仅是维持现状,更应该得到提高,分享由高速发展形成的蛋糕。另一方面,政府要出台相应的鼓励政策与措施,使这部分老年人能够在社会与家庭生活中发挥余热。这既可以使低龄老年人为社会与家庭继续创造价值,同时也有利于老年人身心的健康发展,使老年生活丰富多彩。

尽管面临人口老龄化的巨大挑战,但也存在一定的机遇。习近平总书记指出,要"努力挖掘人口老龄化给国家发展带来的活力和机遇"②。今后要大力倡导健康老龄化、积极老龄化与幸福老龄化。随着老龄人口的不断增加,如何挖掘老年人口红利成为决策与制度制定必须要考虑的问题。要实施积极的老龄化战略,延长老年人口红利的收获期。所谓"人口红利"是指一个国家的劳动年龄人口占总人口比重较大,有足够的劳动力供给,抚养率比较低,为经济发展创造了有利的人口条件。而老年人口红利实际上是人类以往对生育(数量)的过度投资后在现时的一种收益或回报。③ 老年人口红利将成为社会人口红利的重要组成部分,而老年人口将是产生新人口红利的主体。

以天津市第六次人口普查数据为例,60—64 岁的老年人口数占全部 60

①② 《习近平强调推动老龄事业全面协调可持续发展》,《人民日报》,2016 年 5 月 29 日。
③ 陈友华:《人口红利与人口负债:数量界定、经验观察与理论思考》,《人口研究》,2005 年第 6 期。

岁以上老年人口的三分之一,是老龄人口中最多的人群。低龄老年人口比例高表明,目前"老年人口红利"仍然可以进一步开发。因此可以对低龄老年人的人力资源进行开发。一方面,要根据老年人的意愿,适当延长退休年龄,或通过老年人的再就业,继续为经济发展服务;另一方面,要充分挖掘老年人自身的潜能,帮助老年人树立积极的老年社会角色和形象,以延长老年人口红利的收获期。老年人力资源的开发利用是积极老龄化的希望所在。如果60—64岁低龄老年人口健康状况良好的话,那么这部分老年人口属于比较宝贵的人才资源,有较大的开发价值。目前,日本65岁及以上的老年人口有20%在工作,欧洲则有7%。① 另外,以天津市为例,从天津市人口分布来看,55—59岁的老年人口数为918527人,占总人口比例为7.09%;50—54岁的老年人口数为998655人,占总人口比例为7.71%。可见,天津市还有老年人口急速增长的缓冲期,具有一定的老年人口红利期。特别是随着新一代受过良好教育的人进入老年期,使得今后的老年人力资源的含金量会逐步提高。因此政府在做决策与制定政策时,在进行制度安排时,应该尽可能发挥这些人的人力资源的作用。

第十节　积极动员社会力量,支持社会组织参与养老服务

要发挥社会组织的优势,积极鼓励社会力量参与养老服务供给。《健康中国行动(2019—2030年)》提出:"鼓励和支持老年大学、老年活动中心、基层老年协会、有资质的社会组织等为老年人组织开展健康活动;鼓励和支持社会力量参与、兴办居家养老服务机构……鼓励老年大学、老年活动中心、基层老年协会、妇女之家、残疾人康复机构及有资质的社会组织等宣传心理健康知识,组织开展有益身心的活动;培训专兼职社会工作者和心理工作

---

① 穆光宗:《如何掘金老年人口红利》,《人民论坛·学术前沿》,2011年第9期。

者。引入社会力量,为有需要的老年人提供心理辅导、情绪疏解、悲伤抚慰等心理健康服务。""支持社会组织为居家、社区、机构的失能、部分失能老人提供照护和精神慰藉服务。"①完善优惠扶持社会力量的政策,为社会力量参与养老服务事业提供制度保障。

第一,放宽养老服务的土地供应政策,在地价上给予适当优惠,适当降低土地出让金。第二,增加养老服务项目信贷投入,为民办养老机构提供优惠的利率,积极探索养老服务公益性和市场化结合的发展。第三,对于社会组织承接的养老服务项目,在用水、电、气、热等方面,享受与市民的同价收费,减轻社会组织负担,提高社会力量参与的积极性。第四,提升社会组织能力,充分发挥社会组织在养老服务中的积极作用。加强养老服务业的社会组织治理和规范运营,使其在合法、合规和有序的制度框架下运营。第五,完善社会组织监督管理制度,健全养老服务类社会组织评估体系、监管体系,提高社会组织的公开透明度。

---

① 健康中国行动推进委员会:《健康中国行动(2019—2030 年)》,http://www.gov.cn/xinwen/ 2019 - 07/15/content_5409694.htm。

第九章 推进多元化医养结合模式发展的对策研究

习近平总书记指出,"要完善养老和医疗保险制度,落实支持养老服务业发展、促进医疗卫生和养老服务融合发展的政策措施"①。医养结合发展是建设"健康中国"的重要基础。《"十三五"国家老龄事业发展和养老体系建设规划》第五章专设"推进医养结合"一节。提出,"完善医养结合机制。统筹落实好医养结合优惠扶持政策,深入开展医养结合试点,建立健全医疗卫生机构与养老机构合作机制,建立养老机构内设医疗机构与合作医院间双向转诊绿色通道,为老年人提供治疗期住院、康复期护理、稳定期生活照料以及临终关怀一体化服务。大力开发中医药与养老服务相结合的系列服务产品,鼓励社会力量举办以中医药健康养老为主的护理院、疗养院,建设一批中医药特色医养结合示范基地。支持养老机构开展医疗服务。支持养老机构按规定开办康复医院、护理院、临终关怀机构和医务室、护理站等。鼓励执业医师到养老机构设置的医疗机构多点执业,支持有相关专业特长的医师及专业人员在养老机构开展疾病预防、营养、中医养生等非诊疗性健康服务。对养老机构设置的医疗机构,符合条件的按规定纳入基本医疗保险定点范围"②。

---

① 《习近平强调推动老龄事业全面协调可持续发展》,《人民日报》,2016 年 5 月 29 日。
② 《国务院关于印发"十三五"国家老龄事业发展和养老体系建设规划的通知》(国发〔2017〕13 号〕,http://www.gov.cn/zhengce/content/2017 − 03/06/content_5173930.htm。

我国医养结合起步不久,发展模式急需探索。课题组深入天津市"医养结合"先行先试的河西区马场街社区卫生服务中心等基层医疗机构,对南开养老中心、天同养老院、康宁养老院等开展了"医养结合"的养老机构、社区能够提供养老服务的和平区社区服务中心等单位进行了调查,考察学习了上海、浙江、青岛等地"医养结合"的先进经验,通过召开座谈会、实地考察、个案访谈、问卷调查等,对医养结合情况进行了调研。

第一节 当前医养结合基本情况分析

以天津市为例,天津市老龄办与天津财经大学完成的报告显示,截至2020年底,天津市80岁及以上高龄老人达30.66万。经调查估算的失能老人总数约为14.33万,占老年人人口总数的6.65%。预计到2030年,市失能老人将超20万;到2050年,失能老人将达22.34万人。① 健康调查也显示,81%的老年人患有慢性病,其中63.7%的老人患两种以上慢性病。可见,老年人口规模大、增速快、慢病率高、空巢化严重等特征明显,失能老人增长快,社会负担重,社会医养服务需求空间大。

一、明确医养结合发展目标,加大政策扶持

2016年,民政部出台了《民政事业发展第十三个五年规划》中,提出"全面建成以居家为基础、社区为依托、机构为补充、医养相结合的多层次养老服务体系"②。首次明确将医养结合纳入养老服务体系的构建中。2019年,出台了《关于深入推进医养结合发展的若干意见》(国卫老龄发〔2019〕60号),提出强化医疗卫生与养老服务衔接、推进医养结合机构"放管服"改革、

---

① 《2021天津市失能老人生活状况调查报告》,https://wstdw.com/fanben/976810.html。
② 《民政部、国家发展改革委印发民政事业发展第十三个五年规划》,http://www.sdpc.gov.cn/gzdt/201607/t20160706_810528.html。

加大政府支持力度、优化保障政策、加大队伍建设。① 各地政府也高度重视医养结合工作等要求。上海市 2020 年 9 月印发了《关于深入推进本市医养结合发展的实施意见》;②北京市 2021 年 4 月印发了《北京市深入推进医养结合发展的实施方案》。③ 以天津市为例,相继出台了《关于调整养老机构补贴标准的通知》《关于对我市困难老人增加居家养老护理补贴的意见》等政策;2016 年 11 月出台的《关于推进我市医疗卫生与养老服务相结合实施意见(试行)》,明确了医养结合的基本思路、实施原则、基本目标以及加大医保扶持力度等政策,提出到 2020 年,城乡社区医养结合网络服务功能全面覆盖,形成具有天津特色的医养结合模式;④2020 年 12 月,天津市印发《天津市深入推进医养结合发展实施方案》。天津市通过资金补贴、医保等政策支持,每个服务机构给予 10 万元护理设备补贴,扶持了 21 家医护型养老机构延伸社区服务(延伸服务床位 2070 余张)。下一步,各地将根据本地区的实际,通过系列配套措施,不断加大政策扶持力度,使好政策落地落实。

二、完善居家养老补贴制度,发展社区日间照料服务

以天津市为例,天津初步构建了一批以社区为平台的"居家养老"基础设施;增加了困难老人居家护理补贴,按照轻度、中度、重度等级分别补贴 150、200 和 400 元,惠及 3.4 万老年人。天津市已建成 695 个日间照料中心、405 个日间照料站,总计 1100 个,并通过机制改革,给予每个中心 12 万元运营补贴资金。而且到 2020 年,全市老年日间照料服务中心达到 1260 处。⑤

---

① 《关于深入推进医养结合发展的若干意见》(国卫老龄发〔2019〕60 号),http://www.gov.cn/xinwen/2019-10/26/content_5445271.htm。

② 《关于深入推进本市医养结合发展的实施意见》,http://wsjkw.sh.gov.cn/gjhztgahz/20201012/5fd1e3ffedcd4309864ee39b3a4b2112.html。

③ 《北京市深入推进医养结合发展的实施方案》,http://www.beijing.gov.cn/zhengce/zhengce-fagui/202105/t20210513_2388093.html。

④ 《天津市人民政府办公厅转发市民政局关于推进我市医疗卫生与养老服务相结合实施意见(试行)的通知》,http://www.tjzb.gov.cn/2016/system/2016/12/14/010001395.shtml。

⑤ 《天津市人民政府关于印发〈天津市国民经济和社会发展第十三个五年规划纲要〉的通知》(津政发〔2016〕2 号),http://www.tjzb.gov.cn/2016/system/2016/03/15/010001072.shtml。

三、引导养老机构与医疗机构合作，探索建立医养护一体化病房

以天津市为例，全市共有428家养老机构，养老床位达61028张，其中市级、区级国办20家，社会办266家，其他类型（托老所、敬老院等）142家。通过引导，目前内设医疗机构的养老机构有59家，占全市养老机构床位31%。此外，通过开辟绿色通道等对口支援，收治失能老人的护理型床位3.6万张，占全市养老机构的59.4%。成立了全国唯一一家专门收治失智老人的国办养老机构——天津市失智老人康复照料中心，以及专门收住失能及80岁以上高龄老人的第五老年公寓。河西区马场街道等7家医院启动了基层医疗机构医养护一体化服务病房试点工作，为患有慢性病的失能、半失能以及临终关怀老人提供医疗与养老照顾服务为一体的综合服务，目前已有326张床位运行使用。

四、以老人为服务重点，整合基本公共卫生服务与基本医疗服务

通过整合基本医疗与基本公共卫生服务，为60岁老人建立居民健康档案；对高血压与糖尿病进行了健康随访，为老人提供免费体检。目前各地提供老年医疗保健服务的医疗机构不断增加，老年病医院、康复医院、三级综合医院的康复医学科、中医医疗机构的老年病科或康复科、社区卫生服务中心和乡镇卫生院等，都能够提供老年医疗保健服务。

第二节　医养结合存在的主要问题

随着老龄人口快速发展，老年人医养服务需求不断提高，各地已启动医养结合试点，但一些地区工作刚刚起步，发展步伐落后于日益增长的老年人需求。以天津市为例，天津市医养结合工作探索早，2009年成立的天同医养院属于我国起步早的医养结合的探索。但由于各种因素制约，与先行探索的其他省市相比，目前存在较大差距，多元化的医养结合模式尚未完全建立，服务标准及管理亟待规范，专业人员短缺等问题亟待解决。

一、政策力度有待进一步加大,融合发展政策瓶颈急需突破

医养结合发展是一个完整的体系,需要顶层设计,加大政策力度,统筹推进。因此,无论是在国家层面还是省部级层面,医养结合文件均由多部门联合印发,政策效力明显。国务院 2015 年 11 月转发的《关于推进医疗卫生与养老服务相结合的指导意见》是由国家卫计委、民政部、国家发改委、财政部、人社部、国土资源部、住建部、全国老龄办、国家中医药局等九部委联合印发,并明确了九部委的责任;①相配套的《医养结合重点任务分工方案》(2016 年 4 月 7 日)也是由国家卫计委与民政部联合印发;②2019 年 10 月印发的《关于深入推进医养结合发展的若干意见》(国卫老龄发〔2019〕60 号)也是由国家卫生健康委、民政部、国家发展改革委、教育部、财政部、人力资源社会保障部、自然资源部、住房城乡建设部、市场监管总局、国家医保局、国家中医药局、全国老龄办等十三个部门联合下发。其他省市出台的实施意见基本上也是多部门联合印发,如,北京市是由卫计委、民政局、发改委、教委、经信委、财政局、人社局、市规划和国资委、住建委、金融局、中医局、老龄办、残联等十三部门联合印发;③浙江省是由卫计委、民政厅、发改委、财政厅、人社厅、教育厅、国土厅、住建厅、物价局、老龄办等十部门联合印发(2014 年 11 月 5 日出台的《关于推进医疗卫生与养老服务融合发展的实施意见》由民政厅、卫计委等五部门联合印发④);⑤湖北省是由卫计委、民政

---

① 《国务院办公厅转发卫生计生委等部门关于推进医疗卫生与养老服务相结合指导意见的通知》(国办发〔2015〕84 号),http://www.gov.cn/zhengce/content/2015 –11/20/content_10328. htm。

② 《国家卫生计生委办公厅关于印发医养结合重点任务分工方案的通知》(国卫办家庭发〔2016〕340 号), http://www.nhfpc.gov.cn/jtfzs/s3581c/201604/7fd1e01b21a549b9a9eaf90f372a34b3.shtml。

③ 《北京市人民政府办公厅转发市卫生计生委等部门〈关于推进医疗卫生与养老服务相结合的实施意见〉的通知》,http://zhengce.beijing.gov.cn/library/192/33/50/42/438653/104151/index. html。

④ 《浙江省民政厅等关于推进医疗卫生与养老服务融合发展的实施意见》(浙民福〔2014〕216 号),http://www.zjmz.gov.cn/il.htm? a = si&id = 4028e4814ae1bed1014aecaf09530129。

⑤ 《浙江省人民政府办公厅转发省卫生计生委等部门关于推进医疗卫生与养老服务相结合实施意见的通知》(浙政办发〔2016〕148 号),http://www.zj.gov.cn/art/2017/1/4/art_32432_289846.html。

厅、发改委、财政厅、人社厅、国土资源厅、住建厅、老龄办等八部门联合印发;①上海市早就发布的《关于全面推进本市医养结合发展的若干意见》(2015 年 8 月 4 日)由民政局、卫计委、人社局、医保办、发改委、财政局等六部门联合印发;②江苏省《关于全面推进医养融合发展的意见》(2014 年 8 月 29 日)由民政厅、卫计委、财政厅、人社厅联合印发。③ 而一些地方仅由民政局(厅)拟定印发政策,政策合力难以形成,一些利好政策难免会由于缺乏权威性和可操作性而流于形式。

目前制约医养结合发展的政策瓶颈仍然存在。对高龄、失能老年人的生活、医疗护理方面的保障政策不足。一是无专门针对医养结合医疗服务特点的医保报销政策,医保政策对医养结合工作的支持力度不足。二是对非营利性养老机构,特别是民营和社会资本兴建的养老机构,税费优惠政策支持力度不够,机构运营成本高。如对社会力量建设的非营利性养老机构的一次性建设补助偏低,对公建民营和社会力量投资建设的养老机构的运营补贴标准偏低,低于青岛和上海的水平。三是社区居家养老设施缺乏可持续运营的保障政策,难以实现其最初的功能设想。

二、工作机制急需确立,制度创新有待加速

由于推进医养结合的创新性制度不足以及相关法规条例缺乏,特别是政策落地措施不足,医养结合发展不能得到根本保障,尤其是各地的《实施意见》出台后,政策落地问题凸显。

一是尽管各地《实施意见》多数规定由卫健委、民政局(厅)牵头,建立推进医养结合工作协调机制,需要卫健委、民政局(厅)、人力社保(厅)、财政(厅)、发展改革委等部门密切配合,统筹协调推动此项工作,但如何协同配

---

① 《湖北省人民政府关于加快发展养老服务业的实施意见》(鄂政发〔2014〕30 号),http://gkml. hubei. gov. cn/auto5472/201407/t20140724_510406. html。

② 《上海市民政局等关于印发〈关于全面推进本市医养结合发展的若干意见〉的通知》,http://www. shmzj. gov. cn/gb/shmzj/node8/node194/u1ai41612. html。

③ 《江苏省出台〈关于加快推进医养融合发展的实施意见〉》,http://www. mca. gov. cn/article/zwgk/dfxx/201409/20140900706360. shtml。

合以及多元主体合作协调机制尚未明确建立。

二是由于制度、行政划分、行业差异和财务分割等因素,存在"多头管理"或"多头不管",以及职责交叉、职责不清现象,严重制约了医养结合发展的进度与质量。如,养老机构、社区养老归民政部门审批和管理,医疗卫生机构归卫生部门认定和管理,医保报销由社保部门管理,导致政策扶持落实难。各部门对各项扶持、优惠政策的认识、调整难以协调一致和落实到位,如,由普通养老机构转型的,有机会获得政府一次性建设财政补贴和运营补贴,但由医疗机构直接转型的医养机构却得不到相应的补贴;现有社区居家养老设施主要由民政部门主管,而民政部门却无法调动医疗、卫生、医保等相关资源,居家医疗服务落地难,行动不便和高龄老人"上门医疗(护理)服务"难题得不到有效解决。

三是医养结合审批缺乏有针对性的制度设计。能否申请到医保定点资质是推进医养结合的重要前提。目前各地能提供高水平医疗的医院因床位有限,养老只是其承担的部分责任;而一些养老机构内设立一级医院或医务室须通过严格的资质审批,获得资质时间长、难度大。虽然各项政策提出简化审批程序,但只是提出"按国家有关规定优先受理和审批"。医保定点资质审批要求严格,内设医疗机构标准中的诸多规定限制了内设医疗机构的批准流程,降低了审批效率,而且对资质的要求未能契合养老机构特定人群的实际状况(如养老机构内设一级医院的必须建立包括急诊室、内科、外科、妇[产]科、预防保健科等临床科室,甚至有些科不适宜老年人)。由于不具备医保定点资质,不能在养老机构内就医与报销,导致老年人不愿意入住养老机构。

四是一些配套制度不完善,使得政策难以落地。如,政策规定社区居家养老设施运营补贴由各区根据具体情况适度配比运营补贴,但由于政策制定比较模糊,加之缺乏相应的制度保障,使得有的地方补贴不能有效落实;医保实行总额限制,由于医保资金额度不足,部分社区和民办医疗机构不得不控制门诊量,无法满足开展医养结合医疗服务的需要;基层实行基本药物制度,一些病人常用的慢性病、康复药品等尚未列入基本药物目录,部分病人不得不重回二、三级医院取药。

五是目前多地尚无老年人意外伤害责任保险制度,老年人在养老机构内的意外伤害,给养老机构造成较大的经济和精神压力;由于缺乏社区居家养老设施运营的保险制度,大量有意愿进入养老产业的社会组织处于观望状态。

三、居家养老医疗服务支撑不足,养老机构医养结合模式单一,融合度不高

首先,居家与社区医养结合存在短板,虽然社区与居家的家政服务得到政府大力支持,得以有效开展,而且政策也鼓励日间照料中心开展医养结合服务试点,但老年人的居家与社区医疗健康服务尚未得到有效推广。

一是由于管办不分,社区养老机构未能有效开展医养结合服务。以天津市为例,调研发现,天津各级财政累计投入了 12 亿元建设了 1100 个老年日间照料服务中心(站),但这些设施与运营的投入并没有如最初规划的设想运行,大多数仅提供就餐配餐服务,有的成为健康老年人的日常娱乐、学习的场所,未能成为承担缓解养老压力、推进医养结合的保障平台,服务能力没有得到充分挖掘。2014 年,天津市推出由专业社会组织负责运营社区居家养老设施的试点工作,这在一定程度上解决了社区居家养老设施大量闲置的问题,但只有为数不多的社区居家养老机构完成了运营权转换的改革,居(村)委会仍是社区居家养老设施日常管理与运营的主体。由于日间照料涉及医院、医保、医疗协会等多部门协同合作,社区人员少且不具备专业护理人才,缺乏日间照料的内因驱动性,不能对日间照料老人进行专业照料、陪护和情绪疏导。同时,由于老年人多行动不便且患有各类慢性病,发生意外概率高;到日间照料中心的老年人以临时性居多,有的只住 2—3 天,签订协议有一定难度,因此运营风险大,造成了日间照料中心不愿或难以承担确实有需要的老年人的服务。加之目前没有为社区居家养老设施运营者提供必要的保险服务,导致设施运营者不得不面对收益低而且风险大的困

难。有的虽然有政府补贴，但由于房租、水电费、人员等运营成本较高，目前多数处于无利甚至有的亏损运营状态之中。

二是居家养老医护介入难，建立满足居家养老，特别是高龄、失能老人医养护一体化的模式还存在很多短板；多数病情较重（插管、造瘘等）的失能老人，长期住院接受治疗护理，"社会性入院"产生的巨额费用导致基本医疗保险支出急剧上涨，增加了支付压力，影响了医疗资源配置和医院救治功能的有效发挥。

其次，养老机构医养结合模式单一，融合度不高。目前多地养老机构的医养结合模式主要是内设医疗机构与定点医院签约，与浙江等地比相对单一。多数养老机构对"医养结合"的规律和认识不足，往往认为"医养结合"就是请医生在机构内坐堂，看病开药，把养老机构"医养结合"与医院看病混为一谈，造成盈利模式不清，亏损严重。而且养老机构内设医疗机构数量严重不足，难以满足老年人日益增长的医养结合的需求。例如上海的699家养老机构中，设有医疗机构的有189家，占比27%，其中超过100家纳入医保联网结算；社区托养机构与医疗机构签约率28%；无内设医疗机构的养老机构与社区卫生服务中心或者民办医院等实现签约服务100%全覆盖。浙江省约有1/3的养老机构内设医疗机构；青岛市共有医养结合养老机构132家，占养老机构总数的67%。

此外，养老机构内设医疗机构的保障力量不足，特别是与社区卫生服务中心的协作，由于从事老年健康管理任务重，人手紧，动性不够，只是定期派医护人员去巡诊，满足不了机构养老老年人的需求。同时，相对多数老年人退休金水平，老年人医养费用过高。低收入、高龄、独居的失能老人是推进医养结合首先要解决的问题。失能老人的照护费用较高，以天津市为例，国办养老机构人均费用为2700元/月，民办养老机构为4000—5000元/月。而天津市企业退休人员月人均养老金仅为2525元，93%以上的失能老人不愿也无力入住养老机构。

四、医养结合需求侧定位不准，多元化模式尚未形成，供给侧精准化服务尚需提高

医养结合需要根据不同老年人的需求细化医养结合模式。尽管各地在养老服务方面投入了不少资金，但在医养结合方面效果不明显，特别是现有的医疗健康和养老服务资源未得到充分盘活与整合。究其根本原因在于供需不匹配。由于对不同类型的养老需求缺乏科学的评估，导致无法精准确定老年人需要哪种模式的医养结合服务以及服务的具体内容和需求程度，供给方难以提供精准服务。目前尚存在百姓迫切需求的政府与市场难以提供有效的服务；政府与市场提供的服务又难以满足百姓的需求。伴随老年人口快速增长，医养结合存在大量潜在服务需求，特别是中重度失能比例高，失能时长平均达 7 年以上，大多数失能老人由其配偶、子女或亲属照护。由于照护者的健康状况、工作负担等各种因素难以长期维系，长期护理需求巨大。但医养结合现状与老年人需求存在较大差距，医疗机构专门提供老年医疗保健的极其缺乏，多元化的医养服务需求尚难以得到满足。

以天津市为例，天津市提供老年医疗保健服务的医疗机构为 296 所，而全市共有医疗卫生机构 4990 个，占比仅为 6%；仅有 7 家医院进行医养护一体化病房试点，且普遍存在病房改扩建经费支出较大、24 小时服务诊疗护理任务加重、医护人员和护理员数量相对不足等困难，大范围推广亟须在病房建设、设备设施投入、医护人员临聘、护理员聘用等方面给予一定政策支持。市、区的失能、半失能老人护理床位不足，仅有天津市失智老人康复照料中心以及 1998 年市卫生局批准成立天津市老年护理院（天津市干部疗养院）两家，服务对象有限。特别是需要政府兜底的养老服务缺乏科学评估，难以充分体现公共资源公平有效的分配。

此外，大部分老年人对养生保健需求旺盛，部分老年群体拥有一定的消费能力，特别是中高收入的老年群体对中高标准老年医养服务的需求日益增长，一些老年人的消费观念已经由被动走向主动。尽管老年健康教育前景十分广阔，但目前优质的老年大学却一座难求，市场供给严重不足，这部分老年人的需求未能得到有效测评与挖掘。

五、医养结合服务队伍服务能力弱,社会力量动员乏力

医养结合队伍建设未得到高度重视,服务能力弱,医养结合整体水平不高。

一是目前医养结合专业人员严重缺乏,医养护队伍水平低。按照国际惯例,养老机构一般 3 名老人需要 1 名护理员,每万名居民需要 2—3 名全科医生,而以天津市为例,天津市全科医生、护理员与实际需求相差很大,人员严重不足。社区医务人员专业水平较低,不能满足社区老年人健康养老需求。从事养老服务的人员多数不具备基本医学常识,缺乏常见疾病护理、老年护理及心理疏导等专业知识和技能,持证率低。

二是缺乏激励机制,医养工作队伍不稳定,人才流失较为严重。受职业发展瓶颈的影响,养老机构内设医疗机构普遍存在招聘难、收入低的问题。基层卫生绩效工资采取定额补助方式,"限高、托底、稳中"的分配方式影响了医护人员的积极性,而且收入水平与二、三级医疗机构相差很多;二、三级医院与社区卫生服务中心没有建立联动关系,社区卫生服务中心设备条件差,从事社区养老服务的医护人员进修学习机会少,业务水平难以提高;由于缺乏上升通道,调离、转岗现象较多。护理员职业地位、社会认可度较低,发展空间小,工作劳动强度大,薪资水平远低于其他服务行业平均水平,流失率高。以天津市为例,据统计,天津市每年养老护理员流失率达 33% 以上。

三是社会力量动员乏力,社会资本介入不足。医养结合需要借助社会力量,但目前各地社会力量介入有限,医养结合的市场化运作水平不高;PPP 的合作模式有待进一步推广;为老志愿服务未形成规模。

六、信息平台建设滞后,对老年群体健康数据挖掘不足

目前各地尚未全面掌握老年人群及其健康、养老服务需求的基本信息,互联网技术在各类养老服务体系中尚未被充分有效的利用,信息平台建设不完善,或者不同平台信息相互屏蔽,缺乏互联互通。智慧养老与智慧社区建设还停留在试点阶段,没有实现居家、社区与机构之间的老年人基本信息

与需求信息的互联互通,也就难以摸准医养结合的脉搏。

第三节　上海、浙江、青岛医养结合经验与启示

研究团队曾赴上海市、浙江省,青岛市调研,分别与三省市的卫计、民政、医保部门及政协专门委员会进行了座谈交流,实地考察了上海市康健社区卫生服务中心、建阳养老院,浙江省杭州绿康老年康复医院、四季青街道社区卫生服务中心、四季青慢性病联合诊疗中心,青岛市新泰康中医医院、青岛福山康复医院等。这些在"医养结合"先行先试的地方,积累了丰富的经验。

一、上海市医养结合的探索

(一)成立领导小组,强化工作机制

为推进医养结合,上海市成立了以市领导为组长的领导小组,形成由卫生计生部门、民政部门为主,相关部门参加,协同推进的医养结合工作机制。进一步明确各部门各司其职、加强联动、协同推进:涉及医疗服务的问题,由市卫生计生委负责协调;涉及非医疗卫生服务的问题,由市民政局负责协调;发展改革、医保、财政等其他部门负责相关的政策支撑和资金支撑。各区县政府作为落实主体,按照市政府的统一部署和要求抓好落实。截至2015年底,上海市699家养老机构中,设有医疗机构的共有189家,占比达到27%,其中超过100家养老机构中的医疗机构纳入了医保联网结算。全市无内设医疗机构的养老机构与社区卫生服务中心或民办医院等签约服务,基本实现了签约服务全覆盖。

(二)明确工作目标,细化工作任务

2015年,上海市民政局、市卫生计生委、市人社局、市医保办、市发展改革委、市财政局等部门联合印发了《关于全面推进本市医养结合发展的若干意见》,提出医养结合工作的总体目标:以老年人为本,实现基本养老公共服务应保尽保,在社会养老服务体系中让老年人得到连续、适宜、规范、便捷的

基本医疗服务。并提出基本思路:通过以社区卫生服务中心为载体,积极吸引和利用社会力量参与,承担起对养老机构、社区托养机构以及居家老人的医疗服务支撑,实现社区内各老年群体医疗服务全覆盖。

上海市在医养结合发展方面的具体做法是:一是在机构养老方面,由社区卫生服务中心与养老机构签约;或由社区卫生服务中心统筹、协调区域内其他医疗资源与养老机构签约,提供服务。鼓励有一定规模的养老机构内设医疗机构。2017年,除与医疗设施综合设置或邻近设置的,均要内设医疗机构。经批准医保联网的,都实现"三段结算"。推行老年护理床位建设,到2020年实现全市老年护理床位数达户籍老年人口数1.5%的目标,其中医疗机构、养老机构各安排0.75%。二是在社区和居家养老方面,逐步扩大高龄老人医疗护理计划覆盖面,从2013年起,选择了3个区6个街镇启动高龄老人医疗护理计划试点,对80周岁以上、参加城镇职工基本医疗保险,且经评估达到相应等级的户籍老年人,试行居家养老医疗护理费用医保支付政策,自负比例为20%;2014年10月,试点范围扩大到6个区28个街镇,年龄门槛放低至75周岁;2016年初,高龄老人医疗护理计划进一步向全市推开,年龄门槛放低至70周岁,自负比例降为10%。同时加强社区卫生服务机构与老年人日间服务中心、长者照护之家等社区托养机构的合作机制,到2017年实现签约服务全覆盖。

(三)开展老年人照护统一需求评估工作

2014年底,上海市卫计委会同市发改、民政、人社、财政等部门制定了全市老年照护统一需求评估办法和评估标准,将分散在卫生、民政和医保的老年服务评估标准进行整合完善,建立全市统一的老年照护需求评估体系,成立市级评估机构,统筹各类服务资源,完善梯度化保障制度。上海市户籍60岁及以上的老年人可向社区申请评估,由区级评估机构指派评估人员上门评估。评估结果经过测算形成不同分级,根据分级结果,统筹安排生活照料、生活护理或临床护理三种服务,逐步形成"分工明确、梯度衔接、相互转介、公平轮候、能进能出"的格局,实现更为有效的老年照料与护理资源的配置。

二、浙江省医养结合的改革

（一）坚持制度创新，推进养老服务政策、法规建设

2014 年 11 月，浙江省民政厅、卫生计生委、发改委、人力社保厅、财政厅联合下发了《关于推进医疗卫生与养老服务融合发展的实施意见》，明确了医养融合的目标、任务和保障措施。2015 年在全省设立了 26 家养老机构为医养结合示范点，探索医养结合。目前，浙江省大部分养老机构都和周边医疗机构、基层医疗卫生服务机构开展了合作，约有三分之一左右的养老机构内设了医疗机构。全省社区卫生服务机构已为 700 多万老年人建立了健康档案，提供每年一次免费健康体检，为 135 万老年人建立了家庭医疗签约服务关系。为调动社区医生积极性，浙江省还突破绩效工资机制限制，给予社区医师适当的补贴。

（二）建立五种新模式，打通健康养老"最后一公里"

浙江省对构建"医养结合"模式进行了积极、有益的探索。一是民营康复医院和养老院结合模式。以杭州绿康老年康复医院和慈养老年医院为代表，医院和养老院相邻，同属一个民营机构管理，提供便捷的日常照护、门诊医疗和住院转院服务。二是医生驻点养老机构服务模式。如台州市椒江区各社区卫生服务机构派出责任医生长期驻在养老院，每周为老年人无偿提供测血压、血糖等医疗保健服务。三是医疗机构和养老机构联动服务模式。浙江医院与杭州各养老机构建立双向转诊、健康教育等合作关系。四是医疗机构转型服务模式。如杭州市拱墅区中医院转型为浙江老年关怀医院，集医疗、中医康复、护理为一体，成为中医药特色明显的三级乙等中医老年专科医院。五是医养护一体化服务模式。杭州、宁波等地利用信息技术，整合医疗护理康复进家庭，设立家庭病床，拓展社区居家养老和机构养老健康服务内涵，按需提供家庭病床、上门诊视等服务，制定了家庭病床、上门诊视的规范和收费标准，使老年人不出社区、不出家门就能够享受到专业的照料、护理、保健等服务。

（三）加快改革创新，提升机构和社区照护能力

一是健全医养护一体化工作体系，提升社区服务能力。浙江试点的杭州市江干区通过与台湾医养护一体化的标杆医院合作，组建了全新的工作体系。建立管理体系，在区级综合医院建立了医养护一体化服务管理中心，负责建立服务机制、制定服务规划、标准、流程等，协调各服务中心提供服务，并定期进行评估考核。建立培训体系，制定并实施对基层人才发展与培训计划，技术骨干接受岗前培训，考试合格后持证上岗。建设技术支撑团队，对基层开展服务提供技术指导，依托24家省市医院提供医疗技术支持。搭建信息平台，建设区级医疗资源管理调度中心，以签约病人为服务主体，打通区属医疗机构与省市合作医院的转诊通道，整合医疗、医保、医养护签约、家庭病床等服务信息，加强绩效和分析系统建设。

二是完善工作标准，推出满足群众需求的服务。浙江以地方标准的形式对居家医疗的服务内容、服务流程、考核办法做出具体规定。居民与社区服务中心签约后，全科医生对居民的健康进行评估，并根据对方实际需求，提供基本公共卫生服务（基本服务包）、优化的医疗服务（增值服务包）、可及的个性服务（个性服务包）三类服务。前两类的服务费用包括在签约服务费中，不另行收费，个性服务包另行收费。个性服务包主要针对高龄、失能半失能及有康复护理需求的患者，包括居家医疗功能和出院准备功能。居家医疗包括居家护理、居家康复、居家营养、居家药事；出院准备功能为对每个住院病人进行筛查和评估，对于需要回社区进行护理或康复治疗的出院患者，医院会转介医养护管理中心，进一步安排居家医疗服务。

三是建立科学的服务模式与考核体系。管理中心负责接收居民的居家医疗需求申请，并派专人上门评估，然后派单给社区卫生服务中心完成居家医疗服务，最后由管理中心完成各项服务的监督和满意度测评。

四是政策保障确保一体化服务落地。为调动医务人员的积极性，按照每人每月10元的标准落实签约服务经费，其中市财政负担25%，区统筹65%，服务对象负担10%，签约经费全部用于居家医疗服务医护人员的劳务补贴。

上调医务人员上门服务费,有中级及以下职称人员每次上门40元,副高级及以上的每次60元(个人负担8%)。家庭病床建床费上调至80元/次。医保部门制定优惠政策,为年老体弱、行动不便和重点慢性病患者开展家庭病床诊疗护理服务。经签约医生评估后建立家庭病床,试行居家养老医疗护理费用医保支付政策,个人适当负担。

浙江省医养护一体化服务已经取得了阶段性成果,满足了居家养老的医疗服务需求,群众满意;体现多劳多得、优劳优得,调动了医务人员的积极性,医护人员满意;降低了医保费用,政府满意。

三、青岛市医养结合的创新

为适应老龄化发展趋势,减轻失能者家庭负担,同时减少社会医疗成本,青岛市在实施城镇职工基本医疗保险伊始就建立了家庭病床制度。2006年在退休人员当中推行了老年医疗护理政策,2011年在二级医院试行医疗专护政策。随着人口老龄化进一步加剧,青岛市长期医疗护理需求不断增长,现行的医保政策和制度已远远不能满足老龄化社会的需求。在此背景下,青岛市人社部门牵头对建立一种什么样的制度为失能老人提供护理保障进行了认真的调研。经过反复比较最终选择了社会保险模式。2012年初,青岛市政府将此项工作列为当年为民办实事之一,并于6月份转发了人社局等9部门《关于建立长期医疗护理保险制度的意见的通知》,7月份开始实施。2015年,随着医保城乡统筹的推进,出台了《青岛市长期医疗护理保险管理办法》,实现了护理保险制度的城乡全覆盖。

青岛市在基本医疗保险体系架构内,坚持保基本、补短板、兜底线的原则,实行医、护两个方面的保障适度分离,侧重保障失能、半失能老人的"病有所护"问题,运用有限的医保资金和政策标杆,优化资源配置,激发社会活力,培育发展适应民生需要、有利于机构发展、以"医养结合"为主要特征的多种医疗护理保障模式。长期护理保险资金从基本医疗保险基金中按一定比例划拨,单独建账、专项管理,单位和个人暂不缴费。每年城镇职工长护资金可筹集约5亿元,城乡居民长护资金可筹集约3亿元。

区别不同的护理机构和护理对象,培育发展了四种护理模式:一是针对重症失能老人,依托二、三级医院建立"医疗专护"模式;二是针对终末期及临终关怀老人,依托养老护理院建立"护理院护理"模式;三是针对居家失能老人,依托社区医疗机构建立登门服务的"居家护理"模式;四是针对农村失能老人,依托村级卫生室建立"社区巡护"模式。参保人享受长期医疗护理保险待遇,均需进行日常生活能力评定。同时,对护理服务机构医疗护理费用实行"定额包干"结算办法,引导护理服务机构提供适宜适度的护理服务,减轻医保支出和个人费用负担。目前,"专护"每床日定额包干170元,"院护"每床日定额包干65元,"家护"每床日定额包干50元。

该制度实施以来,已有4万多名参保患者享受了护理保险待遇,平均年龄80.1岁,支出长护资金8.9亿元,平均在床310天,每床每日平均支出56.2元,其中有一万多名临终关怀老人有尊严地走完了生命的最后旅程,取得了"个人减负担、医保增绩效、机构得发展"的良好成效。

青岛市的改革成效主要体现在:一是减轻了个人及家庭的经济负担,个人接受居家医疗护理照料、定点机构医疗护理和医院医疗专护时分别只需承担费用的4%和10%,护理保险三类服务平均个人负担比例仅为8.9%,大大减轻了个人及家庭的经济负担。二是促进了长期护理服务承担主体逐步由家庭转向社会,供给主体逐渐从政府为主发展为多元供给的局面,目前民营机构逐渐成为绝对主力,提高了服务的质量和供给效率,减轻了家庭的负担,使家属能够安心工作。三是推进"居家医疗照护—机构医疗护理—医院医疗专护"的长期护理服务体系不断完善,促使居家社区服务快速发展,使老年人留在自己熟悉的环境中接受长期护理服务,方便老人的同时,成本远低于机构医疗护理成本和医院医疗专护成本。

第四节 推进多元化医养结合模式与发展的对策与建议

《健康中国行动(2019—2030 年)》提出了行动目标:"到 2022 年和 2030 年,65—74 岁老年人失能发生率有所下降,65 岁及以上人群老年期痴呆患病率增速下降,二级以上综合性医院设老年医学科比例分别达到 50% 及以上和 90% 及以上,三级中医医院设置康复科比例分别达到 75% 和 90% ,养老机构以不同形式为入住老年人提供医疗卫生服务比例、医疗机构为老年人提供挂号就医等便利服务绿色通道比例分别达到 100% 。"①为实现这一目标,必须将医养结合作为养老服务的基础工程加以构建。

一、突破政策瓶颈,探索多元化医养结合模式

要加强顶层设计,探索适合国情的医养结合的目标与模式。如前所述,国家顶层设计出台了一系列政策,如《民政事业发展第十三个五年规划》《关于深入推进医养结合发展的若干意见》(国卫老龄发〔2019〕60 号)等,各地也印发了相关的实施方案。虽然各地提出要"推进医疗卫生和养老服务相结合",为做好医养结合工作提供了指引和遵循,但仍然有一些政策瓶颈。因此,要明确政府在医养结合服务中的职责,将医养结合发展作为打造"健康中国"的着力点,在纳入医疗卫生服务体系建设规划、养老服务发展规划及健康服务业发展规划基础上,构建医养结合的政策体系。在政策上更加体现医养结合的扶植力度,在社区和机构的养老与医疗结合方面、医护人员绩效考核、基层医院医保额度、医养服务队伍培养与建设等相关政策方面突破瓶颈,着重抓优惠政策的落实。鉴于政策的合力效应明显,为使医养结合政策文件更具推进效力与力度,特别是涉及医院、民政、医保、医疗协会等政

---

① 健康中国行动推进委员会:《健康中国行动(2019—2030 年)》,http://www. gov. cn/xinwen/2019 - 07/15/content_5409694. htm。

策制定需多部门协同合作的文件出台尽可能多部门联合印发。在加强顶层设计的基础上,各地区相应制定医养结合发展的具体规划。此外,待条件具备,每两年或五年发布养老服务白皮书,定期发布养老服务信息。

目前各地是从居家、社区与机构三个层面推进医养结合工作,没有鲜明的模式特征。国内关于医养结合有不同模式探索,各具特色。上海有三种模式:一是内设医疗机构模式,即养老机构增设资质,内设门诊部、保健站;二是并设机构模式,包括养老机构同时设立护理院,实现院内双向转诊,或者医疗机构设立养老院;三是引入机构模式,即养老机构和社区卫生服务中心签署服务协议,由社区卫生服务中心为老人提供公共卫生、慢性病管理、基本医疗服务。

浙江省有五种模式:一是民营康复医院和养老院结合模式,医院和养老院相邻,同属一个民营机构管理,提供便捷的日常照护、门诊医疗和住院转院服务;二是医生驻点养老机构服务模式,社区卫生服务机构派出责任医生长期驻在养老院;三是医疗机构和养老机构联动服务模式,医院与各养老机构建立双向转诊、健康教育等合作关系;四是医疗机构转型服务模式,有的(包括企业医院)转型为老年关怀医院,集医疗、中医康复、护理为一体;五是医养护一体化服务模式,按需提供家庭病床、上门诊视等服务。

青岛按照不同护理机构和护理对象发展了四种护理模式:一是针对重症失能老人,依托二、三级医院建立"医疗专护"模式;二是针对终末期及临终关怀老人,依托养老护理院建立"护理院护理"模式;三是针对居家失能老人,依托社区医疗机构建立登门服务的"居家护理"模式;四是针对农村失能老人,依托村级卫生室建立"社区巡护"模式。

各地应该尽快探索并形成具有自己鲜明特征并带有一定创新性的模式。摸清失能、高龄、独居老人的具体数量,在重点解决这部分老年人医养结合问题基础上,以契合老年人多元化医养结合服务需求为基础,以兜底服务与普惠服务并举为原则,在《实施意见》指导下,加强医养结合模式创新,坚持试点探索,典型引领,构建符合各地特点的以满足失能、失智和半失能老人养老护理需求与推进社区为平台、居家养老为主的多元化、各具特色的医养结合模式。

二、加快制度创新,健全医养结合有效运转机制

第一,成立专门领导小组,明确部门职责。调研表明,机制建设是开展医养结合的基本保障。借鉴上海经验,建议各地成立"养老服务体系建设领导小组",负责所有涉及医养结合工作的推动。由相关领导牵头,卫健委、民政局(厅)、发改委、财政局(厅)、人社局(厅)、国资委、建委、老龄办、残联等相关部门参加,明确各部门的责任与分工,落实不同主体责任。医养结合相关文件出台统一以"领导小组"名义下发。

第二,整合审批环节,简化内设医疗机构医保定点审批手续与流程,缩短审批时限。通过"负面清单"制度,借力各地行政审批制度改革,按照"非禁即入"原则,将"医养结合"作为养老机构设立许可的重要内容,降低养老机构内设医疗机构准入门槛;对有意愿开设医养护一体化病房,且符合条件的民营医院,在行政审批方面给予支持。借鉴北京养老机构内设医疗机构实行单独序列医保审批的有益经验,开设绿色通道,提供"一站式"便捷服务;探索"联合审批制度",为机构、社区、医院医养结合发展扫除制度障碍。

第三,将长期护理保险制度试点推进工作提到政府工作重要位置。在"十三五"期间探索将长期护理保险制度纳入基本医疗保险制度基础上,实现基础护理保障全覆盖。发达国家多数在人均 GDP 达 1 万美元后开展长期护理保险,而目前一些城市的经济水平已达到这一标准,因此将长期护理保险纳入基本医疗保险制度具有基础。目前青岛市已率先建立了长期护理保险制度,从基本医疗保险基金中按一定比例划拨作为长期护理保险资金,单独建账、专项管理,单位和个人暂不缴费,其成功经验可以借鉴。同时鼓励商业长期护理保险发展,作为长期护理保险计划有力的配合补充。在国家政策出台后,积极争取试点,将长期护理保险制度纳入基本医疗保险制度。一是制定《长期护理保险制度实施细则》等地方法规和条例,对主管机关、筹资方式、支付对象、支付水平等予以具体规范。二是构建多渠道多主体的筹

资机制,统筹医保基金、民政救助、福彩体彩基金和社会捐赠等资金来源。三是完善长期护理服务标准,引入第三方评估机制,促进长期护理市场良性发展。四是鼓励引导商业保险公司推出多层次的长期护理保险及老年人意外伤害险,满足失能老人多样化和多层次的护理需求。此外,要进一步完善医养融合方面的社会保障制度、医保制度、人才培养与队伍建设制度等,并使政策落地。

三、主推家庭医生签约与医卫服务入社区,加快护理型养老机构建设

各地推行的是以"居家为基础、社区为依托、机构为补充"的"973"养老格局,97%的老年人要在家庭与社区中实现养老,同时失能失智老人比例高,是急需帮扶的群体,因此必须以底线思维指导失能失智老人的医养结合工作开展,以普惠思维做好居家与社区医养结合工作。

第一,进一步整合、盘活现有医疗机构资源,使各种公共资源得到公平高效使用。借鉴上海、浙江经验,鼓励部分资源利用不足的国办和民办医疗机构转型,建设市、区老年护理院。利用现在老年医学资源,加快老年医学学科体系建设,建设市老年医学中心和学科基地,提升老年医学科研和服务水平。

第二,将社区卫生服务中心作为提供老年健康医疗服务的重要平台,加大推进改革力度。健康老人日常疾病预防与健康维护,离不开社区医院;而对于失能、失智、半失能老人,通过机构医养服务予以解决,但更多人可能是通过居家方式获得解决,基层卫生服务显得尤为重要与迫切。因此,一方面要提速推进医养护一体化病床的设立,重点解决目前试点中存在的服务诊疗护理任务重与医护人员不足等困难;另一方面,家庭医生制度的推进速度需要进一步提升,增强社区照护支持功能,为社区有需求的居家老年人提供健康医疗服务。为加快医养结合发展进程,借鉴杭州经验,建议在一些地区试点引进台湾医养护一体化服务模式,取得经验后,逐步在其他地区推广。

第三,完善以社区为平台的居家养老体系,进一步加大对专业机构与人才参与社区居家养老体系的扶持力度,引导医疗、养护、家政等多种专业资

源进入社区居家养老服务市场。加大对社区居家养老设施运营者的扶持力度,通过政策改革,鼓励更多的社会组织进入居家养老产业,并适当放宽社会组织可以经营的服务范围。加快社区养老设施和服务的信息化进度,鼓励各类高科技企业与社区养老机构合作,推广智能设备的使用,提高社区养老的效率水平。

第四,增强政策和资金扶持力度,履行政府职能,做好兜底服务,将养老机构内设医疗机构的数目纳入政府实事项目予以推进。进一步加快机构养老医养结合工作。一是制定《养老设施布局专项规划》,明确提出养老机构和医疗机构老年护理床位的建设目标,从布局、队伍、服务等方面分解任务到各区县,重点解决失能、半失能老人的养老护理需求。二是充分利用现有养老机构资源,通过内设医疗机构、医疗机构选派人员进驻、与社区医疗机构签约等形式,落实机构养老的医养结合。三是加快改建老年养护院,主要解决有特殊困难、患有严重疾病等重点服务人群的养老问题,重点收住失能失智老年人。通过内设卫生服务中心,解决普通老年人医养服务需求。北京市养老机构创办社区卫生服务中心试点,仅两个月入住老人从100人增至200多人。在养老机构规划选址时,要充分考虑医疗设施综合设置或邻近设置,为实施医养结合奠定硬件基础。同时要通过政策倾斜,引导社会力量发展护理型养老机构。四是调整现有的补助标准,使社会力量建设的非营利性养老机构享受与政府办养老机构同等的一次性建设补助标准,并在现有基础上继续提升公建民营和社会力量投资建设的养老机构的运营补贴标准。对各类非营利性养老机构,进一步落实各项税费优惠政策,水、电、气、暖均应执行居民使用价格,降低机构运营成本。五是建议医保主管部门将养老机构内设的医疗机构纳入医保报销范围,结合老年护理床位的医疗特点,探索医保支付新方式。

四、以需求为导向进行供给改革,提高医养结合供给的精准性

各地提出了"在居家、社区和机构三个层面基本实现家庭医生为有需求的老年人提供基本医疗服务",但其前提条件是要针对百姓医养结合的刚性需求,进行政府服务与企业服务的供给侧改革。问卷调查表明,老人医养服务的需求与政府和社会所提供的服务有一定的距离。

一是尽快建立科学化、标准化的养老服务需求评估体系,确定老年人失能程度评估等级和长期护理服务标准,通过对不同年龄段、不同身体状况(健康、半失能、失能)等老年人群及其家属进行调查,精准测算"十四五"期间失能失智及高龄老人的规模与类型,评估失能失智老人的类型与程度,明确兜底服务供给与服务对象,保证服务内容的针对性和标准化。

二是通过第三方评估机构,了解百姓医养结合服务的客观需求,研究、设计符合需求的"居家健康照料服务包",确定健康医疗服务基本项目,为政府、企业与社会组织提供精准的健康与医疗服务奠定基础。

三是在掌握百姓真实需求的基础上,调整医养结合服务供给的内容、方式,切实提高公共服务的效能。探索"补需方"的财政补贴机制,以在各类照护模式间形成竞争性选择。

四是引导建立居家、社区、机构分级接轨的社会养老服务体系,并制定科学、全面、规范的"养老服务评价"体系,对各类医养服务质量进行评价。尽快建立医疗护理与养老服务转接评估机制,对出入院前后的老年人进行医疗护理、生活护理评估,分清哪些属于医疗承担,哪些属于生活护理。

五是重视老年健康教育,拓展老年大学,满足老年人健康知识的需求。

五、加强能力建设,促进医养结合工作深入开展

建立适合医养护一体化发展的队伍管理体系和技术体系,结合医养结合人才队伍发展需求,研究制定专项人才规划,明确医养结合人才队伍的建设目标,包括总体规模、结构层次、质量水平、培养举措、激励措施等,为开展好居家养老医疗服务提供支撑。

一是在二、三级医疗机构中实施医务人员养老服务轮岗制度,并将轮岗业绩纳入晋升职称、职务标准,以解决养老服务中医护人员招聘难问题。

二是鼓励具有一定临床经验的管理人员转型从事医养结合管理工作,返聘医院退休管理人员从事医养结合管理工作。

三是加强养老机构内医护人员队伍建设,解决养老机构内医护人员业务水平低、留人难和人员短缺问题。借鉴上海市经验,制定养老机构招聘医护人员的奖励政策,制定针对养老机构医护人员的定向培养和职称晋升等配套激励政策。

四是加强社区卫生能力建设,加强对社区医护人员系统培训,特别是健康管理、护理、康复培训,设置社区居家养老服务照料中心公益性岗位。

五是建立适应医养结合实际需求的人才培养体系。鼓励大专及高等医学院校培养医养结合人才,并进行全科医学学科建设,开设养老医疗和护理专业全日制学历教育班,将社区卫生服务中心纳入临床教学基地。

六是将医养结合护理员培训纳入百万人才培训计划,对现有从事医养结合护理员开展专业持证培训;为养老护理员提供公益培训机会,持证的养老护理员可享受相应养老服务补贴;开辟护理员来源新渠道,吸纳下岗职工和对口援建地区劳动力等,充实护理员队伍;制定养老护理员专业技术职称制度,拓宽其职业发展空间;借鉴浙江经验,建立养老护理员工资指导价位定期发布制度,并对从事养老护理工作达到一定年限的专业对口大中专毕业生给予一定入职奖励。

此外,有效动员社会力量,鼓励社会资本参与医养结合。社会办医与专业组织提供的医养结合服务是促进医养结合产业发展的重要力量。同时鼓励社区居委会统筹安排社区工作者等非卫生专业人员,发挥组织协调作用,积极参与家庭护理等入户服务工作。还要大力推动养老志愿者队伍建设,浙江省有1.6万个为老服务志愿者组织,2.3万个养老协会组织开展"低龄、健康老人"帮助"高龄、失能老人"的"银龄互助"志愿服务活动,有效弥补了医养结合服务人才不足的问题。各地要借鉴相关经验,使志愿服务更上一个新台阶。

六、提高信息化水平,加快推进互联网 + 养老 + 健康医疗发展

一是加强信息化平台建设,创新医养护一体化服务载体。打通平台,将不同领域、部门的有关老年人的基本信息、健康保健信息与医疗卫生服务资

源以及需求数据,整合在一个信息平台上,实现信息互通互联共享共用,为老年人提供日常健康管理、保健教育和紧急救援服务。

二是依托互联网、大数据、云计算,对老年人的数据进行深度挖掘,实现线上与线下相融合,将社区养老服务与社区医疗卫生服务有效衔接,解决居家养老的老年人健康与医疗服务,提高医养护服务效率。

三是鼓励各类高科技企业与养老机构、社区养老服务密切合作,推广智能设备的使用,提高医养结合服务的效率与水平。如在社区卫生中心(院)设立呼叫平台,与老年人健康档案互通,让社区卫生中心(院)为居家老人提供更全面、快速、准确的医疗服务,降低居家养老的风险。

第十章　大力推进智慧养老，
##　　　　　提高养老服务质量

　　中国的养老服务模式主要为家庭、机构和社区三个方面。但随着老龄化程度加深，这些传统的养老模式无法完全满足当前的养老需求，因此寻求新型的多元复合手段满足老年人多层次的需求成为发展的趋势。随着互联网技术迅速进入各个产业，并推动各个产业改革创新，智慧养老也应运而生。在全球范围内，依托互联网新技术的智慧养老已经成为一个新兴的产业增长点。2010 年是我国智慧养老的孕育阶段。随着互联网和电话呼叫的为老服务出现，全国老龄办提出养老服务信息化，推动建设基于互联网的虚拟养老院。2012 年，全国老龄办首先提出"智能化养老"理念后，鼓励、支持开展智慧养老实践探索，开始了智慧养老的探索阶段。此后，2015 年国家发布"互联网＋"行动计划，国家发展改革委联合 12 部门全面部署实施"信息惠民工程"，其中智能养老被正式列入国家工程。智慧养老进入试点阶段。智慧养老在经历了孕育、探索、试点阶段后，2017 年开始进入示范阶段，我国智能养老发展迎来了发展的黄金期。目前，我国智能养老在全国推广和应用。互联网运用和数字化转型是养老服务发展明确的方向。随着 5G 时代来临，为万物互联智能生活提供了基础网络保障，智能终端的产品也更加丰富。特别是 AI 技术的发展，使人机交互方式发生了巨大的转变，语音交互技术飞速发展，新型的交互终端、后端数据的支持，都将助力养老服务精准化、智能化、人性化。通过技术赋能，智慧养老成为未来养老的重要方向。通过大力推进智慧养老,使老年人照护过程更加具有可持续性,使养老护理人员能够更加有效地提供个性化、有温度的照护服务,从而提高老年人的生活质量。

第一节 智慧养老的界定、重点任务及其重要性

一、智慧养老的界定及其发展重点任务

"智慧养老"概念最早是由英国生命信托基金提出的,提出老年人可以享受到不受时间和空间束缚的高质量生活和养老服务。[①] 2017 年 2 月,工业和信息化部、民政部、国家卫生计生委联合发布《智慧健康养老产业发展行动计划(2017—2020 年)》,标志着第一个国家级智能养老产业规划出台。按照该文件规定,智慧健康养老是指"利用物联网、云计算、大数据、智能硬件等新一代信息技术产品,能够实现个人、家庭、社区、机构与健康养老资源的有效对接和优化配置,推动健康养老服务智慧化升级,提升健康养老服务质量效率水平"[②]。智慧养老服务是面向居家老人、社区、养老机构的一种传感网系统和信息平台,并在此基础上,能够提供实时、高效、快捷、低成本的,互联化、物联化、智能化的一种养老服务。在"互联网 + "飞速发展的时代背景下,智慧养老将养老服务与云计算、物联网、大数据、移动互联网等现代科技手段深度融合,将养老机构、医疗机构的信息实施共享,借助移动终端,开发养老手机应用软件,与老年人及其家人建立有效的沟通和联系,通过在手机应用软件上发布照片、视频等,公布养老机构日常活动信息,使老年人的家人及时了解老人在养老机构的情况,能够提升养老服务水平。5G 时代的到来,能够为老年人提供精准化、智能化和人性化的产品和服务。与居家养

①《三部委关于印发〈智慧健康养老产业发展行动计划(2017—2020 年)〉的通知》,http://www.gov.cn/xinwen/2017 – 02/20/content_5169385.htm#1。

② 甄圣如:《智慧养老在应用中存在的问题及对策——以合肥逍遥津院为例》,《法制与社会》,2019 年第 14 期。

老、社区养老和机构养老模式相比,智慧养老模式具有独特的优势。

　　智慧养老实际上是围绕老年人的生活起居、保健康复、医疗卫生、安全保障、娱乐休闲、学习分享等,利用信息技术等现代科技技术(如互联网、社交网、物联网、移动计算、云计算、大数据技术等),支持老年人生活服务和管理,对涉老的相关信息进行自动监测、预警,甚至主动处置。智慧养老服务领域主要包括:居家健康养老、慢性病管理、个性化健康管理、生活照护、互联网健康咨询、信息化的养老服务。智慧养老可以先重点发展健康管理类的智能可穿戴设备,例如健康智能腕表、智能手环等;重点发展便携式的健康监测设备,发展用于个人、家庭以及社区医疗机构的智能健康监测设备,并能够借助在线管理系统,实现远程健康管理等功能;重点发展自助式的健康检测设备,发展用于公共场所、社区机构中自助式的智能健康检测设备;重点发展智能养老监护设备,发展可用于家庭养老、社区和机构养老的智能监护床、轮椅等方面的智能康复、监测、看护设备,特别是开发预防老年阿尔茨海默病患者走失的高精度的室内外定位终端;重点发展家庭智能服务机器人,发展能够满足个人与家庭的家居服务、情感陪护、残障辅助、娱乐休闲、安防监控等方面需求的智能服务型机器人,以提高老年人生活质量。

二、政府高度重视智慧养老建设

　　我国政府高度重视养老信息化建设,为加快我国智慧养老发展,国务院及相关政府部门先后出台了一系列鼓励、支持的法律法规和政策文件。国务院于 2015 年印发了《关于积极推进"互联网＋"行动的指导意见》(国发〔2015〕40 号)。该意见明确提出"促进智慧健康养老产业发展":"支持智能健康产品创新和应用,推广全面量化健康生活新方式。鼓励健康服务机构利用云计算、大数据等技术搭建公共信息平台,提供长期跟踪、预测预警的个性化健康管理服务。发展第三方在线健康市场调查、咨询评价、预防管理等应用服务,提升规范化和专业化运营水平。依托现有互联网资源和社会力量,以社区为基础,搭建养老信息服务网络平台,提供护理看护、健康管理、康复照料等居家养老服务。鼓励养老服务机构应用基于移动互联网的便携式体检、紧急呼叫监控等设备,提高养老服务水平"①。

工业和信息化部、民政部、国家卫生计生委于 2017 年 2 月联合印发了《智慧健康养老产业发展行动计划(2017—2020 年)》提出,"培育智慧健康养老服务新业态。推动企业和健康养老机构充分运用智慧健康养老产品,创新发展慢性病管理、居家健康养老、个性化健康管理、互联网健康咨询、生活照护、养老机构信息化服务等健康养老服务模式"。"建设信息共享服务平台。充分利用现有健康信息、养老信息等信息平台,基于区域人口健康信息平台,建设统一规范、互联互通的健康养老信息共享系统,积极推动各类健康养老机构和服务商之间的信息共享、深度开发和合理利用,开展健康养老大数据的深度挖掘与应用"。"制定智慧健康养老设备产品标准,建立统一的设备接口、数据格式、传输协议、检测计量等标准,实现不同设备间的数据信息开放共享。优先制定适用于个人、家庭和社区的血压、血糖、血氧、心律和心电五大类常用生理健康指标智能检测设备产品及数据服务标准。完善智慧健康养老服务流程规范和评价指标体系,推动智慧健康养老服务的规范化和标准化。制定智慧健康养老信息安全标准以及隐私数据管理和使用规范"。"到 2020 年实现城市家庭宽带接入能力达到 100Mbps,打造覆盖家庭、社区和机构的智慧健康养老服务网络"。②

2017 年 7 月三部委又发布了《开展智慧健康养老应用试点示范的通知》,提出了智慧健康养老应用试点示范内容:一是支持建设一批示范企业,包括能够提供成熟的智慧健康养老产品、服务、系统平台或整体解决方案的企业;二是支持建设一批示范街道(乡镇),包括应用多类智慧健康养老产品,为辖区内居民提供智慧健康养老服务的街道或乡镇;三是支持建设一批示范基地,包括推广智慧健康养老产品和服务、形成产业集聚效应和示范带

---

① 《国务院关于积极推进"互联网+"行动的指导意见》(国发〔2015〕40 号),http://www.gov.cn/zhengce/content/2015-07/04/content_10002.htm。

② 《三部委关于印发〈智慧健康养老产业发展行动计划(2017—2020 年)〉的通知》,http://www.gov.cn/xinwen/2017-02/20/content_5169385.htm#1。

动作用的地级或县级行政区。① 这在政策层面宣告中国养老服务已进入"智能+"时代。2017 年,国务院在《"十三五"国家老龄事业发展和养老体系建设规划》(国发〔2017〕13 号)中就提出了实施"互联网+"养老工程:实施"互联网+"养老工程。支持社区、养老服务机构、社会组织和企业利用物联网、移动互联网和云计算、大数据等信息技术,开发应用智能终端和居家社区养老服务智慧平台、信息系统、App 应用、微信公众号等,重点拓展远程提醒和控制、自动报警和处置、动态监测和记录等功能,规范数据接口,建设虚拟养老院。②

2019 年,国务院进一步提出实施"互联网+养老"行动,"持续推动智慧健康养老产业发展,拓展信息技术在养老领域的应用,制定智慧健康养老产品及服务推广目录,开展智慧健康养老应用试点示范。促进人工智能、物联网、云计算、大数据等新一代信息技术和智能硬件等产品在养老服务领域深度应用。在全国建设一批'智慧养老院',推广物联网和远程智能安防监控技术,实现 24 小时安全自动值守,降低老年人意外风险,改善服务体验。运用互联网和生物识别技术,探索建立老年人补贴远程申报审核机制。加快建设国家养老服务管理信息系统,推进与户籍、医疗、社会保险、社会救助等信息资源对接。加强老年人身份、生物识别等信息安全保护"③。

2019 年 10 月,中央政治局就区块链技术发展现状和趋势进行第十八次集体学习,习近平总书记指出,要探索"区块链+"在民生领域的运用,积极推动区块链技术在教育、就业、养老、精准脱贫、医疗健康、商品防伪、食品安全、公益、社会救助等领域的应用,为人民群众提供更加智能、更加便捷、更

---

① 《工业和信息化部办公厅 民政部办公厅 国家卫生计生委办公厅关于开展智慧健康养老应用试点示范的通知》(工信厅联电子〔2017〕75 号)》,http://www.gov.cn/xinwen/2017-08/05/content_5215984.htm。
② 《国务院关于印发"十三五"国家老龄事业发展和养老体系建设规划的通知》(国发〔2017〕13 号),http://www.gov.cn/zhengce/content/2017-03/06/content_5173930.htm。
③ 《国务院办公厅关于推进养老服务发展的意见》〔国办发 2019〕5 号》,http://www.gov.cn/zhengce/content/2019-04/16/content_5383270.htm。

加优质的公共服务。①

在实践层面,各地紧紧也围绕智慧养老进行了积极探索。如,2015 年,北京第一家智慧养老创新示范基地——中关村街道智慧养老创新示范基地成功落户"中国硅谷"。中关村因众多高校和高新技术企业聚集被称为"中国硅谷"。通过构建智能化、物联化、社会化的养老服务体系,为辖区内社区老人提供医养结合以及种类丰富的服务。机器人小 U 具有远程视频、定时提醒功能,能 360°无死角全天候自动巡航,可以实时查看家中情况,能够实时看护老人,也包括智能体检机、智能药盒等。智能体检一体机能够给老人测血压和血糖,智能药盒定时提醒老人吃药,家人也可以通过手机应用软件实施远程监控提醒。北京市朝阳区也开始了尝试。2016 年 9 月,朝阳区八里庄街道在八里庄西里、八里庄东里、十里堡等 3 个社区开始了"智慧养老·医养结合"试点,主要是面向社区内的老人发放 350 块智能腕表,以随时监测佩戴人的血氧、血压、心率等基础健康数据。智能腕表设有亲情拨号、一键呼救等简易操作功能,能够为老年人提供安全保障。智能腕表还能够通过移动互联网,实现监测数据同老人的亲属、社区卫生服务中心进行"云同步"。可见,运用互联网和大数据建设智慧社区,通过智能化管理手段,能够打造老年健康生活新方式。目前我国已有小区在大门口设置电子围栏功能,老人一旦走出小区范围,系统能够自动给子女发出提示,保障老年人的安全。

三、推进智慧养老的重要性

随着信息技术发展,智慧化养老成为解决日益严重的老龄化问题的重要途径。按照国家健康老龄化规划,推进信息技术支撑健康养老,发展智慧健康养老新业态。充分运用互联网、物联网、大数据等信息技术手段,创新健康养老服务模式,开展面向家庭、社区的智慧养老应用示范,提升健康养

---

① 《习近平在中央政治局第十八次集体学习时强调 把区块链作为核心技术自主创新重要突破口 加快推动区块链技术和产业创新发展》,https://www.12371.cn/2019/10/25/ARTI15719995999979 50.shtml。

老服务覆盖率和质量效率。物联网、大数据、5G、人工智能等技术发展,推动了养老行业的数字化转型。而养老的数字化转型改变了传统的老年照护,特别是为弥补护理人员的缺口提供了可行的解决方案。

第一,通过互联网技术,能够维持和提升老年人独立生活的能力。通过建立智能化社区服务驿站,可以通过线上线下相结合的方式推动互联网养老向深度发展。通过互联网、物联网相结合,能够有效解决养老院床位匮乏的问题,减少人工成本,实现远程监护。如,基于云技术设计的老年健康管理设备,可以定期辅助老年人进行自我体检和自测,并根据检测结果,为老年人提供个性化的健康干预方案。同时,相关数据还可以同步上传云端的个人健康档案,可以供签约家庭医生参考,能够大大降低老年人的失能风险。再如,针对身体功能有障碍的老人设计的智能辅具产品(移动辅助机器人、康复机器人等),仅需少量人力就能帮助老人完成基本生活活动,并有效减缓老年人身体机能的衰退,使老年人能够持续独立地在家庭、社区等熟悉环境中生活。

第二,通过互联网技术能够减少护理压力,实现护理效率提升。智慧养老能够改变传统意义上的老年照护,尤其是可以弥补护理人员的缺口,可以减少老人对护理人员的需求。一些养老机构已引入了污物智能处理系统、防走失、智能床垫、检测跌倒智慧安防系统等,能够降低养老护理工作脏、苦、累程度,从而保持养老护理员队伍的稳定性。智能技术产品及服务的使用,可以实现单位时间内护理老人数量提升和护理质量的提升,是缓解养老护理员离职率上升的有效补充。

第三,通过数据平台建设,能够提高包括护理人员在内的各种老年照护资源管理效能。智能终端可以发挥基础作用。老人及家人能够在平台上搜索和自己相适配的养老信息;对政府和社会机构而言,既能够通过数据平台提升护理人员派单效率,以及实现质量控制,还能够通过详细追踪老人大数据,使养老补贴资金及相关扶持政策制定更加有的放矢。

第二节　当前我国智慧养老推进中存在的主要问题

当前，国内的智慧养老还处于起步阶段，智慧养老发展存在着诸多挑战，主要体现在以下六点。

第一，养老产品"智慧化"水平低，普及程度不高。受到物联网、大数据等技术水平的制约，目前的智慧养老产品功能集中在信息信息收集和安全监测，立品数量较少，产品类型单一，在信息技术应用、整合和处理方面，落后的信息处理能力难以充分筛选、利用有效信息，无法提供个性化、多样化的养老服务，不能真正做到与需求对接。此外，智慧养老服务目前多采用企业运营、政府埋单的运营模式，基础养老服务和智慧健康终端产品往往由财政以购买服务的方式免费发放给用户，有可能使智慧养老服务的盈利模式不具有可持续性。

第二，养老服务平台信息数据挖掘不足，管理不规范。目前我国缺乏系统、高效的良好智慧养老服务平台，各种资源缺乏相互链接，信息数据挖掘不足，老人也难以找到满足需求的途径。智慧养老可以通过信息服务平台对老年人的身体生活状况进行远程监测。这些数据信息量大且获取容易，信息化、智能化程度较低。目前我国的智慧养老设备局限于呼叫器、心跳手环等简单的电子产品，或者因对智能养老认识脱离实际需求，容易将高端化视为智慧养老重点。由于服务供给种类和数量不足，出现智慧养老服务供需错配问题，智慧养老型产品的质量也存在差距。但要将其整合、分析，并有针对性地提供养老服务需要强大的数据运用整合能力和数据管理方法。目前智慧养老仍面临着数据处理能力不足、管理不规范的问题，这些问题不仅阻碍智慧养老服务平台的搭建和发展，对于老年人的基本信息安全也产生了威胁。此外，因缺乏科学的信息化标准及规范的管理机制，特别是由于数据系统与平台建设的水平参差不齐，还存在资源难以共享、数据安全难以保障等问题。

第三,智慧养老相关法律法规不健全,缺乏统一的行业标准,智慧养老服务质量参差不齐。我国智慧养老是近几年才兴起,智慧养老相关法律法规不健全,智慧养老信息化管理和监督水平难以适应市场发展。我国智能养老发展存在不少问题,最主要是标准化问题。与智慧养老相关的政策2017年后才陆陆续续出台,而一项政策出台后需要一段时间摸索,这在一定程度上影响了智慧养老相关企业发展。目前,智慧养老仍处于萌芽阶段,没有形成集约化的商业模式。很多企业处于观望状态,无法尽快投入智慧养老产业中,致使服务成本高,养老资源的利用效率不高,碎片化严重,特别是很多社会资本得不到合理运用。国内涉及养老服务产业的政策文件多为建设性、指导性意见,缺乏明确的操作方法和执行标准。由于缺乏统一标准,设计智慧养老产品时,厂家更多着重于技术与功能方面,忽略了老年人的学习能力、身体状况等因素,可操作性不强。① 此外,由于智慧养老发展缺乏统一的行业规范和有力的行业监管,导致智慧养老服务质量参差不齐。智慧养老作为新兴产业尚未形成完整的产业链,无法形成规模效应,可持续发展能力弱。

第四,智慧养老平台建设与应用需完善,智慧养老参与主体缺乏有效的沟通协调。由于公共健康医疗数据共享不足,智慧养老产品与智慧养老系统间存在联通障碍。信息服务平台涉及的业务内容众多,牵涉到多个职能部门。在处理信息与数据的导入、整合等方面,往往出现数据导入平台不畅,甚至出现数据重叠、相斥等情况,而无法真正实现数据信息的有效分析、整合及开发共享,因此不能很好地提供高效、精准、便捷的智慧养老服务。智慧养老与传统的养老方式不同,传统养老只单纯的涉及到服务者与被服务者,但智慧养老却涉及到多个主体,如老人、企业、政府、养老机构、医院等,而这其中最重要的就是信息共享。即使网络平台完善,如果没有多方资

---

① 甄圣如:《智慧养老在应用中存在的问题及对策——以合肥逍遥津院为例》,《法制与社会》,2019年第14期。

源共同交互无法切实利用在老年人健康养老管理上。特别是由于缺乏对老人需求层次的划分,在智慧养老服务供给中,更多偏向于对老人物质需求的满足,忽视对老人精神需求的满足,如老年人的群体交流、兴趣培养等。目前的智慧养老服务体系注重将医疗、老年人、供给者三方资源进行链接,但智慧养老服务系统还应给老年人提供虚拟社区、虚拟课堂等个性化服务服务,使老年人能够在网络世界里获得知识、结交朋友等,从而提升老人的幸福感。

第五,老年人面临"银色鸿沟",养老产品使用困难,信息安全存在隐患。科技发展迅速,而老年人接受新鲜事物慢,对信息技术了解较少,未能跟上互联网时代的步伐。老年人在整个智慧养老模式中应该处于"核心"地位,但却被"边缘化"。很多老年人心有余而力不足,只能进行简单的操作,难以灵活运用网络。研究表明,我国智慧养老产品没要考虑到老年人的需求,智慧养老服务与老年人的匹配度不高、价格高、操作复杂,是制约老年人使用智慧养老产品的主要因素。[1] 2020 年突如其来的新冠肺炎疫情,使不善使用手机的老年人产生"心中之痛"。为此,国务院和相关部门连续发布了三个关于技术适老化的通知和意见。由于很多老人无法获知正确使用智能设备的方法,极大地妨碍了对智慧养老产品的使用。护理员也同样面临"数字鸿沟",需要通过降低智能设备操作的难度以及加强培训等助其跨越。在智慧养老服务中,各种智能养老设备在提供相关服务时,实际上也是监测老年人,能够获取大量关于老年人日常生活、身体状况、心理状态等方面的信息数据,从某种意义上,这也是收集老年人隐私。而后台工作人员与家庭成员通过各种传感器、智能设备了解、掌握老年人日常情况时,存在着老年人信息泄露的风险。此外,一些智能设备还存在着安全风险隐患,易被不法分子侵入,导致老年人隐私被泄露。特别是许多不法分子通过互联网缺陷,在网络上进行诈骗,甚至出售老人的个人信息。将"互联网 +"运用到智慧养老

---

① 邝茜:《智慧养老发展现状及存在问题》,《经济与社会发展研究》,2020 年第 3 期。

服务中时,服务供给者应充分考虑到老人的个人信息安全问题,加强对老人个人信息的保护。政府也应出台相关政策保护老人的个人信息安全。

第六,智慧养老的专业人才匮乏。搭建健康养老网络应用平台需要有养老健康领域的研究者参与,切实考虑老年人需求,精确分析社会养老供需状况,找准养老网络服务中的漏洞与不足。目前我国智慧养老平台建设中缺乏高质量专业型人才,难以找准该应用不能在社会上广泛适用的根本原因,影响智慧健康模式的有力推广。目前我国智慧养老产业的产品设计人才、行业顶层设计人才以及行业操作标准制定人才等均处于稀缺状态,这使得智慧养老服务水平较低,相关工作无法高质量高效率展开。当前,数字技术在解决养老护理人员紧缺难题中也面临不少挑战。不少技术在养老应用场景中由于难以做到精准和智能,一定程度上反而加重了护理人员工作负担。此外,智慧养老不仅要求相关服务人员具有专业护理能力及专业医学素养,还要求具备一定的信息科技运用能力,而目前既具有专业护理、医学素养又具备一定信息科技能力的人才普遍缺乏。

第三节 推进智慧养老发展的基本对策

智慧养老能有效推动我国健康养老服务水平升级,有助于提升健康养老服务的质量、效率和水平,因此智慧养老已成我国大势所趋。伴随智慧养老需求不断增长,人工智能也将持续渗透到智慧养老领域。而智慧养老服务是一项长期的民生工程。面对日益增加的老龄化趋势,必须通过推动智慧养老发展,为老年人提供优质服务,从而提高老年生活质量,积极应对人口老龄化。

第一,强化政府职能加大智能养老政策的支持力度。对与智慧养老产业相关联的健康、医疗、养老、保险等产业发展做出详尽部署。制定相关政策,引导大数据、物联网、"互联网+"等智慧养老关键技术,对接各级医疗机构和养老服务机构,为老年人提供精准高效的医养护服务。通过制定相关方面的政策文件，引入社会资本，加大对技术的投资与研发力度。建设创新孵化平台，支持和鼓励智慧健康养老领域的众创、众扶、众包、众筹等创业支撑平台建设。建立智慧健康养老产业发展省部级联席会议制度，统筹推进智慧健康养老产业发展各项工作。在产业规划中尤其要重视科技手段和智慧养老，积极、优先、主动让科技应用服务老年人。鼓励企业进行智慧养老服务提供，研发高科技产品、便携的资源共享平台。完善各类资金投入，培育规范市场。设立智慧养老产业发展引导专项基金，通过政策扶持为智能化养老产品的研发和智慧养老平台的搭建助力。向提供智慧养老的企业提供税收优惠、资金补贴，对于有条件的街区为选择智慧养老的老年人提供一定的养老补贴，推动智慧养老产业发展。

第二，建立互联网养老综合服务平台，搭建大数据共享平台。智慧养老平台及系统是依托信息化、智能化等新一代信息技术，如物联网、云计算、移动互联网等技术，创新应用O2O运作模式，通过对老年人服务需求信息的感知、传送、发布和对服务资源的整合共享，将医疗服务、运营商、服务商、个人、家庭连接起来，满足老年人多样化、多层次的养老需求。因此，网络基础设施十分重要。要加强宽带网络基础设施的建设，尽快覆盖家庭、社区及机构的智慧健康养老服务的网络。一是加快"互联网＋"养老产业公共信息平台建设。由政府主管部门牵头，搭建省、市一级的"互联网＋护理服务"平台，打通政府、医院、养老机构或社区之间的信息通道。二是建设技术服务平台，鼓励行业领军企业、社会组织建立各种智慧健康养老产业研发创新中心、技术服务平台。三是筹建养老行业大数据库，梳理充实养老行业大数据，向养老企业分享数据资源。四是整合现有的健康信息、养老信息等不同区域分散的信息平台，建设统一的健康养老信息共享服务平台。利用大数据产业优势和机遇，加强政府、金融机构、养老机构、互联网企业、社区管理部门、医疗机构等与养老相关的机构之间的信息共享。将老年人的个人信息、健康状况、金融需求、生活服务需求等情况纳入信息共享平台，为政府、金融监管机构、医疗机构、养老机构等对全市老年群体的各项需求和管理提供数据和管理参考。同时,养老产业关注者可以通过平台更多了解行业相关政策法规,行业动态、同业数据、技术支持等。五是积极设计适合老年人简单、易操作的应用程序及智能电子设备,推动远程服务能够及时准确同步到"互联网＋护理服务"平台。

第三,积极培育智慧健康养老服务的新业态。凸显市场能力,培育智慧养老领军企业。通过打造穿戴式智慧养老智能终端、移动式智慧养老智能终端、便携式智慧养老智能终端、固定式智慧养老智能终端、非接触式智慧养老智能终端、无意识触摸式智慧养老智能终端,高效地为老年人提供全方位、多层次、多元化的养老服务。支持企业研发与养老相关的高科技产品,不应止步于心率手环等简单的养老产品,突破智能健康养老终端的核心技术,积极开展医疗健康电子产品及系统的研发,推动企业针对个人、家庭、机构等不同环境,提供健康养老服务产品供给,促进居家养老、健康保健等智能终端与系统完善。加强企业与社区、养老机构对接。注重老年人的使用反馈,及时根据老年人需求对服务系统进行更改、完善。打通养老服务进入家庭和社区"最后一公里"。加强服务与需求的对接,针对老年人多元化养老服务需求,大力支持企业开发适合居家养老产品以及服务模式。强化政策与市场对接,大力支持开展智慧健康养老服务方面的应用示范,吸引养老企业进驻各类养老服务设施。推进智慧健康养老的商业模式创新。探索民办公助等多种运营模式,推广智能居家养老服务模式。此外,充分利用区块链技术,将医院、疗养机构、医生、药品配送企业和老年患者连成一个数据网,实现线上线下互动、远程服务和可穿戴设备的连接,便捷地为老人提供一站式健康管理服务;利用区块链技术的不可篡改、可追溯、高透明等特性,将养老机构、医院、社区养老等相关机构组织作为节点接入区块链网络,打造多方共赢的"区块链＋养老"服务体系;利用区块链技术,以家庭医生签约服务为支撑,以基层医疗卫生机构为平台,根据老年人健康状况和服务需求,分层分类设计签约服务包,嵌入式社区养老护理;通过区块链技术,由护理人员负责访问、记录和维护数据,使护理人员能够更加确信数据的准确性和一致性,从而改善对病人的护理,增加医养结合服务的透明度;利用"区块链＋养老"监管审计功能,还可以对存证数据进行审核审计。①

第四,健全相关法律法规,建设完善的行业标准和监管体制。由于智慧养老产业起步较晚,相关的法律法规不健全,虽然宏观上对我国的智慧养老系统有了规划,但缺乏细致的法律法规去解决具体的问题。因此,必须加快制定智慧养老的相关法律法规及具体实施措施。智慧养老需要完善的制度体系、科学统一的行业标准和行之有效的行业监管保障。要抓紧建立与智慧养老相配套的服务监督和评估机制,完善相关法律法规,并推动全面落实,保证制度体系和标准规范运行的系统、有效、可持续。

第五,探索以互联网为依托的养老金融产品及服务体系,开展养老金融产品和服务创新。一是通过政府引导,加大金融对养老消费市场和企业的支持力度。引导和推动金融机构开展养老金融信息数据库建设,将养老金融信息纳入养老金融信息基础数据库,提高金融机构和养老企业投融资的核心竞争力。给予金融机构、社会资本一定的激励和扶持政策,包括财政贴息、税收减免、信用担保、风险补偿等鼓励政策,探索建立养老发展基金的专业化担保机制。二是依托大数据产业优势,推进"大数据＋养老产业＋金融"的深度融合发展,加强政府养老部门、金融监管部门风险识别系统、银行风险管控系统、保险机构等与养老相关机构间的信息共享,实现金融与养老相关部门和企业的风险监管全覆盖。三是建立养老金融政法联动机制,增强养老金融监管合力。完善养老金融突发公共事件应急预案,健全养老金融风险预警体系和处置体系。四是建立健全养老金融风险补偿机制,如,成立养老金融政策性担保公司,设立养老金融补偿基金,帮助养老企业增信融资,通过多种方式为养老企业提供融资和分担风险。五是鼓励社会资本参与智慧养老相关产业发展,通过多种融资渠道建立智能化社区服务驿站。积极引入康乐年华、福寿康、金牌护士等专业互联网企业,开展护理站和社

① 敬锐:《2020 区块链技术在智慧养老的运用现状及未来趋势》,《齐鲁晚报》,2020 年 9 月 5 日。

区驿站建设,为社区嵌入式的养老机构补齐护理服务短板。六是加强对老年群体防范金融风险的宣传力度,加强老年人对金融风险的识别能力。

第六,依托社区服务平台,强化智慧养老服务宣传,提高老年人的信息技术水平。养老社区属性决定了社区在智慧养老中的地位。智慧养老的主要形式是智能家居产品的运用。要依托社区服务平台,运用物联网、人工智能、大数据等技术,精准对接老年人需求和服务资源,方便为老年人提供精准化、个性化、专业化服务,推动智慧养老发展。建设智慧养老社区将成为智慧养老主要发展目标。以社区为单位,采取各种有效方式帮助老年人了解互联网,向老年人传达新型的网络技术。也可以通过对老年人家人、子女、赡养人进行宣传普及,确保每个家庭的老年人都能参与到网络平台中来。通过智慧养老服务宣传,推动老年人融入互联网社会。政府可以联合或指导专业机构开展老年人信息技术课程培训,或建立老年人专业信息技术教育学校,同时发动基层机构和志愿者组织帮助老年人了解智能设备的操作,并根据老年人的认知水平开展课程培训,使老年人能够真正从心里接受智慧养老产品,提高老年人对智慧养老产品的认同感、接受感,促使老年人深入体验智能养老模式,具备使用互联网的基本能力,提高智慧养老的普及程度。

第七,建立健全养老专业人才的培养体系,培育专业人才队伍。智慧养老的服务人员、智慧养老产品设计者以及相关政策制定者,关系着智慧养老的服务水平、智慧养老产品是否符合老年人的实际需要、关系着养老政策和行业标准的科学性与可操作性。因此,政府应推进对智慧养老专业人员培养的相关工作,积极拓宽专业人才培养渠道,同时通过加大对智慧养老产业的扶持力度,增强智慧养老市场对人才的吸引力。此外,政府和企业也可以通过市场化手段引进优秀专业人才,加快专业人才队伍的建设。严格制定从业人员资格能力标准,加强监管。重视对互联网护理服务人才的培训与考核,从业资格标准必须要由相关部门的严格规范来约束,并规范其专业技术水平和职业道德素质。建立完善持证上岗制度,开展定期专业服务技能考评,确保互联网＋护理服务能力和质量。密切关注"互联网＋护理服务"发展状况,采取有效措施防范和应对可能存在的风险,引导"互联网＋护理服务"规范开展。

第八,加强智慧健康养老服务网络安全保障。智慧养老的网络信息安全应该放在重中之重。人的生命健康信息不同于其他个人网络信息,涉及病情、隐私等各种敏感领域,出现信息泄露的风险也比较高,因此要加强对老年人隐私的保护,制定相关法律法规来保护老年人生命健康信息的传播和收集,避免过多的隐私泄露。严格规范信息管理,进行更高强度的网络信息安全监管技术,并且加强智慧健康养老服务平台的数据管理和维护,进行严格的安全管控,不定期进行安全检测,保证平台安全。对于智能产品将会收集哪些信息、用于什么用途等,应该向老年人及其家属介绍清楚,并取得老年人及其家属他们的同意才能进行。加快推进养老金融信息管理系统的建设,建立养老金融风险管理数据库,建立健全互联网养老领域的金融风险防范体系。严格规范信息管理行为,确实保护老年人的信息安全。

第十一章 树立"大健康"养老理念，加快康养产业发展

《健康中国行动（2019—2030年）》提出："为积极应对当前突出健康问题，必须关口前移，采取有效干预措施，努力使群众不生病、少生病，提高生活质量，延长健康寿命。这是以较低成本取得较高健康绩效的有效策略，是解决当前健康问题的现实途径，是落实健康中国战略的重要举措。"[①]新时代，人民对美好生活的追求已从物质转向品质。党的十九大报告做出重要判断，"随着中国特色社会主义进入新时代，我国社会主要矛盾已经转化为人民日益增长的美好生活需要和不平衡不充分的发展之间的矛盾"[②]。"美好生活需要"意味着人们在物质得到满足、经济富足后，追求健康的身心与高品质的生活方式。人民群众日益增长的康养需要为其中应有之义。加快发展养老产业，是促进老年人能够有尊严、有质量地生活，提高国民幸福指数的重要支撑，同时也是扩大就业、拉动内需、促进经济转型升级的必然要求。

康养产业不仅关乎人民福祉，还由于其覆盖面广、产业链长，成为新兴战略性支柱产业。"康养"是一项长期的系统性工程。随着中国老龄化程度

---

① 健康中国行动推动推进委员会：《健康中国行动（2019—2030年）》，http://www.gov.cn/xinwen/2019-07/15/content_5409694.htm。

② 习近平：《坚持和完善中国特色社会主义制度 推进国家治理体系和治理能力现代化》，《求是》，2020年第1期。

不断加剧,人民群众的康养需求十分迫切。《"健康中国 2030"规划纲要》提出:"补齐发展短板,推动健康产业转型升级,满足人民群众不断增长的健康需求";"基本形成内涵丰富、结构合理的健康产业体系";"建立起体系完整、结构优化的健康产业体系,形成一批具有较强创新能力和国际竞争力的大型企业,成为国民经济支柱性产业"。①《"健康中国 2030"规划纲要》第六篇"发展健康产业"包括了优化多元办医格局、发展健康服务新业态、积极发展健身休闲运动产业、促进医药产业发展四个部分。②而康养产业是健康产业重要组成部分。康养产业是为 60 岁以上有养生、养老需求的人群生命健康提供服务的一系列产业集合,是覆盖所有老年人群的。我国康养产业起步晚、体量小,涉及行业领域狭窄。而作为新型产业,康养产业是保障老年人生活与幸福的产业,不仅关乎人民福祉,更是新兴战略性支柱产业。"十四五"期间,发展康养产业是调结构、促改革、惠民生、拉内需的重要力量,既是供给侧改革中的重要组成部分,更是促进内循环的题中之义。

第一节 "大健康"和养老产业界定及主要内容

一、"大健康"概念提出及主要内容

习近平总书记在 2016 年举行的全国卫生与健康大会上提出,要"倡导健康文明的生活方式,树立大卫生、大健康的观念,把以治病为中心转变为以人民健康为中心,建立健全健康教育体系,提升全民健康素养,推动全民健身和全民健康深度融合"③。《健康中国行动(2019—2030 年)》提出"牢固树立'大卫生、大健康'理念,坚持预防为主、防治结合的原则"④。《中国居

---

① ② 《中共中央、国务院印发"健康中国 2030"规划纲要》,http://www.gov.cn/xinwen/2016 - 10/25/content_5124174.htm。

③ 《习近平在全国卫生与健康大会上强调,把人民健康放在优先发展战略地位,努力全方位全周期保障人民健康》,http://www.gov.cn/xinwen/2016 - 08/20/content_5101024.htm。

④ 健康中国行动推进委员会:《健康中国行动(2019—2030 年)》,http://www.gov.cn/xinwen/2019 - 07/15/content_5409694.htm。

民营养与慢性病状况报告(2020年)》显示,2019年,我国因慢性病导致死亡的占总死亡的88.5%,其中心脑血管病、癌症、慢性呼吸系统的疾病死亡比例为80.7%。[①] 以天津市为例,《天津市居民健康状况报告》显示,慢性非传染病已经成为居民的主要死亡原因,其中排前5位的分别是心脏病、恶性肿瘤、脑血管病、呼吸系统疾病、损伤和中毒,且累计占总死亡的87.53%,其中65岁及以上的老年人的首要死亡原因是心脏病,占死亡总数的32%。[②] 因此,尽最大可能保障老年人健康而有尊严地生活,而并非年老病重后在治病中艰难度日,减少个人、家庭、社会医疗成本,必须提倡"大健康"理念,将健康观念融入养老服务中。

所谓大健康,是围绕老年人的衣食住行、生老病死,对老年人实施全程、全面、全要素呵护,既包括老年人的生理、身体健康,也包括老年人的心理、精神等各方面健康的过程。随着社会发展,人们的生活方式改变,养老逐渐向防、治、养的模式转变,而大健康产业恰恰是集"防、治、养"一体的模式,"治未病"被视为下一个蓝海。

二、康养产业概念及主要构成

(一)康养产业概念界定

随着人们对健康、医疗、保健、养老、养生等康养产品和服务需求迅速增长,康养产业随之发展。但是关于康养产业的界定,目前还没有一个被广泛接受的界定。界定康养产业,首先要明确什么是康养。

伴随中国经济高速发展,关于生命健康问题备受各种人群的重视,尤其是老年人。随着"健康中国"战略实施,康养成为热点研究。康养概念较早是被应用于旅游研究领域。目前多数人对康养解读仍局限于常识性的理解,这使得康养概念目前没有被广泛接受。健康不仅指疾病防治、身体机能

---

① 国务院新闻办就《中国居民营养与慢性病状况报告(2020年)》有关情况举行发布会,http://www.gov.cn/xinwen/2020-12/24/content_5572983.htm。

② 天津市卫生健康委员会:《天津市居民健康状况报告》,http://www.cdctj.com.cn/doc/003/000/436/00300043697_9f4fa034.pdf。

方面的健康,还包括心理健康等。现代人希望通过医疗服务、康体休闲、营养膳食、旅游度假等达到强体、治疗、防衰、养心等健康目标。但"康养"并非简单的等于"健康＋养老"。

关于康养,学界和业界有不同理解。国内对康养概念的界定主要有两种。一是将"康养"理解为"健康"与"养生"的集合,重点关注的是生命养护。在产业界,将"康养"理解为"大健康",将"养"理解成"养老",认为康养是"健康"与"养老"的统称。两种观念都从关注康养核心要义和衍生区域,扩展到医疗、保健、文创、旅游、体育、科技、金融等领域。由于老年人康养需求更大,因此从老龄化社会出发,认为康养是健康、养生和养老。而从行为学视角出发,康养可以看作一种行为活动,是维持老年人身心健康状态的集合。强调"康"是目的,"养"是手段。《康养蓝皮书:中国康养产业发展报告(2017)》将康养界定为:综合外部环境以改善人的身体和心智并促使其不断趋于最佳状态的行为活动。① 该报告主编何莽还从生命角度将康养分为三个维度:生命长度,即寿命;生命丰度,即精神层面的丰富度;生命自由度,即国际上描述生命的质量高低的指标体系。

关于康养产业,有不同的理解和表述。如,康养产业主要是指服务于60岁以上老年人,围绕老年人的衣、食、住、行、医以及精神文化活动等开展的以养老服务为核心的产业活动。养老产业是从老年人各种具体需求延伸到第一、第二、第三产业的托底服务。养老产业是保障老年生活的服务产业。康养产业是由年龄决定的消费特征为标志而划分的产业,即为满足老年人的特殊消费需求而为他们提供产品和服务的产业。养老产业是通过各种生命的研发、科学研究和生产应用,提供保持、延续生命活力的全方位、有针对性的联通服务。

康养产业包括传统老年产业如服装、食品、特殊商品、交通、保健、老年福利设施和现代老年产业如娱乐、旅游、住宅、社区服务业、老年教育等多种

---

① 《康养蓝皮书:中国康养产业发展报告(2017)》,社会科学文献出版社,2017年。

行业。也有人认为,康养产业包括医疗、护理、康复、养生保健、健康咨询等老年医疗与疗养,代步车等日常助老器械,家政、生活照料、餐饮、心理辅导等老年服务,养老机构、公寓与养老社区等养老地产,中医、中草药、针灸推拿等老年中医药康养,可穿戴器械、养老管理软件、大数据处理分析等智能康养系统,以及老年金融、教育、旅游、文化生活、适老化环境改善等相关产业。

全球养老产业研究中心(OLDAGE)提出,养老产业是以不同年龄、地域、环境、气候、亲情习惯、社会发展文明心理状态和经济基础以及执政水平为基础,针对个体提供的生命保障产业。《康养蓝皮书·中国康养产业发展报告》的主编何莽认为,康养产业是为社会提供康养产品及服务的各相关产业部门组成的业态总和,一般涉及国民经济多个部门和行业。养老产业也是为生命长期健康、实现幸福提供服务的各种产业。

国家统计局在 2020 年颁布的《养老产业统计分类(2020)》(国家统计局令〔2020〕第 30 号)中,将养老产业界定为:"是以保障和改善老年人生活、健康、安全以及参与社会发展,实现老有所养、老有所医、老有所为、老有所学、老有所乐、老有所安等为目的,为社会公众提供各种养老及相关产品(货物和服务)的生产活动集合,包括专门为养老或老年人提供产品的活动,以及适合老年人的养老用品和相关产品制造活动。"①这应该是国家层面关于养老产业的界定。

(二)康养产业的主要内容

老年人用于健康检测、康复医疗、家政看护、旅游休闲、养老度假、保健品等康养产品和服务的消费支出快速增长的同时也带动了康养产业发展。关于康养产业的内容有不同观点。如,康养产业涵盖了健康、养老、医疗、养生、文化、体育、旅游等业态。也有学者将养老产业具体分为养老金融、养老

---

① 国家统计局:《养老产业统计分类(2020)》(国家统计局令〔2020〕第 30 号),http://www.stats.gov.cn/tjgz/tzgb/202002/t20200228_1728992.html。

地产、福利器械(含药品)及设施、综合性医护管理服务、养老软件及信息系统,并延伸至家政服务、护工培训及文化生活等其他服务。研究表明,近年来中国康养业态呈多元化的发展趋势,形成了以康养旅居、疗愈康养、运动康养和研学康养为主的业态分布结构。[①] 从学术界、产业界、行为学、生命学四个维度,分别对康养产业概念做出不同的界定,涵盖了不同内容。具体内容详见表 11 – 1。

表 11 –1 康养产业概念的不同界定

主体	内容
学术界角度	学者普遍将康养解读为"健康 + 养生",重点关注在生命养护之上,用健康和养生的概念来理解康养的内容
产业界角度	倾向于将康养等同于"大健康",重点将"养"理解成"养老"。认为"康养"是"健康"与"养老"的统称
行为学角度	将康养看作一种行为活动,是维持身心健康状态的集合,康是目的,养是手段。康养行为可以看作一种连续性、系统性的行为,也可以看作短期性、单一性的行为
生命学角度	康养要统筹生命的三个维度:一是生命长度,即寿命;二是生命丰度,即精神层次的丰富度;三是生命自由度,即国际上用以描述生命品质高低的指标体系

有研究指出,随着老年人口增加,健康服务、旅游、地产、保险等几个涉及养老的行业将继续保持上涨;日用品、金融保险等养老行业潜在产业值将更加可观。[②]《中国康养产业发展报告(2020)》指出,2020 年新冠肺炎疫情突发,人们更加珍视生命财产安全,康养产业迎来发展新契机。其中,运动康养、研学康养、生物医疗领域可能是新风口。与中医药相关的康养政策可能成为新热点。中医药与康养概念的融合有可能成为中国最具特色的康养

[①] 《康养蓝皮书:中国康养产业发展报告(2020)》在京发布,http://finance. eastmoney. com/a/202105251935180540. html。

[②] 《2020 年中国养老行业发展现状、市场规模及中外养老模式对比分析》,https://www. iimedia. cn/c460/76544. html。

产业模式。①

国务院印发的《"十三五"国家老龄事业发展和养老体系建设规划》(国发〔2017〕13号)第六章专设"繁荣老年消费市场"章节,包括丰富养老服务业态和繁荣老年用品市场两节。提出"大力发展养老服务企业,鼓励连锁化经营、集团化发展,实施品牌战略,培育一批各具特色、管理规范、服务标准的龙头企业,加快形成产业链长、覆盖领域广、经济社会效益显著的养老服务产业集群。支持养老服务产业与健康、养生、旅游、文化、健身、休闲等产业融合发展,丰富养老服务产业新模式、新业态。鼓励金融、地产、互联网等企业进入养老服务产业。利用信息技术提升健康养老服务质量和效率"。"增加老年用品供给。引导支持相关行业、企业围绕健康促进、健康监测可穿戴设备、慢性病治疗、康复护理、辅助器具和智能看护、应急救援、通信服务、电子商务、旅游休闲等重点领域,推进老年人适用产品、技术的研发和应用。支持老年用品制造业创新发展,采用新工艺、新材料、新技术,促进产品升级换代。丰富适合老年人的食品、药品、服装等供给;加强老年用品测试和质量监管,鼓励开辟老年用品展示、体验场所,发展老年用品租赁市场,支持办好老龄产业博览会"。"提升老年用品科技含量。加强对老年用品产业共性技术的研发和创新。支持推动老年用品产业领域大众创业、万众创新。支持符合条件的老年用品企业牵头承担各类科技计划(专项、基金等)科研项目。支持技术密集型企业、科研院所、高校及老龄科研机构加强适老科技研发和成果转化应用。落实相关税收优惠政策,支持老年用品产业领域科技创新与应用项目"。②

为加快推进养老产业发展,并科学界定养老产业的统计范围,准确反映我国养老产业发展状况,国家统计局还依据《中华人民共和国老年人权益保

---

① 《康养蓝皮书:中国康养产业发展报告(2020)》在京发布,http://finance.eastmoney.com/a/202105251935180540.html。
② 《国务院关于印发"十三五"国家老龄事业发展和养老体系建设规划的通知国发》(国家统计局令〔2017〕第13号,http://www.gov.cn/zhengce/content/2017-03/06/content_5173930.htm。

障法》以及党中央、国务院关于发展养老产业决策部署，按照《国民经济行业分类》(GB/T 4754 – 2017)，制定了养老产业统计分类标准，将养老产业的范围具体确定为：养老照护服务、老年医疗卫生服务、老年社会保障、老年健康促进与社会参与、养老教育培训和人力资源服务、养老金融服务、养老科技和智慧养老服务、老年用品及相关产品制造、养老公共管理、其他养老服务、老年用品及相关产品销售和租赁、养老设施建设等 12 个大类。① 这是国家层面的最权威分类。具体分类如下：养老照护服务包括居家养老照护服务、社区养老照护服务、机构养老照护服务；老年医疗卫生服务包括老年预防保健和健康管理、老年人疾病诊疗服务、老年康复护理服务、安宁疗护服务、其他未列明老年医疗卫生服务；老年健康促进与社会参与包括老年体育健身服务(老年运动休闲和群众体育活动、老年体育健康服务)、老年文化娱乐活动、老年旅游服务、老年健康养生服务(老年养生保健服务、老年心理健康服务)、老年志愿服务；老年社会保障包括老年社会保险(基本养老保险、老年基本医疗保险、老年长期护理保险、老年补充保险)、老年人社会救助、老年人慈善服务、老年人社会福利、养老彩票公益金服务；养老教育培训和人力资源服务包括养老教育和技能培训(养老相关专业教育、养老职业技能培训)、老年教育、养老人力资源服务(养老职业技能服务、养老就业服务、老年人人力资源开发服务)；养老金融服务包括老年商业保险(老年人意外伤害保险、养老机构责任保险)、商业养老保险(养老年金保险、住房反向抵押养老保险、其他商业养老保险)、养老理财服务、养老金信托、养老债券、其他养老金融服务；养老科技和智慧养老服务包括养老科技服务(养老科学研究和试验发展、养老科技推广和应用服务、养老产品质检技术服务)、智慧养老服务(互联网养老服务平台、养老大数据与云计算服务、物联网养老技术服务、其他智慧养老技术服务)；养老公共管理包括政府养老管理服务、养老社会

① 国家统计局：《养老产业统计分类(2020)》(国家统计局令〔2020〕第 30 号)，http://www.stats.gov.cn/tjgz/tzgb/202002/t20200228_1728992.html。

组织服务、其他养老服务；其他养老服务包括养老传媒服务、老年法律服务和法律援助(老年司法援助服务、老年公益公证服务)、养老相关展览服务、老年婚姻服务、养老代理服务其他未列明的养老服务；老年用品及相关产品销售(老年营养和保健品销售、老年日用品及辅助产品销售、老年文体产品销售、老年药品销售、老年医疗器械和康复辅具销售、老年智能与可穿戴装备销售、老年代步车销售)，以及老年相关产品租赁；养老设施建设包括养老设施建设和改造及装修维修、住宅适老化及无障碍改造、公共设施适老化及无障碍改造。[①]

目前，我国旅居康养的模式相对比较成熟，以候鸟式旅居、社区式旅居为代表，两大类体系格局清晰明朗，使旅居康养发展趋于稳定；运动、旅游和医学相结合而成的运动康养业态则势头强劲，可能会成为康养发展的新热点；疗愈康养市场需求日益呈扩大趋势，特别是中医药疗愈康养热度不减，而且国家层面也颁布许多与中医药相关的康养政策，使中医药与康养概念融合的中国特色的康养产业模式更加成熟；而研学康养的发展也呈回暖趋势。上述表明，我国康养业态结构日益完善。[②]

第二节 树立"大健康"养老理念，以预防为主，努力减少或延缓老年慢性病发生

一、转变"以治疗为中心"的传统养老服务观念，树立大健康养老服务理念

"以治疗为中心"的传统养老服务观念重在有病医治，不仅家庭、社会经济成本高，而且老年人因病痛苦，生活质量低。习近平总书记强调，要把人

---

① 国家统计局：《养老产业统计分类(2020)》(国家统计局令〔2020〕第 30 号)，http://www.stats.gov.cn/tjgz/tzgb/202002/t20200228_1728992.html。

② 《康养蓝皮书:中国康养产业发展报告(2020)》在京发布，http://finance.eastmoney.com/a/202105251935180540.html。

民健康放在优先发展的战略地位，老年人健康生活是其中应有之意。作为一种价值理念，"大健康"养老服务要根据社会发展、养老需求变化以及疾病谱改变，突出"以预防为中心、关口前移"，注重"治未病"；推行健康生活方式，提倡自我健康管理，减少疾病发生；强化早诊断、早治疗、早康复；重视影响老年人身体健康的危险因素，关注老年人的精神与心理健康，帮助老年人实现自身价值；促进健康产业发展，更好地满足老年人健康需求。坚持政府主导，全社会参与，共建共享，人人自主自律，全民健康，实现"健医养"一体发展。通过提升老年人生活质量，增强老年人幸福感，建设健康中国。

二、以"全方位、全周期服务"为指导，构建大健康养老服务供给体系

调整优化养老健康服务供给体系。按照总书记提出的要求，构建"以普及健康生活、优化健康服务、完善健康保障、建设健康环境、发展健康产业为重点"的大健康养老服务供给体系，为老年人提供全方位全周期健康服务。

一是政府在制定公共政策与公共资源分配过程中，坚持"大健康＋养老"发展理念，尽快出台《"健医养"一体化发展的实施意见》，坚持把基本医疗卫生制度作为公共产品向全民提供，重在保障人民群众基本医疗卫生需求。积极引导社区、养老机构、医院、社会组织、全体居民等多元主体多维度介入健康养老服务。

二是以社区为基，突出社区在大健康养老服务中的基石作用，强化老年人社区健康管理，做实基本公共卫生服务中的老年人体检项目以及慢性病患者管理工作，提高老年人健康档案建档率。鼓励通过购买服务、协议托管、自助运营等方式，探索社区居家养老服务社会化服务模式，为社区老人提供无偿或低偿日间照料、护理、合理配餐等服务。

三是为老年人提供"健医养"结合服务，将健养融入医养结合的服务中。增设老年病科、老年门诊；探索建立康复医院，扩大康复门诊，并纳入医保范围；开展健康护理、临终关怀等服务；推进养老机构开展"健医养"服务；实施中医药疾病预防健康工程，强化中医中药服务生命健康功能，在社区医院强化中医药预防保健，初步构建中医疾病预防服务体系。

四是通过宣传,使老年人树立积极快乐的生活态度。能够正确看待身体衰老变化,消解老年人对疾病、孤独的担忧与心理负担。

三、以"治未病"为基础,建立大健康养老服务保障机制

健全"健医养"融合运转机制,为开展"健医养"提供保障。

一是加大资源整合力度,构建老年人大健康养老的财政投入机制。各地每年养老服务方面的财政投入远远低于其他方面。因此要通过政策引导与扶持等措施,为"健医养"一体发展提供资金保障。特别是加大对健康宣传教育、丰富健康生活等方面的投入。

二是通过政策倾斜,支持发展以预防为主"治未病"的养老服务业。落实"放管服"改革措施,简化审批手续,加大民间资本参与"健医养"服务业支持力度。

三是完善大健康养老的体育、文化娱乐、活动场地等基础设施建设。

四是完善健康养老市场和社会组织、志愿者参与机制,构建大健康养老服务队伍。以老年人需求为出发点,通过社区、社会组织、志愿者开展生活照料、精神慰藉、健康保健等多样化服务。重视大健康养老人才队伍建设,完善养老职业教育体系。

四、以"老年群众对全面健康需求"为出发点,拓展养老服务对象与服务范围,注重老年人精神需求满足

构建"刚需养老为基,养生健体养老为体"的"健医养"格局,满足老年群众的全面健康需求。以天津市为例,调查表明,天津市失能半失能老人占户籍老龄人口的 6.52%,90% 左右的老年人生活基本能自理。因此在养老服务中,要拓展大健康养老服务的对象,改变重"医"轻"养"的观念,逐渐由失能失智、半失能和高龄老人等需要照护的刚需群体向年轻健康老人覆盖;养老服务项目由刚需性的医疗、康复、护理等向以"康复保健、养生娱乐"为中心的"大健康"产业延伸;从"诊断治疗"为主的医疗服务,向以"中医康复、慢病管理"为方向的养生保健服务转移,满足老年人生活和精神服务需求。围绕高龄老人全生命周期的"大健康",拓展中医养老与康复、慢性病管理与

健康管理、养生养老、生态养老、老年娱乐、旅居养老、高端保健等领域的服务。特别是针对社区健身园，体育公园数量少、设施少、面积小、距离远等问题，有效利用居民周边的废弃铁道、厂房等，进行简单改造，以满足老年人健身需求。

老年人心理与精神上的满足也同样要被重视。在老年人的多种需求中，尤其要关注老年人的精神健康，重视老年人的心理问题。如前所述，本书调查组的调查显示，老年人需要心理健康服务，特别是，收入越高、身体越健康，对心理健康服务的需求越强烈。《"健康中国 2030"规划纲要》提出，"动开展老年心理健康与关怀服务，加强老年痴呆症等的有效干预"[①]。《健康中国行动（2019—2030）》提出："实施老年人心理健康预防和干预计划，为贫困、空巢、失能、失智、计划生育特殊家庭和高龄独居老年人提供日常关怀和心理支持服务。加强对老年严重精神障碍患者的社区管理和康复治疗，鼓励老年人积极参与社会活动，促进老年人心理健康。"[②]因此，要关爱老年人精神健康，为老年人提供心理健康辅导。

五、以"预防为主、关口前移"原则做好宣传工作，倡导家庭孝老，推行健康生活方式实现老年人自我健康管理

《健康中国行动（2019—2030 年）》提出："做好慢病管理。患有慢性病的老年人应树立战胜疾病的信心，配合医生积极治疗，主动向医生咨询慢性病自我管理的知识、技能，并在医生指导下，做好自我管理，延缓病情进展，减少并发症，学习并运用老年人中医饮食调养，改善生活质量。"[③]因此要确立政府、社会、家庭、个人多方参与的"健医养"发展格局，积极动员家庭与老年人个人介入"健医养"体系。

一是发挥家庭养老的基础功能，弘扬孝老爱亲的优秀传统文化，使老年

---

① 《中共中央、国务院印发"健康中国 2030"规划纲要》，http://www.gov.cn/xinwen/2016 – 10/25/content_5124174.htm。

②③ 健康中国行动推进委员会：《健康中国行动（2019—2030 年）》，http://www.gov.cn/xin-wen/2019 – 07/15/content_5409694.htm。

人在家庭的关爱下健康幸福地生活。《健康中国行动(2019—2030年)》提出:"注重家庭支持。提倡家庭成员学习了解老年人健康维护的相关知识和技能,照顾好其饮食起居,关心关爱老年人心理、身体和行为变化情况,及早发现异常情况,及时安排就诊,并使家居环境保证足够的照明亮度,地面采取防滑措施并保持干燥,在水池旁、马桶旁、浴室安装扶手,预防老年人跌倒。"①各地要积极落实相关政策,注重落细。

二是提高老年人健康素养和保健意识,让老年人成为自身健康的第一责任人,实现老年人自我健康管理。《健康中国行动(2019—2030年)》提出:"改善营养状况。主动学习老年人膳食知识,精心设计膳食,选择营养食品,保证食物摄入量充足,吃足量的鱼、虾、瘦肉、鸡蛋、牛奶、大豆及豆制品,多晒太阳,适量运动,有意识地预防营养缺乏,延缓肌肉衰减和骨质疏松。老年人的体重指数(BMI)在全人群正常值偏高的一侧为宜,消瘦的老年人可采用多种方法增加食欲和进食量,吃好三餐,合理加餐。消化能力明显降低的老年人宜制作细软食物,少量多餐。"②这就要求老年人需要强化自我学习能力,提高营养保健知识和能力。

三是普及老年人常见慢性病的保健防治知识,提高其对"治未病"的认识,提供专业健康咨询和指导服务,并提出相应的健康计划,改善老年人亚健康状态,防止"带病增寿",实现健康长寿。

四是强化老年人健康生活方式的养成,注重健体强身的疾病预防和健康促进。体育健身是调节老年人身心健康水平的重要手段。改变老年人只有"广场舞"单一的锻炼方式。发挥社会组织作用,推广八段锦、太极拳、五禽戏、调息静坐等我国传统养生中简单易行的方法,不仅可以达到养生保健效果,还可以起到参与社会活动的作用,也有利于老年人精神情志的调养。

六、以建设智能城市为契机,将"智能"融入"健医养"

借建设智能城市之机,构建智能养老生态链,为老年人提供健康管理类

---

①② 健康中国行动推进委员会:《健康中国行动(2019—2030年)》,http://www.gov.cn/xin-wen/2019–07/15/content_5409694.htm。

可穿戴设备、自助式健康监测设备、智能养老监护设备、家庭服务机器人、互联网健康咨询等服务。目前各地在推进智能养老过程中尚存在一些问题，如，养老产品"智能化"水平低，普及程度不高，智能养老产品功能集中在信息收集和安全监测，产品类型单一；信息数据挖掘不足，虽然一些数据信息量大且获取容易，但未能有效将其整合、分析，难以发挥针对性提供养老服务的信息整合与管理功能，无法满足老年人多样化需求，也无法为老年人提供个性化的养老服务；智能养老发展缺乏统一的行业规范和行业监管，服务质量也参差不齐；老年人对信息技术主观上不愿积极主动了解，也妨碍了智能养老产品的使用。

因此，在构建智能城市建设的框架内，应该将智能养老纳入智能城市发展体系之中；同时加大智能养老的政策支持力度；搭建大数据共享平台，完善行业标准和监管机制，严格规范信息管理；加强智能养老服务宣传，使老年人尽可能接受智能养老带来的便利；积极推进智能养老产业发展，并以此作为撬动经济转型的支点之一。

第三节　康养产业发展存在的主要问题

随着人口老龄化不断加深，我国失能、半失能以及高龄老年人口大幅增加，老年人医疗卫生服务需求与生活照料需求叠加趋势越来越明显，健康养老服务的需求日益强劲。但从服务供给来看，我国老年经济发展迟滞，发展不均衡，医养服务供给少，医养产业孵化组织匮乏，技术含量低，专业人才紧缺。

一、缺乏战略规划，对康养产业发展前景认识不足，未形成康养产业体系

一是缺乏康养产业全局眼光、战略规划、运作策略，康养产业发展巨大潜力未得到有效挖掘；战略上未得到应有的重视，供需之间巨大商机未得到应有重视。研究表明，我国养老产业市场巨大（见图 11－1）但目前尚未得到应有的重视。

二是对康养产业内涵认识不一,政府及相关部门认识存在局限,往往将康养产业简单等同于建设养老机构与开展社区养老服务,忽视了娱乐休闲、教育文化、特殊便利、运动保健、新型电子等其他养老产业。

三是老年人收入逐年提高为康养产业发展提供了基础,但各地尚未将康养产业视为可深挖的"金矿"。

四是养老政策密集出台,但关于康养产业专项政策不足。对康养产业管理还存在盲点,相关法律、法规保障不足,缺乏规范化和标准化运作。

图 11-1 2014—2020 年中国养老产业市场规模情况①

二、对康养需求缺乏评估,产品和服务供给与老年人多元化需求存在差距

老年用品市场供需矛盾比较突出。有调查显示,市场上手机应用软件的功能都相似,如一键呼叫亲人、实时定位、心率监测、电子围栏、用药提醒等,几乎均为标配,但下载量与庞大的老龄人口相比寥寥无几。一是受产业回报慢、政策碎片化、粗放式发展、配套设施供应不足、人才短缺等因素制

---

① 数据来源:中商产业研究院。

约，康养产业供需失衡。二是随着独生子女的父母步入老年，家庭人口结构发生根本变化，老年人康养需求的种类和层次日趋多元化。而多数地区康养产业涉及的产品及服务单一，主要集中在老年人就餐、机构养老、医疗保健等方面，而健身、旅游、文化娱乐及精神享受方面的产品和服务尚未得到充分开发，提供的产品与服务远未满足老年人多元化需求，与经济发展水平不相称。三是老年人市场需求动力不足。一方面，多数高龄老年人以低端消费为主，导致老年人用品市场活力不足；另一方面，低龄老年人的消费观念已有很大变化，但市场估计不足，消费潜力未能有效释放。

三、康养产业产品种类不丰富，档次较低，缺乏产业链科学布局

中国近 3 亿 60 岁以上老年人的养老需求，不断推动超过每年 4 万亿市场容量。然而目前这些老年人的需求却未得到很好满足，特别是缺乏针对性强、安全可靠的养老服务产品。

一是对康养产业底数不清，对如何布局康养产业缺乏深入分析研究。

二是康养生产企业市场化运作水平不高，企业结构调整步伐滞后，产业规模小，相关产品种类和服务品种不丰富，普遍存在成本高而利润低。

三是缺乏科学的产业链。虽然各地也有生产老年人尿不湿、护理服、保暖内衣等老年功能性服饰的企业；有生产多功能训练康复机、吞咽功能治疗仪、助行器、远程肺功能仪等老年慢性病检测管理、康复训练产品的企业；有生产阻燃被子、防滑防水床垫等安全便利照护产品企业；也有生产电动轮椅车、楼梯升降机等适老化环境改造企业；还有生产可穿戴动态血压仪、智能监测手环与床垫、虚拟训练系统、养老院智能管理系统、健身康复指标监测数据系统等智能化产品企业，但整体上康养产业还处于初级、低层次发展阶段，康养产品与服务供给缺乏综合化服务。在产品研发创新、品牌培育和市场开拓等方面内力不足。

四是部分企业对政策掌握不及时，缺乏准确的市场定位，对服务模式、投资回报等也缺乏充分调研、评估。

四、适老金融服务发展不足,康养产业信息化建设步伐缓慢

一是老年人是慢性病和失能的高发群体,目前不少地方已被列为国家第二批长期护理险试点城市,但急需规范;商业银行、保险公司等金融机构开发适合老年人的理财、保险产品引导不足,难以满足老年人金融服务需求。同时,社会资本参与康养市场的动力未能得到激发。二是目前各地陆续在辖区内建立区级养老服务信息化数据分析平台,但缺乏省市级统一的线上服务共享平台面向养老服务市场,各类养老信息资源不能普及和共享。

五、老龄服务产业和事业边界不清,政府介入过多,社会资本介入不足

目前老龄服务的产业和事业边界不清,政府介入过多,服务提供的准入门槛较高,服务的竞争市场难以形成,中端服务市场社会资本介入较少。

六、机构养老与社区养老服务与老年人的需求仍有差距

这些年,我国养老机构数量逐年增长,社区养老服务也得到高度重视。但一些地区养老机构数量在逐年递增,而服务功能与市场化需求契合度不高,不少养老机构依赖政府财政在建设和运营中给予多项补贴维持运营。有的民办养老机构未能契合老年人消费理念、消费水平,以致空床率高,投资回报周期延长。此外,不少地区的社区养老服务的部分项目(如日间照料中心)缺乏机制激励,运行步履维艰。

第四节　大力发展银发经济,将康养产业作为推动内循环高质量发展的动能

在《"健康中国 2030"规划纲要》中,明确了养老在新发展格局构建中的定位和作用,确定了健康产业领域的指标,即健康服务业总规模 2020 年为 8万亿元以上;2030 年将达 16 万亿元。[①] "十四五"战略强调大力开发展银发

---

① 中共中央、国务院印发:《"健康中国 2030"规划纲要》,http://www.gov.cn/xinwen/2016 - 10/25/content_5124174.htm。

经济,推动养老事业与养老产业协同发展。"十四五"期间构建新发展格局,强调以内循环为主,内外双循环相互促进。内循环为主体,其中最重要的战略支点是扩大内需。而康养产业恰恰能够大有可为。发展康养产业,可以成为促进消费的重大举措。因此,必须抓住"十四五"的有利时机,推动康养产业快速发展。把亿万老年人"夕阳红"服务事业打造成蓬勃发展的朝阳产业,这也是调结构、惠民生、促升级的重要力量。

快速老龄化的中国,意味着中国的养老产业市场潜力巨大。中国老年人口的基数大,养老需求巨大。在养老政策推动下,我国养老产业市场的规模也不断壮大。2014 年,中国养老产业市场的规模仅为 4 万亿元;预计 2020 年,市场规模将达 7.8 万亿元。[①] "十四五"规划大力支持养老产业发展,提出"推动养老事业和养老产业协同发展,健全基本养老服务体系,发展普惠型养老服务和互助性养老,支持家庭承担养老功能,培育养老新业态"[②]。中国首本康养蓝皮书《中国康养产业发展报告(2017)》发布以后,已连续四年发布康养蓝皮书。《中国康养产业发展报告(2020)》提出,尽管新冠肺炎疫情席卷全球,与之相伴的是康养产业遭遇重创,但疫情时代危机蕴藏着新机,市场需求将刺激康养蓝海涌动。[③] 发展康养产业是老龄化社会的必然要求,机遇与挑战并存,但要及时把握机遇。

一、加强顶层设计,将康养产业作为推动内循环高质量发展的动能

作为朝阳产业的康养产业将迎来黄金发展期。2019 年在民政部印发的《关于进一步扩大养老服务供给促进养老服务消费的实施意见》提出,"培育养老服务消费新业态",主要包括实施"养老服务＋行业"行动,打造"互联网＋养老"服务新模式两项措施。《实施意见》提出,"支持养老服务与文化、旅

---

① 《明年我国养老业市场规模有望达 7.8 万亿元》,《市场导报》,2019 年 6 月 4 日。

② 《中共中央关于制定国民经济和社会发展第十四个五年规划和二○三五年远景目标的建议》,http://www.gov.cn/zhengce/2020 – 11/03/content_5556991.htm。

③ 《康养蓝皮书:中国康养产业发展报告(2020)》在京发布,http://finance.eastmoney.com/a/202105251935180540.html。

游、餐饮、体育、家政、教育、养生、健康、金融、地产等行业融合发展;加快互联网与养老服务的深度融合,为老年人提供'点菜式'就近便捷养老服务,打造多层次智慧养老服务体系,创造养老服务的新业态、新模式"①。康养产业不仅关乎老年人生活,也关系到经济社会长远发展。将康养产业作为经济支柱之一,对调整经济结构、推动服务业发展、增加就业岗位,尤其是"后疫情"时期,对推动内循环等具有重要作用。

据预测,2030年中国老年康养产业市场消费需求将达20万亿元,对GDP拉动达8%。因此,"十四五"期间,要坚持政府引导、市场运作、社会组织介入原则。要进一步清除市场障碍,降低准入门槛,让各类市场主体充分发挥作用。目前,各地均在"十四五"规划中对养老产业做出顶层设计。如,北京的"十四五"规划提出,加强就业、社保、养老等政策衔接,健全完善统筹协调机制,完善区域公共服务的共建共享机制,完善交通等基础设施,鼓励养老资源的周边布局,优化居住、养老等配套布局,引导适宜的产业向北三县延伸,推动医保异地一体化结算。天津的"十四五"规划提出,加快完善居家社区和机构相协调、医养康养相结合养老服务体系,充分发挥居家养老服务支撑作用,支持家庭承担养老功能,夯实居家养老基础,健全完善"互联网+养老",打造智慧养老服务新模式,推进老人家食堂全覆盖,加快日间照料中心的社会化运营改革,鼓励社会力量开办照料中心。河北省的"十四五"规划提出,构建养老、孝老、敬老的政策体系与社会环境,深化公办养老机构改革,实施社区与居家养老工程,支持社会力量开办养老机构,推动养老事业与康养产业的协同发展,加强医养康养综合体建设。在各地对养老服务产业做出具体规划时,应该注意:

一是统一规划,形成产业聚集、链条完整、产品多元的康养产业发展体系,通过一揽子政策,在土地、财政、税收、金融、保险、科技等方面政策聚焦

① 《民政部印发关于进一步扩大养老服务供给 促进养老服务消费的实施意见》,http://www.gov.cn/xinwen/2019-09/23/content_5432456.htm。

康养产业,使其成为我国经济发展新的增长点,显著增强老年人获得感。

二是建立机制,通过协同联动的"大处方"解决体制机制障碍问题。康养产业是一项系统工程,涉及多个政府管理部门。建议成立"康养产业建设领导小组",形成由分管市领导牵头、其他相关部门参加的协同联动推进机制。

三是提供政策保障,突出政策撬动效应。制定支持康养产业发展的配套政策和措施,打造政策"洼地"。政府部门转变观念,打破束缚康养产业高质量发展的条框,进一步推进放管服。

四是加大税收优惠与资金补贴,降低企业运营成本。积极争取中央预算内资金支持。

二、精准把脉康养需求,将康养制造产业作为制造业发展重点之一

康养市场的供给侧要更加精确把握民生所需。部分康养领域开辟线上产品或渠道,呈现出稳中有升发展趋势,特别是以运动、疗愈、研学为代表的康养业态,成了新的风口,也吸引了资本入场,康养市场需求潜力被激发,万亿级康养需求的驱动使康养蓝海"风起云涌",康养产业未来可期。[①]

一是精准评估不同年龄阶段、养老金收入水平的老年人康养需求,摸清康养产业底数。以各地既有的健康产业发展为基础,重点培育、引导需求市场,全面放开康养产业市场。

二是优化产业布局,将康养制造产业作为制造业发展重点之一。康养产业涉及生产、流通、经营、消费等各个环节,覆盖面广、产业链长,各种具体需求都可延伸到第一、二、三产业服务。引导相关企业在现有产业基础上向康养产业延伸,为康养产品提供生产加工服务,形成一批具有集聚带动作用的康养产业集群。发展各类药物、保健品等康养药业与食品业,医疗器械、辅助设备、养老设备等康养装备制造业,可穿戴医疗设备、移动检测设备等

---

① 《康养蓝皮书:中国康养产业发展报告(2020)》在京发布,http://finance. eastmoney. com/a/20210525193518050540. html。

康养智能制造业。

三是加强康养产业研发,构建集产学研一体的全产业发展链条,鼓励企业建立国家级、市级企业技术中心和重点实验室。加强产学研联合,提高成果转化率。

四是发挥旅游资源优势,依托各地得天独厚的生态条件和长寿文化,强化饮食康养,加强运动康养,突出文旅康养。

五是鼓励企业及时调整产品结构,加强市场开拓,扩展康养产业发展空间。强化并帮助企业宣传推广产品、服务和品牌,提高市场知名度和品牌影响力,壮大康养产业规模。

三、以供给侧结构性改革为主线,细化康养产业分类,构建康养产业链

以供给侧结构性改革为主线,必须坚持问题导向,放开养老服务市场,丰富养老产品,提升养老服务质量,扩大养老服务的有效供给,把康养市场做强、做精、做好。做强,主要针对养老服务市场主体小而分散,引导跨行业、跨区域整合兼并,支持养老服务机构向规模化、专业化、连锁化方向发展;做精,主要利用现代信息技术以及人工智能、可穿戴设备等,使养老服务供需双方有效对接,为老年人提供个性化、精细化、便利化服务,做到定点到位,精确到人;做好,政府就要在放管服方面提供有效保障,深化简政放权,市场能做好的,就放手让市场去做,同时,政府也不能缺位,一定要保障基本,兜底线,重点加强监管,优化环境。

数据显示,2010 年中国的养老产业市场规模仅为 1.4 万亿元,到 2019 年,养老产业市场规模增至 6.91 万亿元。初步测算,2021 年,中国养老产业市场规模将达 8.78 万亿元,2022 年将突破 10 万亿元。[①] 因此要结合康养产业发展趋势,做好康养产业链规划。康养产业能否长效发展取决于产业链能否合理衔接。康养产业链覆盖老年人基本生活、娱乐休闲、理财规划、医

---

① 《2020 年中国养老行业发展现状、市场规模及中外养老模式对比分析》,https://www.iime-dia.cn/c460/76544.html。

疗服务及其关联产业。结合各地产业基础，发展以"科技"为支撑的生命科学、生物医药、医疗科技研发、中药智造、智慧医疗产业；以"医疗"为支撑的医药研发、卫生医疗、特色中医药产业；以"康养"为支撑的疗养、保健养生、体育健身、健康食品产业；以"服务"为支撑的康复疗养、健康管理、教育培训、心理咨询、健康保险、乡村旅游等服务产业，形成多元康养产业体系。挖掘康养产业龙头，在康养产业领域培育一批骨干企业，不断挖掘"潜力股"。

构建以大健康产业为核心的幸福产业聚集结构。以大健康产业为引擎，构建产学研城一体的养老服务发展架构。在产业链条上，延伸健康科研、健康生产、健康学习子类产业；将健康、养老、教育、旅游、文化、体育等服务产业融合，形成养老服务业集群，为社区老年居民健康消费构建一体化的健康生活方式，提升老年人的生活质量及幸福感。

四、发展适老金融服务，推进康养产业信息化建设

一是发展养老金融，建立以政府扶持为引导、企业投入为主体、社会参与为补充的康养产业投入机制，推进金融机构创新符合老年人特点的金融产品和服务；建立康养产业发展专项基金；发行康养产业发展专项福利彩票；推动社会资本投资康养产业，推广 PPP 合作模式，推动"银发产业"有序发展。

二是老龄化应与信息化同步共振。智慧养老产业将享受到人工智能、大数据等带来的红利。如，多数患慢性病老年人需长期服药，但拿药、复诊占据大量医疗资源。而基于互联网医疗和大数据平台的慢性病管理服务解决了问题。生产更多符合老年人习惯的适老化智能产品，将是智慧康养产业发展的重要机遇方向。

三是康养产业应在新基建中占一席之地。将适老化改造作为"小微基建"项目，既可提高老年人生活质量，又能有效拉动经济，创造就业机会，有利于拉动内循环。

四是全方位开展老年人用品会展，培育老年消费热点。

五、加快推广居家养老服务试点经验，强化养老机构建设

居家养老是主要的养老方式。以天津市为例，2019 年天津市委深改委会议审议通过了《河西区居家养老服务试点工作方案》。会议指出，解决我市居家养老服务力量薄弱问题，构建涵盖配餐、医疗、家政等多方面、多层次内容的居家养老服务网络，是践行习近平总书记以人民为中心发展思想的具体体现，是探索特大型城市居家养老服务工作新模式的改革尝试。该试点方案提出，坚持"企业为主、党政助力、公益支持、群众参与"思路，厘清政府与市场的职能边界，发挥好党委和政府顶层设计、政策引导的作用，突出企业主体地位，按照市场化机制经营运作。通过大胆闯、大胆试，努力探索可复制可推广的经验做法，为全市提供借鉴。[①] 河西区积极探索，最大特色是，围绕"居家"要素，通过市场运作，使居家养老服务可持续化。通过将片区内载体资源交由企业运营实施片区化管理，为片区老年人提供配餐、医疗、家政等居家养老服务，为运营方创造规模化、连锁化运营条件，目前，居家养老服务中心运营效果初步显现，企业和政府的配合度越来越高。通过探索市场路径，将全区的 14 个街道划分为多个片区，鼓励企业竞标运营同一片区内的多家中心。4 家运营商运营 80% 以上的中心，规模化、连锁化成效明显。特别是通过打通数据壁垒，构建"一库一网一平台"工作格局，实现了老人数据活化。推进智慧养老搭建养老数据库、养老服务网，开发养老管理服务智慧平台，开通"85858590"服务热线、"一键通"应急呼叫网络，发放居家养老服务卡 8 万多张，电子卡实现全覆盖，实现养老服务载体、内容和对象有效串联。此外，还组织开展了养老负责人、工作人员、服务商等培训，推动 2 家养老机构申报为就业见习基地，开展职业技能培训。一系列探索得到了民政部的充分肯定并向全国推广。[②] 这一创新探索为居家养老服务产业发

---

① 《市委全面深化改革委员会会议强调：积极探索扎实推进居家养老服务试点》，《天津日报》，2019 年 8 月 23 日。
② 《着力破解大城市养老之困——河西区居家养老服务试点见成效》，《天津日报》，2021 年 8 月 22 日。

展提供了经验。同时,继续加大养老机构建设,尽快实现供需匹配。

六、建立和完善康养产业可持续发展评估指标体系

完善康养产业的可持续发展能力评估指标体系,进一步强化行业引领作用。《中国康养产业发展报告(2020)》提出了康养资源、康养环境、康养设施以及康养发展水平等四大板块,构建了 44 个小指标项。① 通过招标对养老服务设施进行评估。一是全面评估。采取购买第三方社会组织服务的方式,对享受补贴政策的养老设施实行"先评估后补贴",形成评估工作对养老服务全覆盖。二是专业安评。指导各区引入第三方专业安评公司,定期对属地养老机构的消防安全、食品安全等进行安全预防、隐患排查并指导整改。三是信息化管理。利用养老服务信息管理平台,对养老机构内入住老年人、居家养老补贴等情况进行信息化实时管理。四是责任事故预防。引入保险经纪公司对养老机构每月进行安全指导,重点是预防责任事故,排查老年人意外伤害的安全隐患。

七、推进京津冀养老产业协同发展

京津冀地区,是中国北方经济规模最大、最具活力的地区,战略地位十分重要。北京市、天津市和河北省的主要城市各具特点。北京是全国的政治中心、文化中心、国际交往中心、科技创新中心;天津是全国先进制造研发基地、北方国际航运核心区、金融创新运营示范区、改革开放先行区;河北省是全国现代商贸物流的重要基地、产业转型的升级试验区、新型城镇化与城乡统筹的示范区、京津冀生态环境的支撑区。京津冀整体定位为"以首都为核心的世界级城市群、区域整体协同发展改革引领区、全国创新驱动经济增长新引擎、生态修复环境改善示范区"。但京津冀地区老龄化程度不断加深。京津冀的人口老龄化最大的特点是老年人口规模大、增速快、寿龄高。2019 年北京市 65 周岁及以上人口占总人口的比重为 11.4%,比上一年上升

---

① 《康养蓝皮书:中国康养产业发展报告(2020)》在京发布,http://finance.eastmoney.com/a/20210525193518O540.html。

了0.2个百分点;天津市65周岁及以上人口占总人口的比重为11.6%,比上一年上升了0.7个百分点;河北主要城市(石家庄、保定、廊坊、唐山、张家口、邯郸、秦皇岛、承德、衡水、沧州、邢台11个地级市及定州和辛集2个省直管市)65周岁及以上人口占总人口的比重为13.40%,比上一年上升了0.63个百分点。

老龄化程度据第七次人口普查数据显示:京津冀地区65岁及以上人口数量达1535万人,其中北京291万人,天津205万人,河北1039万人。① 天津老龄化程度在全国城市中排在第三位。近几年,京津冀大力发展养老产业,养老床位不断增加。2019年,京津冀地区养老机构床位数为36.7万张。其中,河北养老机构床位最多,达20.1万张;北京养老机构床位为10.9万张;天津养老机构床位为5.7万张。从每千老年人口养老床位看,2019年北京床位数最多,达33.5张;河北、天津床位数分别为29.1张、23.4张,均低于全国平均水平。与2018年相比,北京市、天津市的每千老年人口养老的床位数分别增加了2.4张、1.2张,而河北省每的千老年人口养老床位则有所减少。京津冀三地养老服务供需矛盾突出,养老服务产业的相关政策、医疗和养老保险制度如何实现协同,有很大的探讨空间。随着京津冀三地人口老龄化持续加深,养老服务需求不断增加,必将带动养老产业进入快速发展期。据北京市老龄委统计,2020年北京的老龄消费市场规模已达1000亿元。为破解京津冀的养老困境,京津冀近年来积极推进养老服务协同发展,努力打造京津冀养老服务一体化体系。

京津冀地区地理相连,具有养老服务业协同发展优势。京津冀三地努力将养老服务纳入协同发展中。近年来,京津冀三地不断探索、创新养老服务协同发展的体制机制,相继出台了一系列的政策和措施,通过政策支持京津冀协同养老。如,北京市卫健委、市民政局等12个部门联合发布的《北京

---

① 国家统计局国务院第七次全国人口普查领导小组办公室:《第七次全国人口普查公报(第五号)》,http://www.stats.gov.cn/tjsj/zxfb/202105/t20210510_1817181.html。

市深入推进医养结合发展的实施方案》,提出了推动京津冀范围内医师执业资质互认、推动三地医院实现医保直接结算,探索三地医养结合资源共享和协调机制,推动养老院、护理院、安宁疗护机构对接。北京与河北联合制定《北京市通州区与河北省三河、大厂、香河三县市协同发展规划》等多个政策机制,明确"统一规划、统一政策、统一标准、统一管控"的协同保障机制,这为发展康养产业奠定了基础。为打破京津冀地区户籍限制、行政阻力以及"地方保护主义",突破京津冀地区老人异地养老障碍,三地有关部门还共同签署了《共同推动京津冀民政事业协同发展合作框架协议(2015—2020年)》《京津冀养老工作协同发展合作协议(2016—2020年)》《京津冀区域养老服务协同发展实施方案》《医疗保险合作备忘录》《医疗卫生计生事业协同发展合作框架协议》等一系列合作文件。这些规划、政策的出台,有助于统筹建设特色的养老服务片区。

京津冀三地的"十四五"规划也对养老产业发展的路径做出明确规划,提出"十四五"时期京津冀三地将加强养老服务协同发展的顶层设计,推动养老人力资源有效配置,完善养老服务标准体系,打造一体化养老服务市场。重点加强由基本养老功能所衍生出来的养老产业协同与相互输出,引导京津的社会资本向河北的养老服务领域流动,并设立京津冀养老服务协同发展的试点机构,按照"养老扶持政策跟着户籍老人走"的原则,逐步实现三地的老年人异地养老无障碍,以推动养老产业协同发展,促进区域养老服务资源的有效配置。推动京津冀三地养老服务和康养产业可以从以下几方面着手:

一是加快推进康养资源布局规划,开创康养产业发展新局面。建议成立京津冀康养产业发展协同创新研究院,研究推动促进与康养相关的养老、教育、医疗、护理、体育、文化等公共服务的跨区域协同,为三地政府决策提供支撑。天津、河北紧临北京,区位优势明显,随着三地交通、通信等方面的发展,在京津冀一体化的大背景下,京津冀发展康养产业前景广阔。由于地域上的相近性、产业的梯度性和生产要素的互补性,京津冀之间具备康养产业发展协作的必要条件。在环京地区推行跨区域养老和各类康养服务,既是京津冀一体化总体战略的需要,也是实现资源共享和公共服务一体化的体现。

二是加强社会保障对接,突破三地养老政策瓶颈。建议建立健全京津冀康养产业发展管理机构和运行机制,充分挖掘社会组织资源广泛参与,统筹推动三地政策研究、产业规划、项目推动,为政府和企业提供咨询服务。北京出台环京地区康养产业发展补贴政策,对各类康养企业给予财政补助、贷款贴息、减免税收等政策支持,对在环京(津冀)地区利用自有或合作方的土地投资建设的养老机构和社会组织,符合相应标准的按照床位给予一次性建设补贴,对选择到环京周边地区养老的公务退休人员发放京津冀通勤补贴,打通社保对接和医保门诊异地结算政策堵点。三地政府联合出台破除制约政策,打破行政区划限制,打通三地制度藩篱。

三是高效盘活、利用现有资产资源,推动形成三地合作共赢新常态。建议加强政府信用机制和法律保障制度研究,确保北京疏解转移的各类康养单位机构组织权益保障到位。积极鼓励和引导北京优质康养资源,主动对接环京地区已建成的康养项目,开展经营和运营合作;根据环京周边生态资源特点,规划布局高中低不同等级的康养产业群,重点培育扶持生物医药、中医药保健、健康器械,文化、体育、旅游等产业龙头企业,大力发展森林植被康养、温泉矿物康养、滨海湖泊康养、乡村田园康养产业,打造康复治疗、康养保健、慢性病疗养,以及中医药健康旅游、休养度假等多功能的度假区;制定相关政策,提供金融服务,完善法律保障,优化营商环境,促进产业集聚。

四是探索协同发展新模式新机制,确保非首都功能项目和人员转移落实落地。建议以天津市武清区"天和城项目"为试点,着力打造"京津康养示范城",演绎好京津"双城记",发挥典型示范引路作用。在模式创新上,探索构建以大健康产业为引擎,集"产、学、研、城"为一体的发展架构,形成以"健康服务、教育培训、体育康养、健康文化、健康养老、健康旅游"为核心的幸福产业聚集，完成以"环境体系、项目体系、服务体系、居住体系"为支撑的产业布局；在机制创新上，探索输出与承接、需求与供给、消费与服务等运营新机制，确保产城融合、可持续发展。

展 望

《中国康养产业发展报告(2020)》对我国康养产业作出展望:一是未来业态将依附康养资源而集聚,康养产业的结构则逐渐显现,而投资与开发的模式也将有所转变,运动、研学类的康养类型将会成为中国的新潮流;二是政策紧跟新热点、新业态,其规范和引导作用日渐明显;三是康养成为实现健康中国战略重要支撑与乡村振兴重要路径,康养作为生态文明建设重大成果,康养产业发展的未来值得期待。①

康养产业未来发展趋势主要体现在以下四个方面:

一是护理服务与医疗服务相结合是康养产业发展的主要方向。老年人的主要服务需求是护理服务、医疗服务,而单一的护理服务或医疗服务很难满足老年人的需求,必须发展医养结合的养老服务模式。

二是满足中端服务的需求是养老产业发展的大势。随着老龄服务业迅速发展,目前很多市场资金介入了养老行业,但多数是流入了高端养老市场,一般采取养老地产等模式。但高成本导致高收费,多数老年人特别是中端市场的老年人需求得不到解决。而随着老年人对机构养老需求快速增长,机构养老服务中端需求将进一步释放。

三是轻资产策略的养老机构,由于固定成本较低,可以将资金和精力放

---

① 《康养蓝皮书:中国康养产业发展报告(2020)》在京发布,http://finance.eastmoney.com/a/202105251935180540.html。

在服务质量提高上，能够快速扩展，抢占市场份额。

四是规模化、品牌化、自主化的发展趋势明显。随着国家政策力度不断加大，养老产业发展迅速，民间资本快速进入，无形中加剧了养老服务业竞争。率先进入市场且形成品牌化、规模化的企业，更容易利用其口碑、规模经济等抢占市场，其自主经营模式更加灵活，服务的质量、范围也具有更大的提升空间。

参考文献

一、著作

1. 景天魁等:《普遍整合的福利体系》,中国社会科学出版社,2014 年。

2. 上海市社会福利行业协会:《养老服务需求评估》,社会福利行业协会,2004 年。

3. 石涛、张开敏:《家庭是养老的主要载体——论社会保障下的居家养老》,中国文联出版公司,1996 年。

4. 孙鹃娟:《中国老年人生活质量研究》,知识产权出版社,2007 年。

5. 易松国:《社会福利社会化的理论与实践》,中国社会科学出版社,2006 年。

6. 赵宝华主编:《提高老年生活质量对策研究报告》,华龄出版杜,2002 年。

二、期刊、论文、报纸

1. 蔡铭:《浅析德国社会保障制度及对我国的启示》,《就业与保障》,2011 年第 7 期。

2. 曹煜玲:《中国城市养老服务体系研究》,东北财经大学博士学位论文,2011 年。

3. 曾友燕、王志红、周兰姝、吕伟波:《国内外家庭护理需求评估工具的研究现状与启示》,《护理管理杂志》,2006 年第 5 期。

4. 陈凌玉:《中美社区养老服务需求比较及对策研究》,杭州师范大学硕士学位论文,2012 年。

5. 陈社英:《21 世纪的中国与老龄化:研究与实践的挑战》,陈潭、黄金译,《人口与发展》,2011 年第 2 期。

6. 陈永生:《对我国社区养老的可行性分析》,《北京城市学院学报》,2008 年第 6 期。

7. 陈友华:《人口红利与人口负债:数量界定、经验观察与理论思考》,《人口研究》,2005 年第 6 期。

8. 董红亚:《我国社会养老服务体系的解析和重构》(上),《社会科学》,2012 年第 3 期。

9. 冯文娟:《当前中国居家养老方式的现状、问题及对策》,《湖北师范学院学报(哲学社会科学版)》,2009 年第 2 期。

10. 付中安:《城市社区居家养老服务体系建设研究——以昆明市为例》,云南财经大学硕士学位论文,2013 年。

11. 高灵芝、刘雪:《供需适配角度的城市居家养老服务研究》,《南通大学学报(社会科学版)》,2012 年第 3 期。

12. 顾东辉:《社会工作实务中的需求评估》,《中国社会导刊》,2008 年第 22 期。

13. 郭红艳、王黎、王志稳、雷洋:《老年人能力等级划分方式的研究》,《中国护理管理》,2013 年第 9 期。

14. 韩央迪:《从福利多元主义到福利治理:福利改革的路径演化》,《国外社会科学》,2012 年第 2 期。

15. 侯晓丽、马珊珊、黄磊:《我国机构养老模式发展的现状与对策》,《管理观察》,2011 年第 21 期。

16. 贾晓九:《日本的老年人社会福利》,《社会福利》,2002 年第 6 期。

17. 姜玲:《中国城市养老方式的选择》,《经济论坛》,2006 年第 11 期。

18. 蒋正华:《中国老龄化现象及对策》,《求是杂志》,2005 年第 6 期。

19. 焦亚波:《城市中年人养老消费意愿及其影响因素研究——以上海

为例》,《经济师》,2009 年第 5 期。

20. 金双秋、曹述蓉:《完善养老服务体系的构想》,《社会工作》,2011 年第 1 期。

21. 金星、李春玉、顾湲等:《老年人家庭护理评估工具的研究》,《中国老年学杂志》,2003 年第 12 期。

22. 景天魁:《创建和发展社区综合养老服务体系》,《苏州大学学报(哲学社会科学版)》,2015 年第 1 期。

23. 李壮:《我国城市养老服务体系研究》,东北财经大学硕士学位论文,2012 年。

24. 廖毅敏、秦业:《"互联网 +"健康养老:打造智慧化养老服务新模式》,《世界电信》,2015 年第 8 期。

25. 吕新萍:《院舍照顾还是社区照顾?——中国养老模式的可能取向探讨》,《人口与经济》,2005 年第 3 期。

26. 马丽萍:《养老服务业中如何界定政府的角色与责任》,《中国社会工作》,2016 年第 5 期。

27. 马利中、沈妍:《从 ADL 看上海市老年人日常生活自理能力》,《人口》,2000 年第 2 期。

28. 毛满长、李胜平:《社区居家养老——中国城镇养老模式探索》,《西北农林科技大学学报(社会科学版)》,2010 年第 1 期。

29. 穆光宗:《如何掘金老年人口红利》,《人民论坛·学术前沿》,2011 年第 9 期。

30. 潘屹:《社区综合养老服务体系建设:挑战、问题与对策》,《探索》,2015 年第 4 期。

31. 潘屹:《优化整合城乡资源,完善社区综合养老服务体系——上海、甘肃、云南社区综合养老服务体系研究》,《山东社会科学》,2014 年第 3 期。

32. 裴颖:《我国城市养老服务需求体系及政策制定研究》,同济大学硕士学位论文,2009 年。

33. 彭华民、黄叶青:《福利多元主义:福利提供从国家到多元部门的转型》,《南开学报》,2006 年第 6 期。

34. 彭佳平:《上海市老年护理供需现状及对策研究》,复旦大学硕士学位论文,2011 年。

35. 乔志龙:《社区养老——我国城市养老模式的新选择》,《内蒙古农业大学学报》,2008 年第 6 期。

36. 任炽越:《如何做好新常态下的养老服务》,《新民晚报》,2015 年 6 月 7 日。

37. 任炽越:《形成养老服务需求评估社会化机制》,《新民晚报》,2014 年 8 月 24 日。

38. 史柏年:《老人社区照顾的发展与策略》,《中国青年政治学院学报》,1997 年第 1 期。

39. 宋宝安:《老年人口养老意愿的社会学分析》,《吉林大学社会科学报》,2006 年第 4 期。

40. 孙虹、李彩福、李花:《养老护理人员培训现状及研究进展》,《中国民康医学》,2014 年第 13 期。

41. 孙文灿:《"互联网 +"养老 未来空间无限》,《社会福利》,2015 年第 5 期。

42. 田国栋、熊建菁、张鹊、胡海霞、吕旭飞:《上海市老年居民护理需要量及供给量状况》,《中国全科医学》,2008 年第 7 期。

43. 王辅贤:《老年需求:社区养老助老服务的取向、问题与对策研究》,《社会科学研究》,2004 年第 6 期。

44. 王静:《论上海探索构建养老服务需求评估体系的定位和作用》,复旦大学硕士学位论文,2005 年。

45. 王宁、王小春:《我国养老服务体系的现状和发展思路》,《农村经济与科技》,2014 年第 7 期。

46. 王瑞华:《日常生活活动能力(ADL)的测定》,《中国医刊》,1994 年第 4 期。

47. 王小燕、杨宗香、党红等:《离退休患者家庭护理需求调查与分析》,《护理学杂志》,1996 年第 6 期。

48. 项丽萍:《城市社区居家养老的现状、问题及对策探讨》,《北京电力高等专科学校学报》,2010 年第 2 期。

49. 晓地:《人性化的荷兰养老照料体系》,《中国社会报》,2015 年 4 月 13 日。

50. 修宏方:《社区服务支持下的居家养老服务研究》,南开大学博士学位论文,2013 年。

51. 杨蓓蕾:《英国的社区照顾——一种新型的养老模式》,《探索与争鸣》,2000 年第 12 期。

52. 杨明月、李洪君:《社会工作与城市社区居家养老模式的推进》,《党政干部学刊》,2013 年第 10 期。

53. 杨团等:《总报告:融入社区健康服务的中国农村老年人照护服务研究》,《湖南社会科学》,2009 年第 1 期。

54. 杨智慧:《完善我国居家养老服务网络体系建设研究》,西南财经大学硕士学位论文,2013 年。

55. 岳颂东:《我国人口老龄化趋势及其对策》,《社会保障制度》,2001 年第 5 期。

56. 臧少敏:《我国老年群体需求现状综述》,《北京劳动保障职业学院学报》,2012 年第 2 期。

57. 张碧涛:《当代中国社区居家养老模式分析》,《黑河学刊》,2010 年第 9 期。

58. 张建国、张盼铖、施雪琴、孔伟强:《ADL 在老年人体质测评中的应用》,《中国体育科技》,2010 年第 5 期。

59. 章晓懿、刘帮成:《社区居家养老服务质量模型研究:以上海市为例》,《中国人口科学》,2011 年第 3 期。

60.赵然、陈任:《城市社区养老服务体系中的问题和对策》,《中国老年学杂志》,2015 年第 25 期。

61.赵亚平:《生活政策分析架构下的社区居家养老服务浅析:以北京市西城区为例》,《中共郑州市委党校学报》,2010 年第 2 期。

62.周绍强:《社区养老网格化管理的法律制度设计》,《沈阳工业大学学报》,2014 年第 2 期。

后 记

养老问题是作者持续关注的问题,其中养老服务体系建设是长期以来研究的重点。经过实证调查与理论分析,最终形成本书。本书的作者为王晓霞、唐巍、徐爱好、王健、顾群。王晓霞负责全书的统稿工作。

本书得以付梓首先要感谢中共天津市委党校重点学科建设的资助;其次,要感谢天津人民出版社的鼎力相助,总编王康,编辑郑玥、佐拉为本书的出版付出了大量的心血。